포스트모던
인문학적 사유와 유아교육

이 화 도

창지사

* 이 저서는 2010년 정부(교육부)의 재원으로 한국연구재단의 지원을 받아 수행된 연구임(NRF-2010-812-B00051)

목 차

제3장 현상학과 생활세계로의 교육 • 51

제4장 포스트모던 철학적 담론과 교육 • 79

머리말

본 저서는 현대 유아교육이 취할 수 있는 탐구논리의 공간을 제공할 인문학적·철학적 기초를 포스트모던 담론에서 찾아, 이를 교육 문제와 함께 논의함으로써 새로운 시대에 유아교육 담론의 가능성에 대한 논의의 장을 제공하고자 하는 바람에서 시작되었습니다.

포스트모던 시대의 대안적 유아교육 담론에 대한 논의를 위해 저자가 인문학적 사유에 그 터를 두고자 하는 이유는 인간이해를 탐구하는 인간학으로서 유아교육의 사상적 토대를 마련하고자 하는 기대 때문입니다.

인문학과 교육학, 혹은 유아교육의 만남의 지점은 '인간학anthropology'이라 생각합니다. 인간학으로서 유아교육의 사상적 토대는 교육 주체인 인간에 대한 이해에서 출발해야 한다는 의미입니다. 이는 지금까지 유아교육의 연구가 주로 발달주의나 경험-분석적 관점을 토대로 이루어져 옴에 따라, 인간이해를 탐구하는 인간학으로서의 유아교육에 대한 이해가 부족하였음에 대한 반성을 의미합니다. 이와 더불어 현대 유아교육의 재개념화 논의는 어떻게how 혹은 무엇what과 같은 교육 방법이나 기술, 혹은 그 질료적 내용에 선행하여 누구who, 즉 인간존재에 대한 근원적 이해를 제공하는 존재론과 인식론의 인문학적 토대 위에서 시작되어야 한다는 믿음 때문입니다.

유아교육 재개념화의 사상적 근원을 포스트모던 인문학적 사유에서 찾아 그 대안적 관점들을 제시하고자 한 본 저서가 인간이해를 탐구하는 인간학으로서의 유아교육에 있어 사상적 토대를 마련하고,

그동안 실천학문이라는 학문적 특성으로 사상적 기반이나 철학적 논의보다는 현장을 지원할 수 있는 교수 방법 차원과 실증적 연구라는 실용적 차원에서 주로 연구가 이루어져 온 유아교육학에 학문의 의미와 경계를 확장·심화시키는 계기가 되기를 기대합니다. 더불어 본 저서의 시도가 인문학의 연구영역을 교육 문제로 확대함으로써 인문학과 유아교육 간의 학제 간inter-disciplinary 소통과 함께 인문학의 위기로 불리는 작금의 현실을 타개할 수 있는 계기가 되길 조심스레 기대해 봅니다.

이러한 저자의 의도에도 불구하고 너무나 광대한 철학적 담론들에 대한 수박 겉핥기식의 논의와 서투른 해석으로 혹여 누군가가 이 저서를 읽게 되고, 서점에 꽂혀 있을 것을 생각하면 부끄럽기도 하고 조심스러운 마음뿐입니다. 그래도 어설픔보다는 저자의 용기 있는 시도에 격려해 주실 것을 기대하며 조심스럽게 이 저서를 세상에 내보냅니다.

졸필과 실수투성이의 원고를 멋진 편집으로 엮어 주신 창지사 편집팀에 진심으로 감사드립니다. 그동안 바쁜 엄마로 인해 외롭고 힘들었음에도 불구하고 이해하고 격려해 준 사랑하는 우리 딸의 멋진 20대를 기원하며 이 책을 바칩니다.

2014년 8월

하양 캠퍼스에서

이 화 도

Prologue

포스트모던 사유에 근거한 유아교육 대안적 담론의 가능성

"포스트모더니즘이라는 유령이 지금 유럽에 출몰하고 있다."

르메르G. Lemaire, Le monde, 1981

포스트모더니즘[1]이라는 용어는 철학, 문학, 사회학, 경제학, 자연과학, 건축을 비롯한 예술 및 생활 전반에 침투해 사용되고 있다. 이 용어는 모더니즘modernism이란 용어에 '뒤'나 '후後'를 뜻하는 포스트post라는 접두어를 붙여 만든 말로 흔히 시간적으로 단순히 모더니즘에 후속하는 하나의 사조로 이해되기도 한다.

포스트모더니즘 철학자들에 대한 평가는 "새로운 사상가 모델인가?" 아니면 일종의 "문명 파괴 이론가인가?"라는 질문과 함께 극에

1) 철학, 예술, 문학, 건축, 문화, 사회 등 각 분야에서 사용되는 포스트모더니즘은 의미와 양상이 조금씩 다르다.

서 극으로 엇갈린다. 즉, 인류에게 새로운 패러다임의 사유를 제공하는 위대한 사상가들로 추앙받기도 하고 무책임한 허무주의적 해체주의자로 공격받기도 한다. 그럼에도 불구하고 데카르트 이후의 이성理性주의적인 모더니즘 철학의 지반을 비판함으로써 본격화되었던 프랑스 포스트모더니즘 철학은 철학사적 입장에서, 혹은 교육 및 사회 전반에 걸쳐 변화의 패러다임을 이끌고 있다.

절대성의 시각이나 사상을 거부하고 세계에 대한 다의적 해석들이 평등한 관계에서 동일한 중요성을 인정하는 포스트모더니즘 담론들은 교육에 있어서도 근대 모더니즘에 입각한 교육적 관행에 대한 회의로부터 시작하여 새로운 변화의 흐름을 이끌고 있다. 이는 유아교육 분야에서도 예외가 아니다. 무엇보다 지금까지 교육영역에서 소외되었던 교육 문제나 타자들에 대한 관심을 이끌며 새로운 교육으로의 패러다임 변화를 이끌고 있다.

이 책에서는 현대 유아교육이 취할 수 있는 대안적 담론의 가능성을 포스트모던 담론에서 찾아 이를 교육 문제와 함께 논의하고자 하였다.

각 장별 주요 연구주제와 내용들은 다음과 같다.

제1장과 제2장에서는 포스트모던 철학 이전의 인간주체 담론을 살펴보기 위해 플라톤의 형이상학적 인간학과 근대 모더니즘 철학의 사상적 근거가 되는 데카르트의 이성cogito 철학, 칸트의 인식론을 중심으로 인간주체의 의미를 살펴보고 그 교육적 함의를 탐색하였다.

제3장에서는 후설의 현상학과 메를로 퐁티Merleau-Ponty의 몸 현상학을 중심으로 인간주체에 관한 현상학적 관점을 정리하고, 세계에 대한 의미sens 창출 과정에 능동적으로 참여하는 인식주체로서의 자아

와 생활세계가 가지는 교육적 함의를 살펴보았다. 또한 주체적 의미부여 과정을 동반하는 경험의 장으로서 '몸'의 의미를 탐색함으로써 유아의 즉각적이고 감각적인 지각 속에 작용하는 구체적인 육체성과 이미지 구성 및 감성이 갖는 교육학적 함의를 탐구하는 작업을 시도하였다. 이를 통해 유아의 세계경험에 존재하는 근원적인 생활세계적 성격과 신체적 주체성을 강조하는 지각중심, 생활중심의 유아교육에 대한 새로운 가능성을 제안한다.

제4장에서는 정신분석학자 라캉Jacques Lacan, 언어학자에서 출발한 데리다Jacque Derrida, 역사학자 푸코Michel Foucault, 통섭의 인문학자 들뢰즈Gilles Deleuze에 이르기까지, 데카르트 이후의 이성理性주의적인 모더니즘 철학의 지반을 비판함으로써 본격화되었던 프랑스 포스트모더니즘 철학자들의 사상을 이해하고 그 교육적 함의를 고찰하고자 하였다. 이성理性주의적인 모더니즘 철학지반을 비판한 포스트모던 담론들은 의식중심의 능동적 주체 및 보편적 기계적 자아, 실체중심적인 명사적名詞的 동일성, 자연과학적 세계관, 불변의 객관적 진리에 바탕을 둔 명석판명한 앎의 전달로서의 근대교육을 해체하고, 무의식과 '몸' 중심의 비자발적 주체 및 대체 불가능의 개별적 자아, 차이 혹은 차연에 바탕을 둔 동사적動詞的 다양성, 탈중심적인 생활세계관, 상호주체적이고 상호인격적인 진리에 바탕을 두는 관계적 앎relational knowledge에 근거한 교육의 가능성을 제안한다. 또한 유아의 세계경험에 존재하는 근원적인 생활세계적 성격과 신체적 주체성을 강조하는 지각중심, 생활중심으로 유아교육의 새로운 가능성을 제안한다.

제5장은 인간이성의 보편성, 객관성이라는 규격화된 틀을 탈구축함으로써 소외되었던 것들을 되살려 낸 포스트모던 차이 담론의 교육적

함의를 살펴보았다. 데리다의 '차연différance'이나 들뢰즈의 '차이 그 자체difference en soi-même'는 세상의 모든 존재를 다른 것과 구별되는 무한한 잠재성을 가지고 있는 다양체로 보는 차연의 교육을 제안한다.

제6장과 제7장에서는 포스트모던 제 담론들에 대한 논의를 근거로 근대철학에 근거한 유아교육 담론에 대한 해체déconstruction[2]를 시도하였다. 이는 근대적 아동관과 의식중심의 능동적 주체 및 보편적 기계적 자아, 실체중심적인 명사적名詞的 동일성, 자연과학적 세계관, 불변의 객관적 진리에 바탕을 둠으로써, 자신의 경험 속에서 각자 개인적 의미, 가치, 정서, 의도 등에 의해 주관적인 양식으로 의미화를 이루어 가는 주체로서의 유아에 대한 인식부족과, 유아의 현실적 삶이 실증적 환원논리에 의해 축소되어 온 것에 대한 반성을 의미한다. 이를 근거로 동사적動詞的 다양성, 탈중심적인 생활세계관, 상호주관성에 근거한 포스트모던 유아교육의 대안적 담론으로서 탈구성주의의 가능성을 제안한다.

---

2) 기존의 유아교육 담론에 대한 비판적 논의는 단순히 지금까지의 유아교육 원리들에 대한 무조건적 저항이나 파괴의 담론이 아니라, 부분계승과 극복을 통한 생성으로서의 해체(déconstruction)의 의미를 지님을 밝힌다.

제1장

플라톤, 형이상학적 인간학과 교육

플라톤 철학이 서양 철학사에서 차지하는 비중은 매우 크다.

플라톤의 철학은 지식에 대한 그의 설명에 기초한다. 인간의 지식에 대한 회의적 견해를 보인 소피스트들과는 달리 플라톤은 변하지 않는 보편적 진리, 즉 이데아계가 존재함을 믿었으며, 인간의 이성이 그것을 파악할 수 있다고 보았다.

인간존재에 대한 플라톤의 관점은 영혼과 육체 사이의 본질적 이질성을 바탕으로 한 영혼 우위의 이원론이다. 플라톤의 형이상학적 이원론적 세계관은 그의 사상에 핵심을 이루면서 교육철학에 큰 영향을 주게 된다. 과연 플라톤이 그려낸 이상적 인간상은 무엇이며, 인간지식에 대한 그의 사유가 현대교육에 주는 교육적 함의가 무엇인지 살펴보자.

플라톤의 인간관

▌영혼 우위의 이원론적 인간관

플라톤Plato, BC 427~BC 347은 감각적이고 시공간적인 현상계phenomena와 그것을 초월하는 형상계the world of idea를 모두 그의 형이상학에서 수용한다. 플라톤의 이 같은 입장은 다음의 대화에 잘 나타난다.

> "그렇다면 우리들의 이야기대로 이들은 두 가지인데, 그 하나는 가지적(可知的) 세계에, 다른 하나는 가시적(可視的) 세계에 존재한다는 사실을 알아두게 … 아무튼 자네는 가지적인 것과 가시적인 것의 두 가지 종류를 갖고 있네."
>
> 『국가론Politeia, The Republic』

그에 의하면 현상계는 육체적 감각에 의해 파악되는 가시적 세계이며, 형상계는 육체의 오감으로는 느낄 수 없는 비가시적 세계, 즉 이성에 의해 파악되는 가지적 세계이다. 플라톤은 형상계만을 유일하게 실재하는 것으로 보았다. 현상계는 감각적인 인식의 대상인 물리적 세계이므로 진짜일 수 없고, 오직 이성에 의해 파악되는 가지적 세계인 형상계만이 참된 세계인 것이다. 이러한 형상계를 플라톤은 영원불변의 이데아ἰδέα라고 불렀다.

현상계의 모든 사물은 이데아계를 모방模倣, imitatio하고 이 이데아계에 참여參與, participatio함으로써만 존재한다는 것이다. 따라서 이데아의 세계인 형상계는 현상계의 어떤 사물로 하여금 그 사물이 되게끔 하는 원형인 것이다.

그럼에도 불구하고 이러한 형상계는 현상계를 통해서만 드러난다는 점에서 플라톤의 사유는 현상계phenomena와 그것을 초월하는 형상계 the world of idea를 모두 수용하는 이원론적 세계관을 드러낸다. 『향연』에서 플라톤이 주장하듯이, 미의 이데아가 어떤 특정한 대상이나 인물의 객관적 실재를 통해 존재한다는 것은 바로 이런 맥락에서 이해될 수 있을 것이다. 다시 말해 특정한 물체의 아름다움현상계으로부터 보편성으로서의 아름다움, 즉 미美의 이데아형상계를 보게 된다는 것이다.

플라톤의 형이상학적 이원적 세계관은 인간존재에 대해서도 인간의 영혼과 육체 사이의 본질적 이질성을 주장하는 이원론적 인간관을 제시한다. 세계가 변화하면서 눈에 보이는 현상계와, 변하지 않으며 눈에 보이지 않는 이데아계로 구분하듯이, 인간존재 역시 영혼과 육체로 나뉘어 있다고 생각한 것이다. 그러나 단순히 인간의 영혼과 육체 사이의 이원론적 입장만이 아니라 형상계로서의 영혼을 현상계인 육체보다 우위에 두는 영혼 우위의 이원론적 인간관이다.

플라톤에 의하면 인간의 육체는 생로병사生老病死의 운명과 희노애락애오욕喜怒哀樂愛惡欲과 탐진치貪瞋痴의 속성을 가진 것으로 물질적이고 질료적인 감각의 세계인 현상계에 속한다. 현상계가 이데아계에 비하여 무가치하다고 보았던 것처럼, 플라톤은 현상계에 해당하는 육체가 근본적으로 사멸하고 가변적인 것으로서, 이데아계에 해당하는 신성한 영혼보다 열등한 것으로 보았다. 그에게 있어 육체적 욕구와 감각으로 이루어진 인간의 육체는 영혼을 가두며, 영혼의 눈을 끊임없이 방해하고 생각하는 능력을 빼앗아 가는 장애물이다.

인간의 영혼은 육체라는 감옥에 갇혀 있지만 철학, 즉 지혜에 대한 사랑을 통해서 예지적인 것이고 눈에 보이지 않는 것을 인식함으로써 육체에서 벗어나 이데아를 추구할 수 있다고 보았던 것이다.[3)]

즉, 육체는 영혼이 있기에 살아 있는 것이다. 인간영혼이 주인이라면 육체는 영혼을 섬기는 종인 셈이다.

> "그렇다면 무엇이 육체 속에 깃들어 있기에 육체가 살아 있는가?"
> "영혼입니다."
>
> 『소크라테스의 대화록Dialogue of Socrates』

영혼 우위의 이원론적 인간관은 선장이 배를 운항하듯이 영혼은 생성의 원리이며 운동의 근원으로서 육체를 지배하고 조정한다고 보는 '배와 선장'의 비유와 그의 대화편 『파이돈Phaidon』에 나오는 소크라테스의 죽음에서도 잘 드러난다.

플라톤에 있어 죽음이란 영혼과 육체의 양자가 분리되는 것 이외에 다른 아무것도 아니다. 현세에서는 영혼과 육체가 결합되어 있어서 완전한 영혼의 자유가 불가능하지만 죽음은 오히려 영혼의 자유와 참 지혜를 얻게 되는 계기가 된다는 것이다. 인간의 영혼은 육체의 죽음으로 인해 소멸하는 것이 아니라 오히려 육체로부터 해방된다. 이로써 그는 소크라테스의 죽음을 허무로 돌아가는 부정적인 슬픈 일이 아니고, 그의 목적을 성취하게 되는 즐거운 일로 받아들인다.

그럼에도 플라톤에게 인간의 육체는 단순히 부정되는 것이 아니다. 플라톤에 의하면 형상계인 영혼은 현상계인 육체를 떠나서는 존재할

---

3) "철학이 영혼에게 눈이나 귀, 그 밖의 모든 감각기관들이 속기 쉽다는 것을 알려 주고 이런 처지에서 벗어나도록 권유하며, 부득이한 경우를 제외하고는 그런 감각기관들을 사용하지 않도록 하여, 자기 자신을 신뢰하고 또한 순수한 존재에 대한 자신의 이해력을 갖게 하여, 다른 길을 통해서 자기에게로 다가오는 변하기 쉬운 세상의 모든 것을 신뢰하지 않게 하네. 이처럼 눈으로 볼 수 있고 손으로 만질 수 있는 것이지만, 영혼 그 자체가 보는 것은 예지적인 것이고 눈에 보이지 않는 것이네."(소크라테스의 대화록, 최현 역, 1990)

수 없다. 인간의 영혼은 육체를 통해 실재한다는 것이다. 그에 의하면, 인간의 영혼은 '움직이는 가운데 존재하는 것an existent in movement'으로, 형상계인 영혼은 육체에 대해 우월하지만 육체를 통해서만 실재한다. 인간의 영혼은 육체를 떠나서는 존재할 수 없다는 의미다. 이는 가지적 세계인 형상계, 즉 이데아의 세계는 가시적 세계인 현상계를 떠나 존재하는 것이 아니라 현상계의 형식으로 존재한다고 보았던 플라톤의 형이상학적 세계관을 반영한다. 이로써 플라톤의 형이상학적 이원론은 단순한 이원론을 넘어서, 영혼과 육체의 대립되는 양자를 변증법적으로 통합하여 형상계와 현상계를 모두 수용하는 창조적 종합을 이루어 낸다.

이러한 플라톤의 사유는 영혼과 육체를 모두 인정한 아리스토텔레스의 통합적 인간관[4]을 드러낸다.

분리된 선분의 비유The Divided Line

형상계the world of idea인 영혼과 현상계phenomena인 육체를 모두 수용하는 플라톤의 통합적 인간관은 하나의 선분을 특정한 비율 없이 둘로 나눈 것에 비유된다Plato, the Republic, 510a; 박덕수, 2009, 재인용.

선분의 비유에서 선분 위는 가지적 세계인 형상계이며, 선분 아래는 가시적 세계인 현상계이다. 플라톤이 선분의 비유를 통해 드러내고자 한 것은 첫째, 이성으로 파악되는 형상계와 감각적 지각을 통해 파악되는 현상계가 같은 방식으로 존재하지 않는다는 이원론적 세계

4) 고대철학자들이 생각한 이성(ratio)은 엄밀히 말해 단순히 개인의 역량이나 정신으로 간주되기보다는 인간의 불완전한 세계에서 완전한 세계로의 진리에 이르는 통로로 이해됨으로써 폭넓은 의미의 이성 개념이었다. 이는 아리스토텔레스가 규명한 인간본질로서의 인간관을 드러내는 것이다.

관이다. 둘째, 형상계는 현상계를 떠나서는 존재할 수 없다는 것이다. 앞에서 언급하였듯이 단순한 이원론이 아니라, 형상계는 감각적 지각을 통해 파악되는 가시적 세계인 현상계의 형식으로만 존재한다는 창조적 종합으로서의 플라톤의 이원론적 관점이다.

영혼 우위의 이원론적 관점을 가진 철학자임에도 불구하고 영혼과 육체의 대립되는 양자를 변증법적으로 통합하여 창조적 종합을 이루어 낸 플라톤의 인간관은 선분의 비유를 통해서도 영혼과 육체를 모두 인정하는 통합적 인간관의 가능성을 보여 준다.

선분의 비유에서 드러난 플라톤의 통합적 인간관은 교육에 있어 새로운 관점을 제안한다. 이는 이성에 의해 파악되는 형상계와 감각적 지각에 의해 파악되는 현상계가 같은 방식으로 존재하지 않듯이, 형상계에 해당하는 선분 위 교육과 현상계에 해당하는 선분 아래의 교육의 의미는 다르다는 것이다. 선분 위 교육이 이성을 통해 이루어지는 교육이라면, 선분 아래 교육은 감각적 지각을 통해 이루어지는 교육을 말한다.

플라톤의 영혼 우위의 형이상학적 인간관에 비추어 볼 때, 플라톤이 교육을 통해 강조하는 것은 분명 이성으로 파악되는 형상계인 선분 위 교육이다. 그러나 하나의 선분을 특정한 비율 없이 둘로 나눈 선분의 비유에 비추어 볼 때, 선분 위 교육은 선분 아래 교육과 불가분의 관계를 지니는 것으로, 서로 다른 의미를 지닌 두 가지 교육은 모두 강조되어야 한다는 점을 유추해 볼 수 있을 것이다. 형상계인 영혼이 현상계인 육체를 떠나서는 존재할 수 없듯이, 이성이 강조되는 선분 위 교육은 감각적 지각을 강조하는 선분 아래의 교육을 떠나서는 그 의미를 잃게 된다. 선분 아래 교육은 선분 위 교육을 위해 반드시 거쳐야 하는 기본적인 과정이며, 실재의 조건이 되는 셈이다. 이런 점에서 볼 때 이성중심의 선분 위 교육과 함께 감각적 지각의 가치가 존중되는 선분 아래 교육에 대한 새로운 이해가 필요할 것이다.

선분 위 교육이 이성이 강조되는 교육을 말하고, 감각적 지각이 강조되는 교육이 선분 아래의 교육이라면, 선분 위 교육은 이성중심의 학교교육에 해당되며, 선분 아래 교육은 학령기 이전 교육인 유아교육에 해당된다고 볼 수 있을 것이다.

플라톤의 선분의 비유에 비추어 본다면, 유아교육은 학교교육이 성공적으로 이루어지기 위해 반드시 거쳐야 할 기본적 과정이며, 실재의 조건이 된다. 이는 성공적 유아교육이 없이는 학교교육이 성공적으로 이루어질 수 없음을 의미한다고 볼 수 있을 것이다.

또한 감각적 지각을 통해 파악되는 가시적 세계인 현상계와 이성에 의해 파악되는 형상계가 선분의 위와 아래로 비유되어 서로 다르듯이, 선분 아래 교육으로서 유아교육은 교수-학습 방법 및 운영에 있어 독자적 정체성을 지녀야 함을 유추해 볼 수 있다. 선분 아래 교육으로서의 유아교육은 이성중심의 교육보다는 감각적 지각을 통해 파악되는 가시적 세계인 현상계를 강조하는 교육, 즉 지각을 살리고, 지각을 통해 이루어지는 교육이 강조될 필요가 있다는 의미다.

플라톤은 감각적 지각을 통해 세상을 이해하는 유아들에게는 음악, 체육과 같은 감각적 지각중심의 선분 아래의 교육 방법이 필요하며 이를 통해 점진적으로 현상계에서 형상계로 접근하는 능력을 갖게 된다고 보았다. 선분 아래 단계의 유아들은 곧바로 이성적인 것을 이해할 수 없으며 감각적 지각의 현상계적 교육을 적절히 잘 받은 유아들은 이성 능력의 발달 시기가 왔을 때 그것을 발전시킬 수 있는 능력을 갖게 된다는 것이다. 왜냐하면 그들은 이미 감각교육을 통해 이성적인 것과 친숙해 있기 때문이다Plato, the Republic, 402a. 선분 아래의 교육을 음악과 체육교육을 중심으로 논의하면서 이성발달을 위한 교육에 매우 필요한 것으로 보았던 플라톤의 관점은 유아기 교육이 이성교육으로 특징지어지는 학교교육과는 다른 독자적 특성을 지니는 교육이며, 따라서 독자적 특성에 맞는 적절한 교육 방법이 요구됨을 보여 준다.

▌동굴의 비유

플라톤의 동굴의 비유는 가시적 세계인 현상계phenomena와 가지적 세계인 형상계the world of idea, 즉 이데아의 세계에 대한 그의 이원론적 세계관을 잘 드러낸다.

플라톤의 동굴의 비유에 의하면, 인간은 현상계의 세계인 '동굴-내-세계'의 존재이며, 동굴 바깥에 존재하는 형상계인 이데아의 세계를 끝없이 그리워하는 존재이다. '동굴-내-세계'는 우리가 일상생활에서 경험하는 '현실의 세계'이며 동굴 바깥의 세계는 원형의 세계이고 진품의 세계인 '이데아의 세계'인 것이다. '동굴-내-세계'가 벗어나야 하는 절망의 세계라면 동굴 바깥의 세계는 인간이 추구해야 할 이상적인 세계, 즉 이데아계인 셈이다.

'동굴-내-세계'의 인간 중 한 사람이 동굴 밖의 세계를 경험하고 돌아와 동굴 밖에 있는 이데아의 세계, 참된 진실의 세계가 있음을 이야기한다. 그러나 '동굴-내-세계'의 생활방식에 익숙한 '동굴-내-존재'들은 그것을 쉽게 받아들이지 않는다. 그러나 그들을 동굴 바깥으로

데려가 태양의 빛에 이르게 하면, 처음에는 고통스럽고 익숙하지 않지만 결국은 동굴 바깥 태양의 세계를 보게 된다는 것이다.

플라톤의 동굴의 비유는 이원론적 세계관과 함께 교육에 대한 그의 생각을 잘 드러낸다politeia: VII.

첫째, 플라톤에 있어 교육이란 '동굴-내-세계'의 존재인 인간을 동굴 바깥세상인 이데아의 세계로 이끄는 것이다. 어두운 동굴에 갇혀 있는 인간을 현상계의 배후에 있는 밝은 이데아의 세계로 향하게 하는 것, 영혼의 눈을 현상계에서 이데아의 세계를 바라보게 하는 과정이 교육인 것이다. 이데아의 세계 중 최고 이데아의 세계인 '선善의 이데아'에 이르도록 이끄는 것, 이것이 플라톤 교육의 목적이 되는 것이다.

플라톤에 따르면, '선善의 이데아'는 인식론적으로 보편적 진리, 도덕적으로 선한 행위의 이상, 미학적으로 최상의 아름다움을 포함하는 것으로, 진선미를 모두 아우르는 인간 최고의 인식대상의 총체이다. 인간의 삶은 선을 실현하기 위한 것이다. 다시 말해, 선善은 인간이 가장 바라는 것이며, 인간이 추구하는 것이고, 삶의 목적이다. 이는 진리를 추구하고 따르는 훌륭한 삶을 의미하며, 훌륭한 삶은 인간으로서의 덕德을 발현하는 것이다. 인간은 이를 통해 자아실현의 단계에 이르게 된다. 이러한 선善의 이데아에 도달하게 하는 것, 이것이 교육이다.

둘째, '동굴-내-세계'의 존재인 인간을 동굴 바깥세상인 이데아의 세계로 이끄는 것이 교육이라면, 동굴 밖의 세계에서 자신이 깨달은 것을 '동굴-내-세계'의 존재에게 알리는 역할을 하는 것이 교육자이다.

플라톤은 인간이 '동굴-내-세계'에서 동굴 밖의 세계인 태양의 세계로 나오기 위해서는 '동굴-내-세계'인 현상계에서 이미 익숙해진 여러 생각들이 잘못됐다고 가르치고, 그들에게 진정한 통찰에 이르는 길을 열어 보이는 사람이 필요하다고 보았다. 동굴 바깥으로 사람들을 이끌어 태양을 바라볼 수 있게 돕는 것, 이것이 플라톤이 말한 교육자의 사명이다. 교육자들은 동굴 밖의 세계에서 자신이 깨달은 것을 '동굴-내-세계'의 존재에게 알릴 용기와 책무를 가져야 한다는 것이다.

> 사슬에서 풀려난 죄수에게 누군가가 말을 걸어 온다. 그 사람은 그 해방된 자에게 그가 전에 보았던 것은 모두 사소한 것이며 그림자에 지나지 않지만 지금은 실재에 가까이 있고, 훨씬 더 실재적인 것으로 향하고 있으므로 그가 보는 것이 참된 것이라 말한다. 또한 지나가고 있는 것들을 하나하나 가리키면서 그것이 무엇인가를 묻고 대답하게 한다. 그리고 또 그 사람은 그들을 거칠게 가파른 오르막길로 억지로 끌고 올라가 태양의 빛이 비추는 곳으로 끌고 갈 때까지 놔 주지 않는다.
>
> 『국가론Politeia, The Republic』

소크라테스의 입을 빌어 표현되는 참된 교육자는 동굴 바깥으로 나와 '동굴-내-세계'의 존재인 사람들에게 정의, 절제, 용기, 지혜와 같은 덕의 본이 무엇인지 가르쳐 줄 의무를 지니는 사람들이다. 다른 사람의 삶을 바르게 인도하는 사람, 이것이 바로 그의 스승 소크라테스가 보여 준 참된 교육자의 전형이다.

사소한 현상계적 문제로 싸우는 사람들에게 영원히 실재하는 것, 변화하지 않는 질서인 이데아의 세계가 있음을 알려 주고 그것을 따르게 하는 것, 이것이 바로 플라톤이 생각한 참된 교육자의 의무이다.

셋째, 동굴의 비유에서 영혼 전체가 이데아의 세계로 향하도록 하는 것이 교육이라면, 이 과정에서 필요한 것이 바로 감각적 지각이다.

플라톤은 '동굴-내-세계'의 존재인 인간이 동굴 바깥의 밝은 세계를 보기 위해서는 몸 전체를 돌리지 않으면 안 되듯이, 영혼 전체가 새로운 세계, 선善의 이데아의 세계로 향하였을 때 비로소 참된 진리에 이를 수 있음을 보여 주었다. 교육은 단순히 앎, 인식을 통해서만 이루어지는 것이 아니라 영혼 전체가 선善의 이데아로 향함을 의미하는 것으로박덕수, 2009 앎, 인식뿐 아니라 감각적 지각 모두를 통해 비로소 성취된다는 의미다. 다시 말해 진정한 교육은 단순히 이성적 능력의 개발만으로 이루어지는 것이 아니라 생활세계에서의 감각적 지각을 통한 폭넓은 세상에 대한 이해를 이끌 수 있는 것이어야 한다는 것이다.

이러한 플라톤의 사유는 교육에 있어 이성뿐 아니라 감각적 지각의 중요성에 대한 사유의 필요성과 함께 인간의 영혼과 육체, 정신과 정서혹은 감성를 모두 인정하는 통합적 인간관에 근거한 새로운 교육 담론의 가능성을 시사한다.

플라톤의 인식론

▌상기설Anamnesis

플라톤에게 있어 앎이란 영혼이 형상계, 즉 이데아계에서 이미 본 것déjà vu을 상기想起해 내는 것이라는 상기설Anamnesis에 바탕을 둔다. 그에 의하면 앎knowledge, 인식이란 감각을 사용하여 영혼이 육체의 감옥에 갇힐 때 망각된 지식을 다시 회상하는 과정이다. 다시 말해 우리가 안다고 하는 것은 전혀 새로운 것에 대해 아는 것이 아니고, 영혼이 육체와 결합하기 이전에 이미 이데아계에 존재하면서 본래 우리가 가지고 있던 지식을 상기한다는 것이 플라톤의 사유이다.

이때 영혼이 망각된 이데아의 세계를 상기하는 과정에서 필요한 것이 바로 현상계에서의 감각적 지각이다. 인간은 감각적 지각을 통해 이데아계에서 이미 본 것을 상기想起해 내는 것이다. 감각적 지각은 영혼이 이데아 세계에서의 완전한 형상들에 대한 앎을 다시 갖도록 하기 위해서, 가능한 한 육체의 욕망을 억제하기 때문이다박종현 역, 2000.

플라톤에 의하면 영혼이 본래 저 세상에서 이데아들을 모두 파악하고 있었음에도 거기서 이미 본déjà vu 것을 기억하지 못하게 된 것은 영혼이 지상계로 내려올 때 망각의 강[5]을 건너면서 망각의 강물을 마셨기 때문이다. 지혜가 높은 영혼은 유혹을 물리치고 적게 마셔 덜 망각할 것이고 지혜가 낮은 영혼은 유혹에 빠져서 많이 마심으로써 더 많은 망각이 이루어질 것이다. 인간은 철학적 사유를 통해 희

5) 망각의 강은 'Lethe'인데, 희랍어로 진리를 'aletheia'라 한다. 'a-'는 부정을 나타내는 접두사이므로, 'aletheia'는 '비망각 상태'의 뜻이다. 그러니까 어원에 따르면, 희랍어에 있어서 진리는 망각 이전의 상태로 돌아감 또는 그 상태로의 돌림을 의미한다(희랍철학입문, 박종현 역, 2000)

미한 기억을 상기해 냄으로써 본래의 진리 세계를 회상해 내고 자신의 영혼을 정화시킴으로써 참된 진리의 세계인 이데아의 세계에 이를 수 있다는 것이다. 이것이 플라톤에게 있어 앎의 의미이다.

이데아의 세계에서 이미 갖고 있던 지식을 상기하도록 함으로써 현상계에서 벗어나 형상계에 이를 수 있음을 보여 준 플라톤의 상기설은 교육에 있어 시사하는 바가 크다.

첫째, 교육이란 인간이 전혀 갖지 않은 새로운 것을 외부로부터 주입하는 것이 아니라 인간이 태어날 때 이미 갖고 있던 내재적 능력을 개발하는 것이다. 즉, 인간의 배움은 바깥에서 주어진 것에 의해 결정되는 것이 아니라, 자신의 영혼이 잃어버린 것을 상기해 내는 과정인 것이다. 이데아의 세계에서 이미 갖고 있던 지식을 상기하도록 함으로써 현상계에서 벗어나 형상계에 이르게 하는 것, 이것이 바로 교육이다.

소크라테스는 대화편 『국가론Politeia, The Republic』에서 교육의 궁극의 목표는 선善의 이데아를 인식시키는 일이라고 한다. 선善의 이데아는 모든 옳고 훌륭한 것의 원천이며, 인식과 진리의 원천이다. 모든 사람들은 선善의 이데아를 인식할 능력을 이미 가지고 있다. 다만 그들은 그것을 망각했을 뿐이다. 소크라테스는 현생에서 망각한 선善의 이데아를 복구시킴으로써 다시 선善의 이데아에 이를 수 있다고 보았다. 새로운 것을 가르치는 것이 아니라 이미 알고 있었던 것을 다시 기억하도록 하는 것, 이것이 플라톤이 말하는 교육이다.

둘째, 이미 갖고 있던 지식을 상기하도록 함으로써 현상계에서 벗어나 형상계에 이르게 하는 과정에서 중요한 것은 이성이 아니라 감각적 지각이다. 인간은 감각적 지각을 통해 이데아계에서 이미 본 것을 상기想起해 낸다. 플라톤은 영혼이 망각한 이데아의 세계를 상기하는 과정에서 필요한 것이 바로 현상계에서의 감각적 지각이라 보았던 것이다. 따라서 감각적 지각없이는 지식 획득도 없고 배움도 없다.

셋째, 현상계에서 벗어나 형상계에 이르게 하는 과정에서 또 한 가지 중요한 것은 교육자의 역할이다.

플라톤에게 있어 교육자의 역할에 대한 강조는 사람들과 서로 대화를 주고받으면서 교육을 하는 방법인 소크라테스의 산파술Socratic maieutic로 비유된다. 산모가 산파에 의해 아이를 출산하듯이, 사람들로 하여금 스스로 진리에 이르도록 이끌어 주는 산파의 역할, 이것이 교육자의 역할이라는 의미이다.

소크라테스가 대화를 통해 이르고자 하는 것은 바로 선善, 좋음의 이데아이다. 좋음의 이데아는 사람들의 무의식 속에 존재하고 있으며 모든 사람들이 이를 수 있는 곳이지만 그곳에 이르기가 쉽지가 않다. 소크라테스는 인간의 바른 삶은 타인과 사회의 도움 없이는 불가능하다고 보고 자신의 도움으로 사람들이 진리의 세계인 좋음의 이데아를 향해 갈 수 있도록 도움을 주고자 하였다. 이를 위해 소크라테스는 대화를 통해 인생의 진리를 학습자와 함께 발견하려는 노력을 펼치는데 이것이 소크라테스의 산파술이다.

산파로서의 소크라테스의 역할은 사람들을 대신하여 진리를 발견하는 것이 아니라 그와 대화하는 사람들 스스로가 진리에 이르도록 하는 것이다. 소크라테스가 원하는 것은 그것이 불완전할지라도 그들 스스로 진리를 발견하는 일이다. 그것이 아니고는 자신의 변화와 혁신을 이끌 수 없다고 보기 때문이다. 소크라테스에게 일방적·강제적으로 이루어지는 교육은 인간의 영혼, 정신에 아무것도 남길 수 없는, 의미 없는 것이다. 이때 교육자는 이미 많은 것을 아는 존재가 아니라 학습자와 같이 무지의 상태에서 함께 진리를 찾아가는 공동의 탐구자인 것이다. 이 과정에서는 결과로서의 진리가 아니라 탐구하는 과정 그 자체가 중요시된다.

이런 점에서 소크라테스의 산파술은 탐구하는 과정을 중요시하는 구성주의 지식구성 과정에 비유된다. 현대교육에서 강조하는 자기주도성, 자율적 교수 방법이 소크라테스의 대화법에서 이미 시작되었음을 볼 수 있는 대목이다.

플라톤의 사유와 교육

인간존재와 세계에 관한 플라톤의 사유는 영혼 우위의 이원론적 인간관과 세계관으로 요약될 수 있다. 그러나 플라톤의 형이상학적 인간학은 단순한 이원론이 아니라 형상계와 현상계의 창조적 종합으로서의 새로운 통합적 인간관을 제시한다.

플라톤에 의하면 형상계로서의 영혼은 '움직이는 가운데 존재하는 것an existent in movement'이다. 즉, 영혼 우위의 인간관에 의하면 형상계인 영혼은 현상계인 육체에 대해 우월하지만, 현상계인 육체를 통해서만 존재한다는 점에서 단순한 이원론을 넘어 새로운 통합적 인간관을 드러낸다. 이처럼 감각적이고 시공간적인 현상계와 그것을 초월하는 불변의 세계인 형상계를 모두 인정한 플라톤의 통합적 인간관과 세계관은 현대교육에 시사하는 바가 크다.

첫째, 창조적 종합으로서 플라톤의 통합적 인간관에 의하면, 교육은 이성에 의해 파악되는 형상계와 감각적 지각에 의해 파악되는 현상계를 모두 수용하는 것이 되어야 할 것이다.

동굴의 비유에서 볼 때 교육은 '동굴-내-세계'인 현상계에서 벗어나 동굴 바깥의 참된 진리의 세계인 이데아의 세계에 이르도록 하는 것이다. 그러나 이데아의 세계에 이를 수 있는 것은 단순히 앎, 인식을 통해서만이 아니라 영혼 전체가 새로운 세계, 선의 이데아의 세계로 향하였을 때만 가능하다는 플라톤의 사유는 교육의 지향점이 이성과 감성, 정신과 육체가 모두 수용되는 통합적 인간의 양성이라는 측면에서 논의되어야 함을 시사한다.

플라톤의 『국가론Politeia, The Republic』에서 제시한 올바른 삶 역시 가시적 세계인 현상계에 살면서도 가시적 세계 이면에 존재하는 가지적 세계인 형상계의 가치를 드러내고 끊임없이 그것을 지향하며 살아가는 것이다. 이러한 올바른 삶을 살아가는 진정한 지혜를 갖춘 자유로운 인간을 길러 내는 것이 바로 교육인 것이다. 이를 위해 교육은 단순히 가시적 세계인 현상계에 머무는 것이 아니라 보이지 않는 인간 내면의 세계를 다루는 형상계를 포함하여야 할 것임에 분명하다.

플라톤이 그려내는 이상적 인간은 인격을 갖춘 인간양성이 교육의 진정한 목표임을 보여 준다. 이런 점에서 볼 때 이성중심의 교육에 대한 강조 때문에 인간가치나 인격형성과 같은 형상계의 내용을 교육에서 다루지 않음에 대한 반성이 필요할 것이다. 오늘날 교육은 지나치게 수치화·계량화되는 경향이 있다. 이는 교육이 지식과 정보에 대한 기능적 학습과 같은 외적 가치에 지나치게 치우치게 되는 결과를 낳았다. 교육의 목적이 무엇인지, 올바른 삶이 무엇인지, 그리고 올바른 삶을 위해 교육이 해야 할 일이 무엇인지에 대해 진지한 논의가 필요한 시점이다. 이와 함께 현대교육에서 플라톤이 제시한 교육의 궁극적 목적을 간과하고 있는 것이 아닌지 돌아볼 때이다.

둘째, 플라톤의 형이상학적 인간학에 의하면, 이성에 의해 파악되는 가지적 세계만이 강조되어 감각적 지각에 의해 파악되는 현상계가 교육에서 가치롭게 논의되지 못한 것에 대한 반성 역시 필요할 것이다. 이와 함께 몸을 통한 지각의 중요성, 이성만이 아니라 감각을 통한 세상이해에 대해서도 새로운 가치를 부여하는 교육이 심도 있게 논의되어야 할 것이다. 특히 이성보다는 지각을 통해 세상을 이해하는 유아기 교육에서 몸을 통한 세상의 이해, 몸을 통한 교육의 가능성에 대한 논의가 이루어질 필요가 있을 것이다.

요컨대 정신과 육체, 이성과 감성, 어느 한쪽에 치우치지 않는 교육, 이것이 바로 플라톤 교육론의 지향점인 셈이다. 이런 점에서 볼 때 현상계와 형상계인 인간의 정신과 육체를 모두 조화롭게 발달시킬 수 있는 통합적 인간관에 근거한 플라톤의 사유는 이성중심의 근대교육을 비판하고, 인성, 정서, 창의성 등 그동안 이성중심교육에서 소홀히 간주되었던 것들에 대해 새로운 가치를 부여하고 정신과 육체, 이성과 정서의 통합적 인간관에 근거한 교육을 지향하는 포스트모던 교육의 원리와 그 맥을 같이한다. 통합적 인간관에 근거한 포스트모던 교육은 곧 플라톤 시대로의 환원을 의미하는 것이다.

셋째, 동굴 밖으로 나와 그들의 삶을 관찰할 수도 있고 동시에 동굴 안의 사람들에게 정의, 절제, 용기, 지혜와 같은 덕의 본이 무엇인지 가르쳐 줄 의무를 지니는 플라톤이 그려내는 인간형은 현대교육에 있어 교육자의 역할이 무엇인지에 대해 많은 생각을 던져 준다.

인간의 영혼과 육체의 조화로운 발달을 통해 인간의 행복한 삶과 온전한 존재로서의 충만을 추구하는 것을 교육의 목적으로 삼아 현대교육의 지향점이 무엇인지에 대해 새롭게 논의를 시작하여야 할 때이다.

제2장

근대 주체중심철학과 교육

"인간주체란 무엇인가?"라는 명제는 서양철학에서 끊임없이 논의되는 주제이다. 그러나 모든 객체적 실재realité와는 구별되어 독립적으로 고유한 자의식自意識을 지닌 자율적인 행동l'action의 현존재로서의 인간주체성 대한 자각은 데카르트의 이성철학에서 시작되어 칸트, 후설, 실존철학자들로 이어진다.

데카르트의 이성철학과 칸트의 인식론을 통해 천부적 이성능력을 갖고 태어난 개별적이고 자율적인 절대적 주체에 대한 자각을 강조한 근대철학은 인간의 자유로운 정신, 이성을 지닌 인간의 위대함과 가능성을 드러낸다. 이성적 존재로서의 인간주체에 대한 자각은 모든 인간문제를 이성과 과학의 힘을 통해 해결할 수 있다고 믿는 근대 모더니즘의 패러다임을 낳고, 이는 이성중심, 보편성에 대한 가치추구의 근대교육 양상으로 드러난다.

데카르트의 이성철학

근대철학에서 인간주체성에 대한 자각은 데카르트의 이성 우위의 코기토cogito 철학에서 시작된다.

데카르트Rene Descartes, 1596~1650는 "인간주체[6]란 무엇인가?"라는 물음에 대해 "나는 생각하는 것, 즉 하나의 정신, 또는 하나의 이성 외에 다름 아니다." 하고 답함으로써 나의 존재의 근거를 정신, 지성, 혹은 이성으로 환원한다.

인간의 천부적 능력인 이성을 중심으로 세계에 대한 존재사유를 진행한 데카르트의 이성철학은 사유주체로서의 인간에 대한 이해와 함께, 이전의 신화적 세계관이나 자연 혹은 초자연적 질서에 의해 움직이는 세계이해로부터 이성에 기반을 둔 세계이해로의 전환을 가져오는 계기를 마련한다.

▌이성 우위의 사유주체Cogito-subject

데카르트의 이성철학이 탄생시킨 최고의 성과는 사유주체, 이성주체이다.

고대철학자들이 생각한 이성ratio[7]은 엄밀히 말해 단순히 개인의 역

---

6) 서양 언어에서 주체를 의미하는 subject(영어), subjekt(독일어), sujet(불어)라는 말은 모두 라틴어 subjectum에서 유래한 말이다. 근대 이전에 'subjectum'은 첫째, 어떤 문장 속에서 술어들이 규정하고 묘사하는 논리적 주어를 의미하는 것이었고, 둘째, 단순히 학문적 탐구의 주제를 의미하였으며, 셋째, 존재론적 의미에서 속성들의 담지자를 뜻하면서 속성들의 바탕에 놓여 있는 실체(ousia, substantia)나 질료(hyle, materia) 비슷한 것으로 이해되기도 했다. 그러나 데카르트, 칸트, 후설, 실존주의 철학자 등을 거치면서 주체의 의미는 모든 객체적 실재(realité)와는 구별되어 독립적으로 고유한 자의식(自意識)을 지닌 자율적인 행동(l'action)의 현존재로서의 인간주체를 함축하게 되었다.

7) 서구 철학자들이 발견한 이성 개념은 본래 'logos'에서 비롯되었다. 이것은 라틴어의

량이나 정신으로 간주되기보다는 인간의 불완전한 세계에서 완전한 세계로서의 진리에 이르는 통로로 이해됨으로써 폭넓은 의미의 개념이었다. 이는 아리스토텔레스가 규명한 통합적 인간관을 드러내는 것으로, 칸트의 순수이성, 실천이성, 판단력 이성을 모두 포함하는 넓은 의미에서의 이성을 의미한다. 이러한 통합적 인간본질로서 이성ratio의 의미는 데카르트에 이르러 선험적 능력인 이성적 사유 능력으로 그 의미가 축소된다. 데카르트는 통합체로서의 인간을 의미하는 이성, 즉 'logos'에서 이성적 능력, 사유 능력cogito만을 따로 떼어 거기에 큰 가치를 부여한다.

데카르트의 이성철학은 "나는 생각한다. 그러므로 나는 존재한다Cogito ergo sum."라는 명제를 통해 시작된다. 방법적 회의라는 사유를 통해 도달한 이 명제는 이성주체에 관한 데카르트의 철학적 논의를 함축적으로 드러낸다. 방법적 회의란 어떤 명제가 어쩌면 참일지도 모르고 거짓일지도 모르지만, 아니 더 나아가 설령 그것이 참이라고 해도 일단 거짓이 아닐까 의심한다는 것이다. 이렇게 세계의 모든 것의 존재를 의심스러운 것으로 치더라도 이런 생각, 즉 의심을 하는 자신의 존재만은 의심할 수가 없다. 다른 것은 의심할 수 있어도 나는 사유하고 있고, 따라서 내가 존재한다는 사실만은 의심할 여지없는 확실한 진리라는 말이다.

결국 그의 회의는 의심을 위한 의심이 아니라, 오히려 확실한 인식을 확립하기 위한 방법으로서의 긍정적인 의심인 것이다.

파토스(pathos)와 대립되는 개념인 이성을 의미하는 'ratio'에서 시작되었는데, 고대철학자들은 어둠을 밝히는 빛을 이성으로 보았다. 그들은 이성이 우주의 모든 현상을 조화롭게 볼 수 있게 하고 그것을 통해 인간은 참과 거짓, 도덕과 비도덕을 구분하게 된다고 보았다.

"모든 것은 진실이 아니라고 생각하고 있는 사이에도 필연적으로 무엇인가가 아니면 안 된다는 것을, 그리하여 '나는 생각한다, 그러므로 나는 존재한다(Je pense, donc je suis)'라고 하는 이 진리가 회의론자의 터무니없는 상정에 의해서도 흔들리지 않을 만큼 견고하고 확실한 것이라는 점을 나는 인정했다. 나는 이 진리를 내가 구하고 있었던 철학의 제1원리로 받아들이기로 판단했다."

『방법서설Discours de la Methode』

결국 데카르트에 있어 사유한다는 것은 나와 나의 존재를 뒷받침해 주는 유일한 근거가 되는 셈이다. 나는 사유하는 실체이고 사유는 정신, 이성의 작용이기 때문에 나를 존재하게 하는 것은 바로 이성이라는 의미이다.

그에게 있어 이성은 기본적으로 외부의 세계를 표상할 수 있으며, 그 대상을 합리적으로 분석하고 응용하거나 자신의 목적을 위해 이용할 수 있는 능력이다. 이성의 능력에 의해 인간은 스스로의 운명을 창조해 나갈 수 있으며, 이를 통해 일체의 권위에서 벗어나 독자적으로 그 타당성을 검증할 수 있는 주체로서의 확신을 가지게 된다는 것이다. 모든 진리의 인식을 가능하게 하는 것은 바로 생각하는 자아, 이성적 주체이다.

이처럼 이성에게 독점적 지위를 부여한 데카르트의 이성철학은 사유하는 주체인 정신과 육체를 분리시키는 이원론적 인간관을 제시한다. 그에 의하면 정신은 사고가 존재하고 이성이 거하는 장소이며, 어떠한 물질적인 것에도 의존하지 않고, 육체 없이도 자신을 명석판명하게 존립시킬 수 있으며, 불변성과 불가분성을 가지고 있는 것이다. 반면 육체는 가변적인 것으로, 사실은 존재하지 않는데도 불구하고 우리 모두 육체를 지니고 있는 듯이 착각하는 것이라 의심할 수도 있다고 보았다.

▌오직 스스로 존재하는 실체로서의 사유주체Cogito-subject

데카르트는 인간주체를 실체라고 규정하였다. 실체란 '오직 스스로 존재해야 하는 실존하는 사물', 즉 존재하기 위해 어떤 타자에게도 의존하지 않는 존재자를 가리킨다. 이는 자유의지와 전인적인 자기결단과 자기책임 안에서 자신과 타자에 대하여 주체로서 지금 여기here & now에 현존하는 주체이다.

> "나는 하나의 실체로서 그 본질, 혹은 본성은 다만 생각한다는 것 이외의 아무것도 아니고, 존재하기 위한 어떠한 장소도 필요하지 않으며, 어떠한 물질적인 것에도 의존하지 않는다는 것을 알았다……."
>
> 『방법서설Discours de la Methode』

데카르트에게 있어 '오직 스스로 존재해야 하는 실존하는 실체'로서의 인간주체의 의미는 객관적 실재realité로서 세계를 규정하는 주체이다. 이때 세계는 인간주체에 의해 규정되어야 할 대상일 뿐, 결코 주체를 규정하는 또 다른 주체로 인정되지 않는다. 이성적 주체로서의 인간은 자기 육체를 포함한 모든 세계를 인식의 대상으로 삼고 있다. 즉, 세계는 나의 인식대상이 되고 이성을 가진 주체인 나는 모든 표상의 주체가 되는 셈이다.

이런 점에서 데카르트의 이성주체, 사유주체는 완전하게 독립적인 주체이광래, 2006이며, 철저히 폐쇄적이고 고립적인 홀로주체solo-subject[8]이다.

---

8) 홀로주체의 개념은 주체와 객체 간의 상호관계 속에서 이루어지는 주체 개념인 상호주체(inter-subject)와 대립된 주체 개념으로, 데카르트나 칸트의 주체처럼 주체가 대상인 세계와 분리·고립되어 존재하는 순수한 주체를 의미한다.

칸트의 인식론

인간 지식의 근원, 즉 앎의 본질에 대한 인식론적 논의는 인식주체의 역할과 외부세계로서의 대상의 본질에 따라 크게 두 가지로 구분되는데, 인간인식의 비중을 객관이나 대상에 두는 객관주의 인식론과 인식주체의 주관성에 비중을 두는 주관주의적 입장인 상대주의 인식론이 그것이다. 객관주의 인식론은 사물을 인식하는 것에 대하여 우리의 외부에 사물이 있고 그것을 우리의 정신이 파악한다고 본다. 즉, 인식의 본질을 객관적 세계로서의 대상의 재현representation으로 보았다. 반면 상대주의 인식론은 객관적 세계로서의 대상은 인간의 정신과 분리되어 존재하는 것이 아니라 인식의 판단 기준을 인간주체에 둠으로써 인식주체의 능동성을 강조하였다.

칸트는 인식의 판단 기준을 객관세계에서 인간 내부의 이성으로 바꾸어 버림으로써 인식주체의 능동성을 강조하는 상대주의 인식론을 제안한다. 칸트에 따르면 실제로 경험하는 객관적 세계로서의 대상은 인간의 정신과 분리되어 존재하는 것이 아니라 정신이 사물을 선험적 형식에 맞추어 사유한다고 보는 것이다. 이러한 칸트의 인식론적 견해는 대상중심의 객관주의적 인식론에서 벗어나 대상이 인식을 따른다는 주체중심의 상대주의 인식론으로 코페르니쿠스적 패러다임으로의 전환을 이끌게 된다.

▌구성주의적 상대주의 인식론

근대철학에서 인간주체가 객관적 실재réalité로서의 세계를 인식하는 방법은 두 가지 관점으로 대립되었다. 그중 하나는 지식의 근원을 선험적인à priori 것으로 보는 합리주의rationalism 관점으로, 객관적 실재로서의 세계에 대한 올바른 인식은 이성적 사유에 의해서만 가능하다고 본다. 다른 하나는 인간은 아무 관념도 없는 백지상태tabula rasa로 태어나며 오감을 통해 외부세계를 경험함으로써 그것이 그대로 지식으로 형성된다고 보는 경험주의empirism 관점이다. 칸트는 인간의 지식이 경험적이고 감각적 질료 없이는 성립되지 않는다는 경험론의 관점을 부정하지 않으면서도 인간이 외부세계를 인식하기 위해서는 오성이라는 선험적 형식을 통과해야만 가능하다는 합리론을 결합시킴으로써, 새로운 인식론적 관점을 제시한다.

칸트Immanuel Kant, 1724~1804는 그의 『순수이성비판Critique of Pure Reason, 1781』에서, 인식이란 인간의 주관성이 주어진 감각적 인상들을 자신이 가진 선험적 직관형식시간과 공간과 지성형식에 따라서 구성함으로써 산출되는 것임을 밝히고 있다. 그에 의하면 인식은 감성sensation, 오성understanding, 이성reason의 세 수준에서 일어난다고 본다. 첫 번째 단계는 우리의 감각기관을 통해 외부의 사물을 지각perception하는 감성sensation의 단계로서 외부사물을 감각적으로 수용하는 가장 기초적이고 기본적인 차원의 인식단계이다. 그러나 인간은 단순히 외부세계에서 들어오는 감각적 자극을 수용만 하는 것이 아니라 외부세계에서 들어온 잡다한 자극에 일정한 질서를 부여한다. 이것이 두 번째 단계인 오성understanding의 단계이다. 이 단계는 지각된 것에 개념을 적용시키는 단계로, 일차적으로 감성sensation이 자신의 형식인 시간과 공간에 따라 감각자료Sense-data를 정리하여 감각적 직관을 하고, 그 다음 상상력이 도식圖式, Schema들을 만들어 넘긴다. 이때 오성의 기능은 넘어온 감각자료Sense-data들을 개념에 의해 파악하는 것이다. 세 번째 단계는 이러한 도식들을 사유, 분석, 종합하여 개념화하고 개념화된 직관들을 자신의 선험적인 형식인 범주들을 통해 선험적 종합판단을 하게 되는 이성reason의 단계이다. 결국 인간 스스로의 감각적 경험에 의존할 수밖에 없는 인식의 질은 선험적 성격의 형식을 통해 감성sensation과 오성understanding에서 여과되어 객관성과 보편타당성을 지니는 진리의 세계로 구성된다는 것이다김희연, 2001.

칸트의 인식론적 입장에 따르면, 지식은 주변의 대상이 주는 자극이 주체에게 수동적으로 인식되는 것이 아니고 주체의 선험적인 이성의 능력에 의해 능동적으로 구성konstruktion[9]하는 것이다. 인간주체가 있는 그대로의 세계를 보는 것이 아니라 자신의 고유한 인식틀에 의해 세계를 보고 이해한다는 의미다. 즉, 우리가 알고 있는 세계는 우리의 인식틀에 의해 재창조된 것이다. 칸트의 인식론을 구성주의constructivism, 혹은 선험주의초월주의라고 보는 것은 바로 이런 의미에서다이화도, 2010.

자율적 인식주체

데카르트의 주체가 존재론적 관점에서의 사유주체라면 칸트의 주체는 독자적이고 자율적 법칙을 가진 자아의식의 주체, 자기반성의 능동적 인식론적 주체이다.

---

9) 칸트의 구성(konstruktion)은 주체가 구성하는 그대로 지식이 구성되는 것을 의미하지만 후설의 구성(konstitution)은 선술어적이며 함축적이고 비주제적으로 주어진 것을 명시화(l'explicitation)하고 주제화(la thématisation)한다는 의미가 강하다. 칸트의 구성에 주어지는 감각적 질료는 주체의 시간, 공간, 범주 등에 의해 필연적으로 구성되는 재료임에 비해, 후설의 감각적 질료는 자체적 질서를 미리부터 어느 정도 함축적으로 가지고 있는 소재이며 주체의 구성행위는 이 소재에 함축되어 있는 것을 분석하고 주제화하며 명료화하는 것을 의미한다. 이 의식의 구성 작용에 의해 함축적이고 선-비주제적이며(pré-non-thématique) 선소여적이고 선술어적인 생활세계가 명시화된다.

인식의 판단 기준을 객관세계에서 인간 내부의 이성으로 바꾸어 버린 칸트의 인식론적 사유는 객관세계를 인간이성 능력에 종속시킴으로써 인간주체의 자율성에 대한 강한 신뢰를 드러낸다. 인간주체가 자연세계에 질서를 부여하고 지식을 스스로 구성한다는 의미에서 칸트는 인간을 자연의 입법자라고 보았다. 칸트에게 있어 인간은 세계에서 주어지는 정보에 대해 수동적으로 받아들이는 존재가 아니라 능동적으로 구성하여 인식함으로써 세계에 대해 입법자로서의 지위를 획득하는 존재이다. 이런 점에서 칸트의 주체는 자아의식의 주체이며 능동적이며 인식론적인 주체이다.

인간주체의 자율성에 대한 강한 신뢰를 드러낸 칸트의 주체는 상대적으로 객관적 실재realité로서의 세계를 대상화하는 누를 범하게 된다. 칸트의 주체가 세계에 질서를 부여하는 자율적 인식주체라면, 이때 대상으로서의 세계는 인간정신이 그것을 선험적 형식에 맞추어 사유함으로써만 존재한다. 세계의 전체적인 의미와 실재는 오로지 인간 현존재의 자율적 작용과 관련되기에 현존재 안에 존재하지 않거나 현존재로부터 그 의미가 부여되지 않은 세계는 인정되지 않는다는 의미이다. 객관적 실재realité로서의 세계가 언제나 주체에 의해 규정되어야 할 대상일 뿐 주체를 규정하는 다른 주체로 인정되지 않는다는 점에서 칸트의 자율적 인식주체는 데카르트의 사유주체처럼 철저히 홀로주체solo-subject이다.

자율적 이성주체, 선험적·초월적 주체에 대한 칸트의 인식론적 사유는 현대교육학적 사유의 지평에서 인간교육을 위한 하나의 지표로서 새롭게 논의될 가치가 있다.

첫째, 칸트의 선험적·초월적 주체로서의 인간이해에 근거한다면,

교육은 인간의 초월적 본성에 깃든 개별성을 인정하고 각자 자신의 삶에서 주인이 되도록 하는 과정이어야 한다.

인간에게 초월적 차원이 깃들어 있다고 보는 것은 인간의 존엄성을 의미한다. 칸트는 아동이 자신과 타인들에 대한 인간으로서의 존엄성을 느낄 수 있도록 하며, 이러한 인간존엄성에 대한 존중을 아동에게 의무로 느끼도록 하는 것을 교육의 중요한 과제로 설정한다. 칸트에 의하면 인간은 자신의 내면에 그를 다른 생명체보다 고귀하게 반드는 하나의 존엄성을 지니고 있으며 이것을 부인하지 않는 것이 자신에 대한 의무이다. 타인에 대한 의무는 모든 인간은 나와 남을 포함하여 저마다 인간의 존엄성을 구성하는 예지적 존재이므로 존경이 대상이 된다는 의미다. 칸트에 의하면 교육은 이러한 자기자신에 대한 의무와 타인에 대한 의무 개념을 통찰하여 이를 바탕으로 행위하도록 아동들을 이끌어 주는 것이다. 이러한 칸트의 초월적 선험적 주체관과 도덕적 원리는 교육이 인간성, 인간존엄성의 증진에 기여해야 한다는 시대적 요청에 비추어 볼 때, 현대교육학적 사유의 지평에서 인간교육을 위한 하나의 지표로서 새롭게 논의될 가치가 분명하다.

둘째, 칸트의 자율적 이성주체로서의 인간이해에 근거한다면, 교육의 과제는 자연성으로서의 인간이성을 합목적적으로 발달시키는 것이어야 한다.

칸트의 교육론의 배후에는 인간의 자연성으로서 이성의 완성이라는 개념이 들어 있다. 그러나 칸트에 의하면, '자연적 소질을 균형 있고 합목적적으로 발달시키고, 인간성을 맹아로부터 발전시키며, 인간을 그의 본질규정에 도달하게 하는 것은 인간에게 달린 일'이다.

칸트에 있어 인간이성은 본능적으로 활동하지 않으며, 하나의 통찰에서 다른 통찰의 단계로 점차 전진하기 위해서는 시도와 연습, 지도를 필요로 한다는 것이다.

여기서 우리는 자연성으로서의 이성개발을 위한 교육은 교육받은 인간을 통해서만 가능하다는 사실에 주목하여야 한다. 인간에게 있어 자연성으로서의 이성 개발은 저절로 일어나지 않고 기성세대들의 돌봄과 이끌어 줌에 의존한다는 것이다. 칸트는 오직 교육을 통해서만 인간이 된다고 언명한다. 그러나 칸트에 의하면 기성세대의 돌봄과 이끌어 줌도 스스로 자신의 자연적 소질로서의 이성을 잘 개발시킨 교육자에 의해서만 가능하다. 다음 세대들의 자연소질들이 합목적적이고 균형 있게 발달하는 교육을 위해서는 교육자의 도움이 필요하다는 의미다. 스스로 자신의 자연적 소질로서의 이성을 잘 개발시킨 교육자 없이 교육은 여전히 미해결의 과제로 남는다. 교육자의 인격적 성숙이 교육의 성패를 좌우한다는 의미다. 여기서 '인간은 교육의 존재'라는 칸트의 인간학적 명제가 나타난다. '인간은 교육으로부터 만들어 낸 것 이상도 이하도 아닌 그 자체'라는 의미다.

▌자유의지에서 출발하는 도덕론

자율적 이성주체로서 칸트의 존재론적 사유는 그의 도덕론에서 잘 드러난다. 도덕론의 핵심은 자발성이다. 인간은 자신의 자발적인 도덕적 결단에 따라 행위하며 이 행위에 대해서 스스로 책임을 진다. 이것이 자유의지free will로서의 인간 개념이다.

칸트에 있어 인간의 자율적 의지는 자연의 인과법칙에 의존하지 않는 행위를 일으키는 능력으로 예지적 질서, 즉 이성의 영역에 속하는 것이다. 칸트는 자율성의 근거를 이성에서 보았으며, 이성을 개발하는 것이 결국 개인의 자율성을 증진하는 것으로 보았다. 인간은 초월적 능력으로서의 이성을 적극적으로 사용함으로써 자신에게 스스로 법칙을 부여하는 자율autonomie을 실현할 수 있는 존재가 된다는 것이다. 이런 의미에서 볼 때 칸트에 있어 이성은 이념적 사유 능력이면서 동시에 실천적 원칙의 능력이다. 결국 칸트의 자율적 주체는 이성 덕분에 원칙에 따라 행위를 할 수 있는 이성적 주체인 것이다.

칸트의 도덕론은 현대교육학적 사유의 지평에서 인간존엄성에 대한 존중, 목적 자체로서의 인간에 대한 존중을 교육의 중요한 과제로 설정하는 인간교육을 위한 하나의 지표로서 새롭게 논의될 가치가 있다.

첫째, 칸트의 도덕론에 의하면, 인간의 도덕적 행동은 자유의지에서 출발한다. 자발적인 도덕적 결단에 따라 행위하며 이 행위에 대해서 스스로 책임을 지는 자유의지를 지닌 인간이라는 개념이다.

칸트에 의하면, 인간은 우선 현상세계 속에서 자신을 발견하는 존재이지만 그는 또한 현상세계를 벗어난 자유가 원칙적으로 깃들어 있는 존재로서, 자유의 이념에 상응하여 행위해야 하는 의무를 느낀다. 의무에 의하여 부름을 받은 우리 의지는 자신에게 도덕법칙을 부여하고 또한 이 법칙에 자발적으로 복종한다. 칸트는 이를 의지의 자율이라 부르고, 이 의지는 실천이성의 이름을 얻게 된다. 이처럼 칸트에게 있어 자유의 개념은 도덕적 당위의 사실을 근거로 적극적이고 실천적 의미를 획득하게 된다.

칸트에 있어 인간은 자연적 상태에 종속된 한계를 지닌 존재이지만 자유의지, 자율의 존재라는 점에서 인간의 존엄성이 그 당위성을 가진다. 칸트는 인간의 절대적 존엄성을 보고 있는 것이다.

이러한 칸트의 도덕론적 사유에 근거한다면, 교육은 자신의 도덕적 책임의식에 따라 행동할 수 있는 성숙한 인간을 기르는 것이어야 한다. 이때 교육은 교육자가 주도적으로 힘을 행사하고 아동들이 단지 수동적으로 받아들이는 교육행위를 통해 이루어지는 것이 아니다. 아동 스스로 책임을 지각할 수 있고 책임질 수 있는 성숙한 인간으로 양성하는 것이, 바로 교육의 역할이다. 아동의 선함에 대한 의지를 신뢰하고 그러한 의식을 일깨워 주는 것이 교육의 본분인 것이다.

둘째, 칸트의 도덕론적 사유에 근거한다면, 교육은 이성적 능력을 통해 도덕적 인격을 갖춘 인간을 양성하는 것이어야 한다.

칸트에 의하면, 인간의 도덕적 행위는 감성이 아닌 예지적 측면, 즉 이성의 영역이다.

이성은 인간존재의 다른 구성요소들을 통일적으로 규정한다. 이로써 개별적 존재로서의 인격은 보편적 도덕 법칙하에 있게 된다. 인간의 이성적 의지는 감성적 충동의 사유를 물리침으로써 이성적 통찰을 촉진하고, 이로써 감성적 제약으로부터 해방된다. 도덕적 행위를 위한 인간의 자유의지는 이성과 결합된 의지인 것이다. 칸트는 자신의 개별성이 보편적 인간성의 이념에 부합되도록 함으로써 참된 인성으로서의 정당성을 얻게 되는 것으로 본다. "네 의지의 격률이 언제나 동시에 보편적 법칙 부여의 원칙에 타당하도록 행위하라." 칸트는 이를 정언명령kategorisch imperativ, categorical imperative[10]이라 부른다. 이처럼 자유의

10) 칸트는 의지에 주어지는 모든 명령을 가언적인(Hypothetical) 것과 정언적인(Categorical) 것으로 구별한다. 가언명령(Hypothetical Imperative)이란 가능한 행위의 실천적 필연성을 어떤 다른 것에 도달하기 위한 수단으로 표상하는 것, 즉 조건이나 상황에 따라 적용되고 요구되는 도덕명령이다. 정언명령(Categorical Imperative)은 행위를 다른 목적과 관계없이 그 자체로서 필연적인 것으로 표상하는 명령으로, 어떤 특정한 조건에 좌우되지 않는 무조건적 도덕명령이다. 칸트의 정언명령에는 2가지 원리가 있

지가 자신에게 도덕법칙을 부과함으로써 인간은 감성의 제약을 벗어난 도덕적 인격이 된다.

칸트에 의하면 도덕적 인격은 이성의 능력이 교육을 통해 충분히 발달된 후에야 제대로 수행될 수 있다고 본다. 교육을 통해 이성적 능력을 기르는 것이 결국 도덕적 인격형성과 관련되는 것이다.

이를 위해 칸트는 아동기에는 훈육과 함께 이성적 능력을 키우는 것이 필요하다고 보았다. 훈육은 아동들에게 이성적이라 규정된 것들에 복종시키도록 하는 것으로, 칸트는 훈육을 통해 모든 감성적 습성을 버리고 이성적 규칙들에 순종하도록 하여야 함을 촉구한다. 아동들에게 이성적 규칙을 따르는 습관을 기르는 것이 바로 훈육의 과제인 것이다. 그러나 칸트는 이러한 훈육도 인간이 나면서부터 지닌 자유를 해치지 않는 범위에서 이루어져야 한다고 본다. 아동에게 부과하는 훈육이 아동의 의지를 꺾어서는 안 되며 자연적으로 굴복하는 방법을 통해 이끌어야 한다는 의미다. 이러한 훈육이 아니면 결국 교육은 도덕적 인격 완성이라는 그의 본래적 목표에 도달하기 어렵다.

특히 인간은 생애초기에 이성 능력은 미약한 반면, 감성적 충동은 강하기 때문에 감성적 동기들을 그의 격률로 받아들인다. 이러한 감성적 동기들에 근거한 격률을 칸트는 자기애selbstliebe, self-love의 원칙이라 부른다. 따라서 생애초기 양육은 이성의 발달을 고려하여 자유를 해치지 않는 범위에서 이루어져야 하며 자연적 발달을 위해 소극적이어야 함을 강조한다. 왜냐하면 그 내면에는 이성이 싹터 나오기 때문이다. 양육을 통해 유아의 신체적·생리적 발달은 촉진하여야

는데, 첫째, "네 의지의 격률이 언제나 동시에 보편적 입법의 원리가 될 수 있도록 행위하라." 이며, 둘째, "너 자신과 다른 모든 사람의 인격을 결코 단순히 수단으로 취급하지 말고 언제나 동시에 목적으로 대우하도록 행위하라."는 것이다.

하지만 이성의 발달을 고려하여 소극적이어야 한다는 의미다. 유아의 자발적 활동성을 촉진하기 위해서는 유아에게 자유가 허용되어야 한다는 것이다.

요컨대 아동의 야만성감성적 자유은 교육자, 즉 이성적 자질을 갖춘 성인에 의해 제어되어야 하지만, 교육자는 아동으로 하여금 자유를 느끼도록 해야 하며, 이와 함께 다른 사람의 자유를 방해하지 않도록 하는 것도 가르쳐야 한다.

여기서 우리는 어려운 교육적 문제에 봉착한다. 어떻게 복종과 자유를 결합시킬 것인가 하는 것이다. 이 문제는 "강제를 가하면서 자유를 길러 낼 수 있을까?" 하는 칸트의 질문에서 잘 드러난다. 과연 자유를 위한 훈육, 도덕적 인격 완성을 위한 자유통제로서의 훈육이 무엇일까? 이러한 교육적 실천이 가능할까?

훈육 그 자체를 위한 훈육이 아니라 자유의지를 지닌 도덕적 인격체로 키우기 위해 필요한 훈육은 어떤 것이어야 하는지에 대해 숙고가 필요한 시점이다.

셋째, 칸트의 도덕론적 사유에 근거한다면, 교육은 자신과 타인들에 대한 인간으로서의 존엄성을 느낄 수 있도록 하며, 이러한 인간존엄성에 대한 존중을 바탕으로 행위하도록 아동들을 이끌어 주는 것이다.

칸트는 자기 자신에 대한 의무와 타인에 대한 의무 개념을 통찰하여 이를 바탕으로 행위하도록 아동들을 이끌어 주는 교육 방법으로 소크라테스적 교수법에 주목한다. 소크라테스적 교수 방법은 교육자와 아동 사이의 대화를 통하여 아동 자신의 이성으로부터 이성적 통찰을 이끌어 내는 방법으로, 칸트는 이를 '문답교수법'으로 언급하고 있다. 문답교수법question and answer method이란 소크라테스의 대화에서처럼 교사와 아동이 번갈아 서로 묻고 답하는 질의와 응답을 통한 교수법으로, 아동이 스스로 이성의 원리를 깨닫게 하고 주의력을 높임으로써 가르치는 방법이다. 이는 교사가 일방적으로 가르치고 아동이 수동적으로 받아들이는 강의식 방법과 비교되는 것으로 칸트는 이러한 교수 방법을 아동들에게 의무의 개념을 통찰하게 하기 위해 적합한 방법으로 본 것이다. 이성통찰로서의 의무 개념은 아동에게 주입할 수 있는 것이 아니라 아동의 내면으로부터 이끌어 내는 것이기 때문이다.

칸트는 『실천이성비판Critique of Practical Reason, 1788』에서 소크라테스식 대화방법에 근거한 도덕적 문답교수 방법을 위한 구체적 방법을 제시하고 있다.

제1단계는 자신과 타인의 행위에 대한 도덕적 판단의 지속적 연습을 통해 도덕적 판단력을 발달시키는 단계이다. 처음 단계에서 단순한 도덕적 문답교수가 시행된 후 소크라테스식 문답교수를 통해 제시된 의무에 내용적으로 부합되는 과거나 현재의 인물의 전기를 아동들에게 소개하고, 그 전기에 포함된 도덕적 내용에 대해 토론하고 판단하게 하는 것이다. 이러한 도덕적 문답교수 방법을 통한 도덕적 판단의 지속적 연습을 통해, 아동들은 선한 행동을 칭찬하고 나쁜 행동을 혐오하는 습관을 형성하고 이 습관은 장래에 선하고 반듯한 삶으로의 변화를 위한 좋은 토대가 된다.

제2단계는 도덕법칙과 의무에 대해 의식하게 함으로써 도덕적 원칙들을 개념화하는 단계이다. 도덕 감정들만으로는 인간행위의 도덕성을 보증하지 못한다. 감정은 지속적이지 못하며 변화하기 때문이다. 따라서 도덕적 원칙들의 일관성을 확보하기 위해서는 개념으로 정립되어야 한다.

교사는 아동들에게 도덕적 개념들을 제시해 주고 이 원리들이 아동들의 심정에 직접적으로 영향이 미치도록 해야 한다. 이때 교사의 태도가 결정적 중요성을 갖는다. 교사는 아동들에게 제시하는 도덕적 원리들을 자신의 신조 안에 지니고 있거나 최소한 신조로 끌어들이기 위해 노력해야 한다. 이를 바탕으로 해야 교사는 열정을 가지고 도덕적 원리나 사례를 아동들에게 가르칠 수 있으며, 이를 통하여 그들의 공감을 불러일으키고 점차 도덕의식을 각성시킬 수 있을 것이다. 특히 교사가 본보기를 보일 때 아동들의 도덕의식이 더욱 효과적으로 촉진되리라는 것은 자명한 일이다. 따라서 교사는 높은 해석학적 능력과 확고한 도덕적 신조를 가져야 한다.

제3단계는 도덕법칙을 행위의 최고 규정근거로 확고하게 받아들이는 도덕화단계이다. 도덕법칙을 받아들이기 위해서는 도덕적 본분 규정의 숭고함에 대해 자주 환기를 시켜 적극적 힘을 주어야 한다. 그러면 스스로 도덕법의 준수를 통해 점차 내적인 평온과 자유를 느끼기 시작한다. 이러한 만족감은 긍지를 일으키며, 이 긍지는 자신의 인격성에 대한 존중이며 자기존중이다.

목적 자체로서의 인간에 대한 존경은 교육자로서도 반드시 지켜야 할 근본이다. 교육자는 아동을 그의 외모나 사회 경제적 출신배경, 종교 등에 관계없이 존중하여야 하며 그를 벌할 때도 인간의 절대적 존엄성에 대한 존경을 잃어서는 안 된다는 의미다.

지금까지 살펴본 바와 같이, 칸트에 있어 교육의 최고 목표는 바로 도덕성의 실현이라 할 수 있다. 아동의 선함에 대한 의지를 신뢰하고 그러한 의식을 일깨워 주는 것이 칸트가 생각한 교육의 본분인 것이다.

주체중심, 이성중심의 근대교육

데카르트의 이성주체cogito subject와 칸트의 자율적 인식주체에 대한 사유는 근대교육의 제 현상들로 드러난다.

첫째, 인간의 주체성에 대한 강조와 함께 자율적 주체에 대한 자각은 근대교육에서 독자적이고 자율적 법칙을 가진 배움의 주체, 고유한 자의식을 가진 능동적 학습자에 대한 강조로 드러난다. 특히 인간과 세계에 대해 개인이 가지는 관점들이 개인의 주관적 경험이나 선험적 이성 능력에 영향을 받는다는 칸트의 인식론적 관점은 인식주체로서의 아동, 배움의 주체로서의 아동에 대한 새로운 인식전환을 가져오게 된다. 이로써 근대교육에서는 단순히 수동적 존재로만 인식되던 학습자의 주체성에 대한 관심이 증가하고 아동중심교육, 학습자중심교육의 실현을 위한 노력이 시작된다.

그러나 근대철학에서의 주체성에 대한 자각은 우리를 둘러싼 세상, 객관적 세계를 외면하는 오류를 낳게 된다. 이로써 세계는 주체로서의 자리를 얻지 못하고 주체의 이방인, 즉 타자로서만 존재한다. 이때 타자는 언제나 주체에 의해 규정되어야 할 대상일 뿐이며 결코 주체를 규정하는 다른 주체가 되지 못한다. 이런 점에서 데카르트와 칸트의 주체로 대변되는 근대주체는 '너' 없는 세계, 오직 '그것들'만이 존재한다는 점에서 철저히 홀로주체solo-subject이다.

이러한 근대철학의 홀로주체 개념은 인식주체로서의 인간을 인식대상인 세계로부터 분리하고 고립시키는 결과를 초래하게 되었다. 이처럼 나를 제외한 대상과 세계에 대한 이해와 자각이 부족한 근대철학은 교육에서도 개인과 개인, 주체와 객체로서 대상 간의 상호작용은 간과되고, 서로의 존재를 규정하는 상호주체로서의 관계는 외면되는 한계를 지닌다.

둘째, 데카르트의 이성주체, 선험적 이성 능력을 가진 칸트의 인식주체로부터 시작되는 이성적 능력을 가진 존재로서 근대철학에서의 자아인식은 이성중심, 객관성, 보편성에 대한 가치 추구의 양상으로 나타나게 된다. 근대교육은 보편성과 객관성, 중립성과 몰가치성을 그 내재적 속성으로 하는 확고 불변한 로고스적 토대하에서 이루어지는 이성중심의 교육이다. 인간의 이성적 능력을 길러 주는 것, 즉 사유하는 주체, 이성적 주체의 양성이 근대교육의 목표가 되는 셈이다.

이로써 근대교육은 교과서 중심, 획일화된 평가, 이분법적 사고의 이성중심, 지식중심의 교육의 특성을 드러낸다. 교육의 관건은 얼마나 많은 지식을 잘 전달하는가에 초점이 맞추어지고 학습자는 전달되는 지식을 암기하는 역할을 부여받게 된다. 교육의 목표는 학습자의 지적 능력의 향상에 초점이 맞추어졌으며, 획일화된 평가기준으로 지식습득을 평가하는 것이 주된 방법으로 간주된다.

또한 이성적, 지적 능력을 개발하고 향상시키는 것이 교육의 목표로 강조됨으로써 이성 이외의 인간의 능력들, 즉 상상력이나 감성, 몸의 지각, 그리고 윤리성 등은 근대교육에서 설 자리를 잃게 되었다. 이에 사회 전반에 획일화, 대중화, 표준화, 평준화의 개념이 확산됨으로써 능력이나 적성에 있어 개인차를 고려하지 못한 대중교육이라는 틀을 형성하게 된다.

이러한 근대교육의 제 현상들은 절대성의 시각이나 사상을 거부하고 다원성과 다양성으로 대변되는 포스트모던 시각에 의해 비판되며 포스트모던 원리를 반영한 새로운 교육 담론으로 구체화되기 시작한다.

제3장

현상학과 생활세계로의 교육

현상학phenomenology은 후설E. Husserl이 '사물 자체로의Zu den Sachen selbst'라는 개념을 중심으로 객관주의적 자연과학에 이의를 제기하고, 인간이해를 협소한 이성주의에서 해방시켜 인간성 회복을 위하여 발전시킨 학문이다.

후설은 자아와 세계의 관계를 상호 외적 관계로 파악하려고 했던 객관주의 인식론이 세계의 우연적 흐름에 좌우되는 인간의 위상만을 그려 내었음을강동수, 1999, 재인용 비판하면서 새로운 주체관을 제시한다. 메를로 퐁티M. Merleau-Ponty는 주변부에서 소외되었던 몸을 철학적 사유의 중심부로 불러들이며, 인간이성의 거대한 신화 속에 소외되었던 몸corps에 대한 관심을 불러일으키게 된다.

후설과 메를로 퐁티 현상학에서의 주체개념을 유아교육적 관점에서 재조명하고, 자연과학적 사고체계에서 점차 상실되어 가는 지각la perception의 가치에 대해 논의해 보자.

후설의 현상학

후설Edmund Husserl, 1859~1938은 『유럽학문의 위기Die Krisis der europaischen Wissenschaften und die transzendentale phanomenologie, Crisis, 1939』라는 저서에서 근대 합리주의의 붕괴를 묘사하고 있다. 그의 비판은 자연과학에 관한 것으로, 기본적으로 물리적 사물들에 인과적 토대를 두고 있는 자연과학이 인간존재에 대하여 그릇된 태도를 발전시켰으며, 궁극적으로 앎, 가치, 판단에 대한 위협을 가져온다는 것이다. 그는 철학의 진정한 목적을 인간이성을 구제하는 것으로 설정하였다. 이런 점에서 볼 때 후설의 사상은 데카르트에서 출발한다고 볼 수 있다.

그러나 데카르트가 이성에 대한 체계적인 회의를 통해 지식을 위한 절대적으로 확실한 토대를 다지고자 하였다면, 후설이 그의 경험에 대한 모든 판단을 유보하고 '현실의 경험과 직관에 주어지는 사물과 사실들 그 자체'만을 직시함으로써 어떠한 전제도 없는 철학을 세우고자 했다는 점에서 그의 현상학은 데카르트 철학과 구별된다.

▌육체와 정신의 융합체로서의 자아

데카르트뿐 아니라 후설에게도 모든 지식의 근원은 자아이다. 데카르트에게 자아는 논리적 추론을 통해 연역해 낼 수 있는 자아인 반면, 후설은 논리 대신에 경험에 일차적 강조점을 두어, 의식적 자아를 넘어 육체와 정신이 함께 존재하는 융합체로서의 자아를 제시한다.

인간자아ego, self에 대한 논의는 소크라테스가 자기 자신에 대한 무지를 환기시키고 인간의 실존적 상황에 대해 관심을 끌기 위해 "너 자신을 알라!Know your self!"라고 외친 이후부터 오랫동안 철학자들의 관심이 되어 온 주제이다.

자아의 문제가 본격적으로 철학의 가장 중요한 주제로 등장하고 체계적으로 이론이 정립된 것은 근대철학 이후이다강동수, 1999.

근대철학에서 자아의 개념은 데카르트에서부터 시작된다. 데카르트는 "나는 생각한다. 고로 나는 존재한다Cogito ergo sum."라는 명제를 통해 경험으로 발견되는 객관적 실체로서의 자아가 아니라 생각하는 존재res cogitans인 선험적à priori 존재로서의 자아를 드러낸다.

생각하는 존재res cogitans, 정신적 실체로서의 데카르트의 자아는 형이상학적이어서 객관적으로 파악할 수 없다는 한계를 지닌다. 영국 경험론empiricism[11]의 대표적 철학자인 흄David Hume, 1711~1776은 경험적으로 찾아낼 수 없는 형이상학적 실체substantia인 데카르트의 자아를 부정하고, 자아란 실체가 아니라 지각의 우연적인 다발에 불과하다는 입장을 제시한다. 물론 모든 인식의 근거를 후험적인à posteriori 인상과 관념에서 찾아내려 한 흄의 관점도 한계를 지닌다. 이러한 한계를 극복하고자 한 것이 칸트의 비판철학에서 제시하는 초월적 주체이다. 칸트에 의하면 우리가 다양하고 연속적인 지각을 경험할 때는 일정한 통일성을 부여하는 능동적 자아가 존재하지 않으면 안 된다고 생각하였다. 그러나 이러한 자아가 데카르트가 주장하는 정신적 실체라고는 믿지 않았다. 그렇다고 흄이 주장한 대로, 지각의 다발이라고도 말할 수 없다. 칸트에게 있어 자아는 이러한 잡다한 경험들을 하나로 묶는 중심적 역할을 수행하지만 그것은 우리의 경험을 초월하기 때문에 순수이성으로는 그것이 무엇인지 개념화할 수 없다고 생각한

11) 경험론은 인식의 기원이 경험에 있다고 보는 대표적 철학적 학설로서, 경험에 의해 모든 인식이 성립된다고 하여 경험적 인식을 절대시한다. 베이컨(Bacon), 로크(Locke), 흄(Hume) 등이 대표 철학자이다.

다. 그러나 그 존재를 파악할 수 없다고 해서 존재하지 않는 것은 아니다. 칸트는 순수이성으로는 확인될 수 없는 자아를 증명하기 위해 실천이성을 요청한다. 칸트에게 있어 자아는 순수이성에 의해 증명되는 것이 아니라 실천이성praktiche vernunft[12]에 의해 요청postulat된다. 초월적 주체로서 순수이성에 의한 인식의 대상이 될 수 없다는 칸트의 관점은 후설 현상학으로 이어진다.

후설은 칸트의 형이상학적 주체로서의 초월적 자아를 이어받아 존재론과 인식론의 근원적 기초를 밝혀내고자 하였다. 그러나 후설 현상학에서의 선험적, 초월적 자아란 칸트가 이야기한 초월적이고 형이상학적인 선험이 아니라, 경험론적 바탕하에서의 선험적 자아를 의미한다. 후설은 경험적 자아와 선험적 자아의 통합체로서 육체와 정신으로 이루어진 하나의 융합체로서의 자아를조관성, 2003 인격적 자아로 부르고, 우리 모두는 인격적 자아를 가진 존재이며, 이러한 인격적 자아들 간의 만남을 통해 사회가 구성된다고 보았다. 육체와 정신은 하나의 연속선 위에 서로 융합되어 있다고 보는 것이다. 후설 현상학이 데카르트의 육체와 정신 이원론을 멀리하고 육체와 정신이 함께 존재한다는 일원론에 뿌리를 두고 있음을 알 수 있는 대목이다.

▌삶의 토대로서의 전인교육을 위하여

후설 현상학에서 드러난 자아는 정신과 육체가 분리된 실체로서

12) 칸트에 의하면 이성은 순수이성과 실천이성으로 구분되는데, 전자는 대상을 인식하는 이론적 능력으로서 인식에 있어 선험적 원리로 규정되는 반면, 후자는 순수이성에 대해 의지를 규정하는 이성, 즉 의지능력이다. 순수이성보다 우위에 서서 그가 증명하지 못하는 자유, 영혼, 신의 존재의 필연성을 요청한다.

의 자아가 아니라, 정신과 육체의 분리를 생각하기 이전의 전인적인 통합체로서의 자아이다.

이는 인간을 로고스Logos적 존재로 규명한 아리스토텔레스의 인간관으로 환원함을 의미한다. 로고스logos란 말은 원래 희랍어 'λoϒoς'에 기원을 두는 말로, 계몽주의 시대와 이성중심의 근대 모더니즘을 거치면서 협의의 이성ratio으로 축소되기 이전의 통합적 인간관을 내포한다. 이러한 관점은 협의의 이성ratio으로서의 로고스인 이성적 가치에 중심을 둔 근대 모더니즘 교육에서 벗어나 정신과 육체의 통합체로서의 자아관을 바탕으로 한 새로운 교육 담론의 가능성을 제안한다.

협의의 이성으로만 이루어진 교육은 지식·정보를 전달해 줄 수 있지만 지혜를 길러 줄 수 없고, 인간성humanitas을 확충시켜 줄 수도 없다. 오히려 과학 만능주의적인 교육은 '몸'으로 지각되는 생활세계의 지혜를 차단하기 쉽고, 유아로 하여금 '열린 자아un Je ouvert'가 되도록 하기보다 '닫힌 자아un moi fermé'가 되게 하기 쉽다. 지식·정보의 차원을 넘어서는 지혜Sophos는 어떤 일을 통찰에 의하여 유능하게 처리해 나가는 것으로 훌륭한 지식의 산물이며, 정신뿐 아니라 경험도 풍부해야 하므로 영혼과 육체의 통합체인 '고유한 몸'le corps propre을 통해 얻을 수 있다. 유아기 교육은 '몸'을 통해 세상을 이해하며 그 속에서 삶의 지혜를 얻을 수 있는 교육, 즉 지식만이 아닌 지혜의 교육을 지향하여야 할 것이다. 교육은 단순히 앎의 문제problème의 영역에 속하는 것이 아니라 삶의 신비mystère de la vie의 영역에 속한다. 지혜의 전달로서의 교육은 이성적으로 설명될 수 있는 문제의 영역에만 속하는 것이 아니라 전인적 차원에서 이해해야 하는 신비의 영역에 연루되어 있음을 깨달아야 할 것이다. 따라서 교육이란 앎이 아니라 삶의 토대가 되어야 함을 직시하여야 한다. 이것이 로고스logos적 존재, 이성과 감성으로 나누어지기 전의 미분화된 통합체로서의 '전인whole man 교육'을 의미한다.

이는 지금까지 교육에서 외면되어 왔던 인간의 가치 판단, 의지와 같은 실존적·형이상학적 가치를 회복시킴으로써 전인교육을 지향하는 것으로 교육에 있어서 새로운 패러다임으로 전환됨을 의미한다.

요컨대, 현대 유아교육의 지평에서 볼 때 유아교육의 목표는 인간의 내면적 가치에 대한 존중을 통해 정신과 육체의 통합체로서의 인간을 길러 내는 전인교육이 되어야 할 것이다. 이성Cogito 중심의 기계론적 이원론에서 벗어나, 통합된 유기체로서의 '몸', 정신과 육체의 합일체로서의 '몸'에 대한 현상학적 이해를 바탕으로 전인교육에 대한 인식을 새로이 할 때이다.

▌의식의 지향성

후설은 인간의 '순수 주관성'이 인간경험의 실제적 사실들을 더욱 정확히 기술한다고 믿었다. 이것이 바로 지향성 개념이다. 지향성intentionalitat이란 나의 의식대상이 무엇이든 나에 의해 의도되거나 구성된 어떤 것이다. 후설은 의식의 본질은 어떤 대상을 지향하는 지향성에 있다고 믿었다.

후설E. Husserl, 1859~1938에 의하면, '모든 의식은 필연적으로 어떤 것에 대한 의식'이다. 즉, 의식은 언제나 무엇에 관한 의식이라는 것이다.

어떤 현상을 안다는 것은 인식의 대상이 되는 세계가 사물의 사진을 찍는 카메라의 작용처럼 그대로 인간에게 찍히듯 의미가 형성되는 것이 아니라, 그 의미 속에는 그것을 경험하는 인식주체의 주관적 작용이 포함되어 있다는 것이다.

인간의 의식은 이미 앞서 종합된 의미를 받아들이는 것으로, 이러한 받아들임을 가능하게 하는 기제가 바로 의식의 지향성이다. 의식의 지향성이란 의식이 무수한 사물이나 사태와 일대일로 대응하여 의미를 산출하는 것으로 자아와 대상을 이어 주어 하나가 되게 해주는 작용이다. 모든 사물이 풀려나 각각의 의미를 지니게 되는 것은 바로 각각의 사물과 상관관계를 맺는 의식의 지향성 작용에 따른 것이다. 인간의 의식에 일대일로 대응되지 않는 사물은 지향적 관계가 맺어지지 않기에 아무런 의미가 없다. 우리들에게 지각된 대상들이란 결국 하나의 의식의 흐름에 속하는 특정 부분들로서, 주체인 우리가 그것을 지향함으로써 구성해 낸 것들이다. 이때 세계는 단순히 외적 사물의 총체가 아니라 자아의 의식의 지향성에 의해 구성된 의미세계인 것이다. 이런 의미에서 지향성은 경험을 구성하는 우리의 적극적인 개입이다.

이러한 지향성의 개념은 의식에 주어지는 모든 것을 괄호 안에 묶는 것을 의미하는 '에포케εποχὴ, epoche 판단중지' 개념으로 설명된다. 에포케epoche[13]란 '현상학적 괄호 묶기'를 말하는데, 후설에 의하면 모든 대상은 지향성을 바탕으로 인간 의식과의 상관관계에 의해서만 타당성을 획득하기에, 의식에 의해 구성되지 않는 세계는 실질적으로는 의식 주체에게 없는 것이나 마찬가지이므로 괄호 안에 묶여 아무런 존재 의미가 없다는 것이다.

후설은 인간이 순수의식으로 들어가기 위해서는 신체적 혹은 경

13) '에포케'라는 용어는 '괄호 묶기'를 뜻하는 그리스어이다.

험적 자아에 의해 겪는 외적 사물들에 대해 현상학적 판단중지, 에포케epoche를 하여야 함을 주장하였다. 인간은 색, 냄새, 맛, 소리 등 지각perception을 통해 대상을 사물로서 파악하는데, 지각을 통해 파악되는 대상은 본질일수도 있고 아닐 수도 있기 때문에 모든 것을 괄호에 묶는 것이다. 데카르트의 방법적 의심은 객체의 존재를 잠정적으로나마 전면적으로 회의하고 부정하지만 현상학적 에포케는 대상의 존재를 조금도 부정하지 않고 인정하면서 존재하는 그대로 두고 경험적 자아의 신념만을 괄호 속에 묶어둔 것이다. 이러한 '현상학적 괄호 묶기'는 궁극적으로 우리를 실재의 중앙으로, 즉 의식적 자아로 되돌아가게 만든다. 판단중지를 통해 연장된 양적인 세계와 물질적이고 자연과학적인 세계, 그리고 심리적 세계가 괄호로 묶이면 순수자아의 영역이 여백餘白으로 남게 된다.

의식의 지향성으로 드러나는 총체적인 다발이 바로 '현상phenomenon'이다. 후설에 있어 현상이란 우리가 지각하는 사물 그대로의 모습에 대한 우리의 경험, 즉 의식을 통해 지각되는 객관적 실재realité이다. 결국, 현상은 자아의 의식과 동떨어져서 홀로 존재하는 것이 아니라 언제나 의식과 관계된, 그리고 의식에 나타난 현상을 의미한다. 이처럼 사고의 구조 자체가 모든 대상의 현상을 규정한다. 이러한 현상학적 자기반성에서 인간은 비로소 세계를 구성한 주체로서 자신을 체험하게 된다.

따라서 후설의 현상학적 시각에서 생각하는 경험이란 인식대상으로서의 세계에서 비롯되는 것이 아니라 우리의 의식에 나타난 세계와 우리의 주체적인 의식 간의 의미구성 관계에서 비롯되는 것이다. 경험은 의도적인 것이며, 의식의 행위에 속하는 지향적인 것이다. 우리는 대상 자체를 그대로 인식하는 것이 아니라, 이 대상으로부터 유래되는 경험을 하는 것이다진권장, 1999. 이러한 의미에서 경험은 우리의 이해에 관련되게 된다. 우리가 발견하는 것은 바로 우리 자신의 의식적 자아를 통한 삶이며 이 자아를 통해서만 세계의 존재가 나에게 의미를 지니며 타당성을 지니게 된다는 것이다. 후설은 세계의 전체적 의미와 실재는 오로지 자아의 사고 작용에 의존하며, 따라서 내 안에 존재하지 않는, 그리고 나로부터 그 의미와 진리가 이끌리지 않는 그런 세계에서는 살아가거나 경험하고 가치를 평가하는 행위를 할 수 없다고 말하고 있다. 사고의 구조 자체가 모든 대상의 현상을 규정한다는 것이다. 이러한 현상학적 자기반성에서 인간은 비로소 자신을 세계를 구성한 주체로서 체험하게 된다.

의식의 지향성으로 말미암아 세계를 구성하는 능동적 인식주체를 규명한 후설 현상학은 인식주체이면서 실존적 가치를 지닌 능동적 학습자에 대한 이해의 근거를 제공한다. 유아-학습자에 대한 현상학적 접근은 학습자의 자율Autonomia을 인정하는 것으로 능동적 학습자로서의 개별적, 주체적 가치에 대한 시대적 요구에 부합된다고 볼 수 있을 것이다. 현대 유아교육은 인간에 관한 현상학적 이해를 바탕으로 인식주체이면서 실존적 가치를 지닌 능동적 학습자로서의 유아에 대한 새로운 이해의 시대적 당위성에 직면하고 있다. 이것이 교육에 대한 현상학적 접근이 필요한 이유이다.

▌상호주관성으로서의 생활세계

후설 현상학 속에 나타난 자아론 속에는 자아의 의식과 대상영역,

즉 세계가 맺고 있는 긴밀한 지향적 상관관계를 볼 수 있다. 세계를 단순히 외적 사물의 총체가 아니라 자아에 의해서 구성된 의미세계로 본다.

후설에 의하면 모든 대상은 지향성을 바탕으로 인간 의식과의 상관관계에 의해서만 타당성을 획득하기에, 의식에 의해 구성되지 않는 세계는 실질적으로 의식 주체에게는 없는 것이나 마찬가지이므로 괄호 안에 묶여 아무런 존재 의미가 없다는 것이다. 결국 후설 현상학에서 세계는 단순히 외적 사물의 총체가 아니라 자아에 의해서 구성된 의미세계인 것이다. 이는 현상의 객관적 세계가 이에 대한 나의 의식과 상관없이 존재한다고 가정하는 태도와 대조를 이룬다강동수, 1999.

여기서 주목해야 할 것은 후설 현상학에서의 의식의 지향성이 지닌 능동성과 수동성이다. 의식의 지향성은 자아와 대상을 이어 주는 작용으로 인식주체의 주관적 작용과 세계가 통합되어 하나의 지식구성을 구현해 내는 점에서 인식의 능동성과 수동성을 보여 주는 가장 확실한 인식론적 기제인 것이다. 의식의 능동성과 수동성의 통합과 일치를 통해 드러난 것이 후설의 상호주관성inter-subjectivity 개념이다.

상호주관성 개념은 인간 의식의 지향성을 바탕으로 인식주체인 나와 객체인 세계가 함께 공존하는 세계인 '생활세계' 개념을 통해 규명된다.

후설 현상학에서 '생활세계'란 나의 의식과 상관없이 존재한다고 가정되는 자아 밖의 모든 사물의 총체가 아니라 인간주체의 '의식의 지향성'에 의해 구성되는 선술어적이고 선논리적인 세계이다.

생활세계 속에서는 대상도 없고 세계도 없고 역사도 없는 순수한 주체란 존재할 수 없으며, 마찬가지로 주체로부터 벗어난 순수한 객관적 객체도 존재하지 않는다. 오로지 주체와 객체의 상호제약이 우리의 구체적인 이해 세계의 전체성을 형성할 뿐이다.

『우리말 철학사전』

후설은 생활세계 개념을 통해 주체와 세계와의 상호관계성을 강조하는 새로운 주체 개념을 규명한다. 우리의 지각에 최초로 직접적으로 나타나는 선논리先論理의 세계인 '생활세계' 속에서 주체는 객체인 세계와 서로 맞물려 변증법적인 합일을 이룬다.

생활세계 개념 속에는 자아의 의식과 대상영역, 즉 세계가 맺고 있는 긴밀한 지향적 상관관계를 볼 수 있다. 이는 개체자아와 타 자아 간의 관계성을 강조하는 것으로 자아는 타자가 있음으로 인해 그 의미를 지니며 타자와의 관계 속에서 존재할 수 있음을 의미한다. 지향되어 있음은 초월적 공동존재의 필연성이다이남인, 2006. 개체자아인 내가 타인과 관계를 맺는 것은 원래 인간이 가지고 있는 타인에 대한 지향성의 발현으로서, 자발적이고 자유의지적인 것으로김성애, 2007, 주체의 관심은 자신에서 점차 타자 혹은 사회 공동체로 옮겨가게 된다는 것이다. 결국 인간은 사회성을 띤 존재이며, 사회 안에서 선을 통한 자아실현을 추구하는 존재라는 의미이다. 후설의 이런 관점에서 본다면 인간 존재의 의미는 사회적 차원에서 타인과의 상호작용을 통해 찾아야 하는지도 모른다. 자아는 타자가 있음으로 인해 그 의미를 지니며 타자와의 관계 속에서 존재할 수 있다는 의미다.

후설에 따르면, "모든 근원적 자아는 홀로 존재하는 유아론적 자아가 아니라 처음부터 상호 주관적으로 규정된 사회적 자아이며, 따라서 흔히 말하는 비사회성 역시 사회성의 한 가지 양상이라고 할 수 있다. 모든 자아가 상호주관적으로 규정된 사회적 자아인 이유는 그것이 다양한 유형의 상호주관적 지향성 혹은 사회적 지향성, 다시 말해 타인을 향한 지향성을 지니고 태어나며, 부단히 이러한 지향성을 작동시키지 않고서는 살아갈 수 없기 때문이다. 탄생에서 죽음에 이르기까지 부단히 작동하는 이러한 사회적 지향성 때문에 내 안에서는 타인이 살고 있고, 나도 타인 속에 살고 있다고 말할 수 있다."는 것이다. 이것이 후설 현상학에서 말한 상호주관성inter subjectivity이다.

더불어 후설은 "나는 나에 대해서만 나인 것이 아니며 … 타인은 나의 너며 우리는 말하고, 경청하고, 대꾸도 하면서 나름의 방식으로 통일된, 공동적인 우리 사회를 형성해 나간다."이남인, 2002라고 밝히면서, 주체인 나와 타자 간의 관계는 상호주관성을 바탕으로 인격적 만남이어야 함을 강조한다.

신체적 자아와 선험적 자아를 구체적으로 실현하는 후설의 인격적 자아는 본능과 이성의 융합체이며, 마음과 몸 그리고 언어를 통하여 타 자아들과 함께 지향적으로 엮어진 사회적 삶 속에서 실천적 삶과 행위를 수행하게 된다조관성, 2003. 결국 우리 모두는 인격적 자아를 가진 존재이며, 이러한 인격적 자아들 간의 만남을 통해 사회를 구성해 가는 것이다.

타자에로의 지향성 개발을 위하여

후설이 언급하였듯이 자아라는 존재가 타 자아의 존재로 인해 그 존재론적 가치를 지니게 된다면, 교육은 자아뿐 아니라 타자에로의 지향성을 개발시키는 것에 더욱 관심을 두어야 할 것이다.

능동적 인식주체이면서도 생활세계 안에서 세계에 의해 영향을 받는 주체에 대한 후설 현상학의 자각은 서로의 주체성을 인정하면서 서로를 향하여 개방된 상호주체로서의 학습자에 대한 이해의 근거를 제공한다. 이와 더불어 교육현장에서 나타나는 다양한 자아-타자아 간의 관계는 어느 하나의 자아가 다른 자아에 종속되거나 통합되는 것이 아니라, 상호주관성을 지닌 주체로서 상호 존중되고 이들 간의 인격적 만남을 통해 교육이 이루어져야 함을 제안한다.

근대주체에서 타자가 주체에 의해 규정되어야 할 대상으로만 인정될 뿐, 결코 주체를 규정하는 또 다른 주체로 인정되지 않는다는 점에서 홀로주체solo-subject라면, 후설의 주체는 인식주체로서의 '나'와 대상으로서의 '세계'가 분리되는 것이 아니라, 나와 세계가 서로에게 영향을 주는 상호주체inter-subject이다. 상호주체로서의 후설의 자각에 비추어 볼 때, 교육은 교육주체들 각각이 서로를 향하여 개방된 존재로 서로의 주체성을 인정함으로써 각각 자신을 실현해 나가는 과정이 되어야 할 것이다.

흔히 자아개발, 자아실현이라는 것은 교육의 목표로 언급된다. 그만큼 자아의 개념은 교육에 있어서도 중심개념이다. 그러나 후설의 상호주관성 개념에 근거하면 교육은 자아에로의 지향성닫힌 자아에서 벗어나 타자와 함께 공존할 수 있는 자아를 기르는 것이어야 한다. 주체로서의 자아긍정과 함께 주체로서의 타자긍정을 통해 이루어지는 교육은 두 주체가 공히 각성하여 변모Transfiguration될 수 있기에 모두 자기 자신을 완성하고 실현할 수 있다고 보는 것이다. 이를 위해서 교육은 타자에로의 지향성열린 자아을 개발시켜야 할 것이다.

이런 관점에서 볼 때 교육의 주체가 누구인가 하는 논의보다는 교육주체들 간에 상호 주관적 관계를 어떻게 형성해 가느냐 하는 것이 더욱 중요한 의미를 지니게 된다.

이미 보이지 않는 비수평적non-horizontal 관계가 전제된 교사와 학습자유아 간의 상호주관적 관계가 가능할 것인가에 대해 논의해 보면, 교사의 역할이 무엇보다 중요할 것이다.

교사는 자신나의 의도대로 학습자유아를 이끄는 것이 아니라 있는 그대로의 너를 수락하고 존중함으로써 학습자유아가 자신의 주체성을 지니고 머물도록 하는 것이 필요하다. 이러한 관계 속에서 학습자유아의 경험은 의미를 지니며, 주체적 의미부여 과정을 통해 새로운 앎이 형성되고 이를 통해 새로운 배움이 이루어질 수 있을 것이다.

이를 위해 교사는 유아로부터 전해 오는 것들을 주체성 깊은 곳에서 만나도록 자신을 아낌없이 열어 줄 수 있어야 한다. 자신 안에서 자족自足하고 폐쇄된 존재가 아니라 학습자유아에게 열려 있는 존재가 되어야 한다는 의미다.

무엇보다 교사와 학습자유아 간의 관계는 단순히 개념적인 지식 혹은 파편적인 정보의 전달이 아니라 인격체 간의 만남이 이루어져야 할 것이다. 상호주관성을 가진 인격적 만남은 전적으로 교사의 몫이다. 교사가 유아들을 인격적으로 인정하고 존중해 줌으로써 상호주관성에 근거한 교육은 가능할 것이다. 이것이 바로 눈높이 교육이다. 눈높이 교육이란 학습자유아가 발을 들어 교사의 눈높이에 맞추는 것이 아니라 교사가 아이들의 눈높이로 내려와 주는 것이다. 우리가 자주 사용하는 눈높이 교육의 출발은 바로 여기에 있다.

교사와 학습자유아 간의 자발적이고 적극적인 상호소통의 관계 속에서 유아의 학습 경험은 의미를 지니며, 주체적 의미부여 과정을 통해 새로운 앎이 형성되고 이를 통해 배움이 이루어질 것이다. 이때 교사에게는 '있지만 없는' 존재이기도 하면서 '없는 듯 있는' 존재, 즉 창조적 부재創造的 不在, l'absence créatrice[14]의 역할이 가끔 요청된다. 교사의 파괴적 현존la présence détruisante보다는 가끔씩 교사의 건설적 부재l'absence constructive가 더 나을 때도 있기 때문이다. 단순히 가르치는 교사의 역할이 아니라 유아와 공감대를 형성하고 비전을 공유하는 공동학습자co-learner로서 교사의 역할이 필요한 시점이다.

교사와 학습자유아 간 상호주관적 관계 속에서의 배움이 이루어지는 과정에서 가장 필요한 것은 많은 실험적인 정보·지식이 아니라, 그들의 이야기를 끝까지 정성을 다해 들어 줄 수 있는 교사의 열린 귀, 실망하거나 힘들어하는 그들의 어깨를 아무 말 없이 토닥여 줄 수 있는 교사의 애정 어린 손, 그들의 어설픈 행동에도 웃음 지으며 그대로의 높이에 맞춰 바라봐 줄 수 있는 교사의 눈, 실패한 그들에게 '괜찮다, 다 괜찮다'[15]하며 상처입어 아픈 가슴을 보듬어 달래 주는 위로와 응원의 말을 할 수 있는 교사의 입, 그리고 놀이 속에서

14) 창조적 부재(l'absence créatrice)란 표현은 연구자가 제작한 표현으로 창조적 현존(la présence créatrice)과 대조되는 역설적 표현이다. 교사가 학습자와 서로 대립되거나 경쟁적 방식으로 존재하지는 않는다는 의미에서 교사는 존재자적으로는 '없음'과 같은 부재의 입장에 놓이면서 현존하지만 그럼에도 교사가 존재하지 않는다는 말은 성립이 불가능하며 이 부재는 학습자의 성숙을 위해 마치 '없음'과 같이 있고 무[無]와 같이 존재하는 창조적인 '있음'이다. 교사는 분명 학습자와 함께 존재하는 존재자이면서 학습자의 자율을 완전히 보장한다는 의미에서 부재와 같은 존재로 이해되는 '없음'이 바로 창조적 부재(l'absence créatrice)이다. 창조적 부재는 색즉시공(色卽是空) 공즉시색(空卽是色)의 현존이다.

15) 공지영·지승호(2008), 괜찮다, 다 괜찮다, 알마.

흘린 그들의 땀 냄새를 향기로 맡을 수 있는 교사의 코이다.

이런 의미에서 볼 때, 상호주관성에 바탕을 둔 교육은 존재 자체에 바탕을 두는 지혜의 전달 과정이며, 인격적 존재 간 만남의 과정이다. 이것이 현대교육이 지향하는 실존적 가치를 지닌 인간교육, 인성교육의 실체이다.

메를로 퐁티의 '몸' 현상학

서양 철학사에서 '몸'의 의미에 관한 철학적 논의는 플라톤에서부터 포스트모더니즘에 이르기까지 다루는 방법과 표현에 있어서는 매우 다양한 형식이 있지만, 근본적으로 '인간은 무엇인가?'라는 인류의 가장 근원적인 물음과 함께 인간의 정신과 육체를 둘러싼 논의로 환원되어 왔다.

1960년대 이후 프랑스 철학을 중심으로 '몸' 담론이 주목받기 시작하는데, 그중 소외되었던 몸을 철학적 사유의 중심부로 불러들이며, 몸 담론을 이끌어 내는 데 결정적 역할을 한 사람이 메를로 퐁티Maurice Merleau-ponty, 1908~1961이다. 메를로 퐁티는 정신과 육체를 포괄하는 통합체로서의 '몸' 담론을 통해 "육체는 정신의 감옥 또는 쇠사슬이다."라고 하는 플라톤의 영육이원론이나, 인간의 본질을 오로지 의식res cogitans에서 찾으려는 데카르트의 심신이원론을 해체하고 인간 이성의 거대한 신화 속에 소외되었던 '몸'에 대한 관심을 불러일으킨다.

우리나라에서는 전통적으로 인간의 몸과 마음, 신체와 정신 혹은 육체와 영혼을 나누는 서양[16]의 이성 우위의 배타적 이원론에서 벗어나 인간의 신체와 정신마음을 유기적인 관계로 보는 사고를 근간으로 하고 있다고 볼 수 있다. 이는 신체와 정신마음을 포괄하는 우리 고유한 말인 '몸'[17]이라는 용어 속에서도 잘 드러나는데, 이러한 사유

16) 서양에서도 아리스토텔레스, 토마스 아퀴나스 그리고 메를로 퐁티로 이어지는 동안 몸과 마음을 유기적으로 보는 전통이 있다. 특히 메를로 퐁티에게 있어 몸과 마음은 따로 있는 것이 아니라 마음이 몸에 깃들어 유기적으로 하나가 되어 있다.

17) 정신과 육체가 모두 깃든 하나로서의 신체적 자아에 대한 현상학적 관점은 신체의

는 몸을 통해 세상을 지각하고 이해하고, 몸이 존재함으로써 세상에 존재하는 메를로 퐁티 철학에서의 사유 혹은 생각이 육화된 '몸'과 그 맥을 같이한다고 볼 수 있다.

▌정신이 육화된 몸corps

메를로 퐁티는 『지각의 현상학Phénomenologie de la perception, 1975』에서 후설의 육체 개념을 실존주의의 인간관을 바탕으로 해석하여 자신의 몸 현상학을 전개한다. 후설은 인간의 육체를 기계적 방식으로 작동하는 자연과학적 차원에서의 물리적 육체와 내가 경험하고 감각하는 나에게 고유한 살아 있는 육체로 구분하였는데, 메를로 퐁티는 이러한 후설의 이원론적 접근을 극복하고자 하였다. 무엇보다 인간의 육체를 객관화하는 과학적 사유를 거부하고, 인간존재와 몸이 하는 체험은 자연과학의 대상처럼 부분으로 나누어질 수 없으며 생물학이나 심리학 혹은 사회학적 탐구의 대상이 될 수 없음을 밝힌다.

> 우리는 고유한 신체le corps propre가 사람들이 그 신체에 강제로 부과하는 처우를 피해 가고 심지어 과학의 처우도 피해 가는 것을 볼 것이다. 그리고 객관적 신체의 발생은 대상 구성의 한 계기일 뿐이므로, 신체는 객관적 세계로부터 퇴각함으로써 자신을 주위에 연결하는 지향적 실마리를 스스로 끌어올 것이고, 마침내 우리에게 지각하는 주관을 지각된 세계로 폭로하게 될 것이다.
>
> 「상호주관성의 현상학: 후설과 레비나스」

의미가, 단순히 정신과 대립되는 의미에서의 육체(physical)라는 의미에서 벗어나 정신이 담긴 신체라는 의미에서 우리말에서의 '몸'이라는 단어로 해석될 수 있다.

메를로 퐁티는 우리가 보통 말하는 객관적 신체, 실재적 신체와 근본적으로 대비되는 객관화되기 이전의, 사물 존재로 취급되기 이전의 있는 모습 그대로의 신체를 '고유한 몸le corps propre'이라고 표현한다. 그에게 있어 '고유한 몸le corps propre'이란 주체가 연루되어 있어 대상화할 수 없는 인간의 육체이다. 인간은 살아 있는 자신의 '고유한 몸le corps propre'을 통해 세계를 구성하고 세계를 인식하는 주체인 것이다.

메를로 퐁티는 실존주의의 현존재l'être-là라는 개념을 '몸corps'으로 대체하면서 정신과 대립된 개념으로서의 '몸'이 아니라, 정신과 통합된 하나의 전아적全我的 실체substantia로서의 '몸' 개념을 드러낸다.

메를로 퐁티가 『지각의 현상학』에서 밝힌 '몸'을 통한 지각perception[18]은 후설 현상학에서의 순수의식에 의한 지각과 구별된다. 이는 생물의 감각, 기계적인 원리에 의한 인식이 아니라 '몸'을 통한 지각이다. 이때 몸은 세계와의 관계에서 지각하는 주체le sujet이다. 객관적

18) 번역본의 용어해설(693-694)에서 지각(perception)은 다음과 같이 설명된다. "지각은 흔히 외계에 대한 교섭 또는 열림이라고 규정된다. 그것은 감각적 차원을 포함하고 그렇게 해서 외계의 물성이 나에게 주어진다. 이러한 지각 개념은 감각적 내용 또는 성질과 대상을 상호 구별한다. 즉, 지각은 감각적 내용에 의지해서 대상을 나에게 제시한다. 그러나 이것은 지각작용에 대한 추상적 분석이다. 다시 말하면 지각적 경험의 실상은 그러한 분석을 거부한다. 메를로 퐁티는 우리의 지각적 경험에서 감각적 성질이 제시하고 있는 대상과 분리될 수 없다는 것을 보여 주었다. 대상의 소유권은 대상이 주어지게 되는 계기일 수 있을 뿐인 감각적 소여에 있을 수 없기 때문이다. 오히려 감각적 성질은 나에게 사물보다 세계를 먼저 전해 주고 이 세계는 하나의 현전 방식으로 모종의 형태화를 통해서 감각적 성질을 확증하며 나아가서 외적 실재를 허락한다. 그래서 지각에서 지각된 것은 지각되어야 할, 또는 인식되어야 할 사물이나 외계가 아니라 감각적 성질과 대상이 분리되기 이전의 어떤 현전방식이 불러내는 세계인 것이다. 바로 이 세계에서 사물이 지각의 규범이라는 점이 현상학적으로 실증된다." 'perception'는 'percevoir'의 명사형이다. 'percevoir'는 'per+recevoir'일 수도 있고 'percer+voir'일 수도 있다. 'per'는 '(관)통하는'의 뜻을 지니고 'recevoir'는 '받다' 혹은 '수용하다'라는 뜻을 지니기에 'percevoir'는 '완전히 받아들이다'는 뜻이 된다. 그리고 'percer'는 '뚫어 통과하다'라는 뜻을 지니고 'voir'는 '보다'라는 뜻을 지니기에 'percevoir'는 '꿰뚫어 보다'라는 뜻이 된다. 이렇게 볼 때 후자의 뜻이 더 적절하다.

실재로서의 세상의 의미는 '몸'을 통해 이루어지며 '몸'을 통해 세상에 대해 문을 열고 의미를 부여하게 된다. 즉, 몸은 지각의 주체이며, 세계와 소통되는 통로이다.

메를로 퐁티의 '몸corps'은 플라톤이 말한 영혼의 감옥으로서의 '몸'이 아니라, 생각이 육화된incarnée[19], 정신이 깃든 몸이다. '몸'을 통한 지각경험 속에는 판단과 사유와 같은 정신작용을 동반한다는 의미이며, 몸은 육화된 의식conscience incarnée이다.

의식의 육화incarnation란 의식이 세계와 신체에 속하게 되는 과정, 즉 의식이 신체를 매개로 사물화된 존재lêtre à la chose가 되는 과정을 말한다. 몸을 통해 세상을 지각하고 이해하고, 몸이 존재함으로써 세상에 존재한다. "나는 몸corps을 가지고 있다."라기보다는 "나는 나의 몸으로 존재한다je suis mon corps."이다. 이처럼 존재방식으로서의 '몸'의 의미는 단순히 의식 혹은 이성과 대립되는 개념의 신체, 육체로서의 몸이 아니라, 의식이 육화된incarnée '몸', 존재방식으로서의 '몸'이다.

메를로 퐁티는 단순한 질료적 대상으로서의 육체가 아니라 영혼, 의지, 이성 등을 포괄하는 '몸corps' 개념을 통해 데카르트로부터 이어오는 심신이원론의 관점에서 벗어나고자 한다. 그에 있어 '몸'은 정신과 대립되는 의미에서의 육체가 아니라 정신과 육체의 분리 이전에 통합된 하나의 전아적全我的 실체로서의 '몸'이다. 이는 인간을 로고스Logos적 존재로 규명한 아리스토텔레스의 인간관으로 환원하는 것

19) 메를로 퐁티는 자신의 몸 현상학에서 육화(la incarnation)이라는 표현을 통해 자신의 현상학을 헤겔의 정신 현상학이나 후설의 철학적 현상학과 차별화한다. 후설이나 헤겔이 주장한 대로 인간의 몸과는 다른 순수의식 혹은 절대정신의 육화(l'incarnation)와는 달리 프랑스어의 정상적인 문법에는 맞지 않는 'la incarnation de la conscience'(의식의 체현)를 초자연적인 의미가 아니라 인간학적인 의미로 한정해서 절제하는 방식으로 환원하여 사용한다.

이며, 동시에 칸트의 순수이성, 실천이성, 판단력 비판 이성을 모두 포괄하는 넓은 의미에서 인간주체로의 복귀를 의미한다.

요컨대, 메를로 퐁티의 몸 현상학은 오랫동안 자연과학이 주장한 분석과 분리의 관점을 인간에 적용한 이분법적 관점에서 정신과 육체, 신체와 영혼을 분리한 오류에서 벗어나 원래 통합된 하나의 실체로서 주체의 모습을 찾아가고자 하는 시도라는 점에서 의미를 지닌다.

▌'몸corps'을 통한 세계에의 존재l'être-au-monde à travers un corps[20)]

메를로 퐁티의 『지각 현상학』과 그의 인간관, 세계관을 이해하는 데 필요한 개념 중 하나가 '세계에의 존재l'être-au-monde'[21)] 개념이다. 그는 '세계에의 존재' 개념을 통해 세계와 소통하는 존재방식으로서 몸corps의 의미를 정립한다.

여기서 메를로 퐁티의 세계에의 존재l'être-au-monde의 개념에 대해 좀 더 자세히 살펴보자.

첫째, 세계에의 존재l'être-au-monde에서 '세계le monde'의 의미는 플라톤이 역설하는 이데아계, 현상계 혹은 동굴의 비유에 나오는 세계나, 데카르트의 기하학적 공간 혹은 자연과학적인 사물로서의 세계와는 다른 의미를 지닌다.

플라톤의 동굴의 비유에서 '동굴'은 인간의 '몸'이 벗어나야 하는

---

20) 'à travers'는 전치사 '에' 혹은 '에게'를 뜻하는 à와 폭 혹은 너비를 뜻하는 'travers'가 합쳐진 표현으로 '－을 통하여' 혹은 '－을 가로지르는'이라는 부사구 혹은 전치사구 역할을 한다.

21) '세계에의 존재(l'être-au-monde)' 개념은 세계에 속해 있으면서도 세계에 매몰되지 않고 세계를 소유하고자 세계로 나아가는 인간의 실존적 가치를 가리키는 메를로 퐁티 특유의 전문용어이다. 이는 하이데거의 '세계 내 존재(In-der-Welt-sein)'라는 개념을 자신의 지각 현상학에 응용하여 철학적으로 그 뜻을 더욱 풍부하게 한 개념이다.

세계이며, 데카르트에게 있어서는 인간이 계량하고, 끊고, 개발하고, 다스리고, 착취할 수 있는 객관적 대상으로서의 세계이다. 반면 메를로 퐁티에 있어 '세계'는 세계에의 존재l'être-au-monde인 인간이 '몸'을 통해 거居하는 곳이며 '몸'이 살아가는 생명의 터전이다.

> 메를로 퐁티가 말하는 현상은 경험주의나 합리주의가 주객의 대립 구도에서 그 발생을 설명하는 지각 과정이 아니다. 그것은 주객의 대립이 없는 상태에서 일어나는 일종의 선험적 경험이다. 따라서 그것은 객관적 세계의 이면에 있는 선객관적, 선반성적 소여이고 지향적 체험이다.
>
> 『지각현상학Phénoménolopie de la Perception』

메를로 퐁티는 몸 담론을 통해 근대철학과 과학에 의해 몰개성적이고 객관적인 체계로 환원되었던 세계를 세계에의 존재l'être-au-monde인 인간이 피투被投되면서도 기투企投하며 거주하고 거처하는 장으로서의 생활세계로 되살려낸 것이다.

둘째, 세계에의 존재l'être-au-monde에서 '－에로'의 의미인 프랑스어 표현 'au'는 'à+le'의 축약어이다.[22] 메를로 퐁티가 세계에의 존재l'être-au-monde를 표현하기 위해 장소의 의미가 이미 전제되고 운동과 방향 그리고 소유화를 동시에 함의하는 프랑스어 'au'를 택한 이유는 프랑스어 'au'의 뉘앙스를 살려류의근 역, 2008 인간의 '고유한 몸le corps propre'의 능동성과 수동성을 드러내고자 한 것으로 볼 수 있다. 세계 안에서 단순히 던져져jeté 있기만 한 존재가 아니라 자신을 기투企投, projetant[23]하는 능동적 존재라는 의미이다. 이는 하이데거의 '세계 내

22) 프랑스어에서 'à'는 전치사로서, 영어에서 장소와 운동, 방향, 내속 또는 소유의 의미를 동시에 뜻하는 'into+in+to+at+of'를 모두 포함하는 의미를 지닌다.

23) '던져진 존재', 즉 피투(被投)된 존재란 인간은 누구나 자신의 의사와는 전연 관계없이

존재In-der-Welt-sein'에서의 본질적으로 '세계 내에 던져진 존재'라는 의미와는 다르다. '－에게' 혹은 '－에로'의 의미처럼 메를로 퐁티의 세계에의 존재는 세계에 피투被投되어 수동적으로 구조화되는 존재일 뿐 아니라, 세계의 환경과 조건에 기투하면서 적응시키고 자신의 고유한 '몸'을 능동적으로 구조화하면서 스스로 만들어 나가는 인간주체를 의미한다.

셋째, 세계에의 존재l'être-au-monde 개념에서 존재l'être[24]의 의미를 살펴보면, 메를로 퐁티는 '몸corps'을 통해 세계에 정박하는 존재로서의 인간을 설명한다.

메를로 퐁티에 의하면 이성에 의해 의식되고 반성되는 자아 이전에 세계에의 존재인 인간은 '몸'을 통해 세계와 구체적인 관계를 맺는다. 따라서 '몸'은 세계와 소통되는 통로이다.

몸을 통해 세계와 소통하고, 세계 안에 자리하고 동시에 모든 타자들과 경계 지어지고 그들과 구별되며 그들과 존재적인 관계를 맺는다. 몸이 존재함으로써 인간은 세상에 존재한다. 몸을 통하여 세계 안에 하나의 자리une place를 잡게 되고 하나의 위치une position를 가지게 되며 몸을 통해 세계에의 존재l'être-au-monde가 된다. 몸은 현존재l'être-là를 세계에의 존재가 되게 하는 장이다. 몸은 인간의 역사성, 사회

이 세상에 던져졌다는 것을 말한다. 세계 내 존재로서의 인간에게 다시 한 번 던질 수 있는 한 가지 자유가 주어져 있다. 이를 일컬어 '기투성(企投性)'이라 한다. 이 세계 안으로 던져질 때는 아무도 거역할 수 없이 타의로 던져졌으되 다시 한 번 던질 때에는 자기의 의사를 따라 자신의 선택에 의해 던질 수 있다. 인간은 각자의 선택에 따라 나름대로 자신의 몸을 구조화한다.

24) l'être는 동사 être가 명사로 사용된 것이다. 이미 앞에서 간단히 언급한 대로 l'être는 문법적으로 정관사 le와 '존재하다'를 뜻하는 동사 원형 être가 합쳐져서 명사화된 것인데 이때 정관사의 모음 e와 존재하다의 모음 ê가 서로 충돌하여 정관사 le의 모음 e가 생략되고 대신 '이 붙어서 이루어진 표현이다.

성, 그리고 세계성의 토대le terrain가 될 뿐만 아니라 더 나아가 자아의식의 장場, le champ이 되며 주체가 된다. 인간이 몸이고 몸이 곧 인간주체이다. 그야말로 "나는 내 몸이다Je suis mon corps."

메를로 퐁티의 주체는 세계에의 존재l'être-au-monde인 '몸'으로서의 주체이다. 곧 자신의 '고유한 몸le corps propre' 그 자체이다. 몸을 통해 지각하며 몸을 통해 세상과 소통함으로써 세계에의 존재l'être-au-monde à travers un corps가 된다.

이때 나와 세계는 상호 침투적이고, 상호 교환적이며, 상호 연관적이다. '몸'을 통해 세계로부터 영향을 받는 동시에 세계를 향해 의미를 부여하는 주체라는 의미이다. 나의 몸이 향해 있는 세계는 객관적인 대상의 세계가 아니라 나의 몸에 따라 능동적으로 현전하기에 세계 역시 주체이다. 세계는 더 이상 인간이 객체화 혹은 객관화하여 고갈시킬 수 있는 인식 대상이 아니다. 메를로 퐁티는 즉자l'être en soi로서의 세계를 주체로서의 공간이 인정되는 대자l'être pour soi로서의 세계로 환원시키고자 하였다. 세계는 자신에게 던져져 있는 몸과 분리될 수 없고, 몸은 자신을 던지는 세계와 분리될 수 없기에 몸은 세계에의 존재이고 세계는 몸에게 계속 주관적인 것이 된다. 주체는 '세계에의 존재'이고 세계는 '주체적인 것'으로 남아 있다이남인, 2006. 나와 세계는 상호주관성에 근거한 상호주체inter-subject이다.

▌소통의 장으로서의 몸corps, 그리고 교육

객관적 실재로서 세상의 의미는 몸을 통해 이루어지며 인간은 몸을 통해 세상에 대해 문을 열고 의미를 부여하게 된다는 메를로 퐁티의 몸 현상학은 교육의 장으로서 '몸'에 대한 가치 부여와 함께 교육적 함의를 제공한다. 무엇보다 이성보다는 지각을 통해 세상을 이해하는 유아기 교육에 시사하는 바가 더욱 크다고 할 것이다.

메를로 퐁티의 몸 현상학의 논지에 따르면, 첫째, 몸은 세계와 소통하는 경험의 장, 교육의 장이다.

메를로 퐁티에 있어 몸corps은 현재 존재하는 바로 나 자신이며 나의 수레이다. 우리는 몸을 통해 세상을 지각하고 이해하고, 몸이 존재함으로써 세상이 존재한다. 이런 관점에서 볼 때 생활세계 속에서 이루어지는 정신과 육체의 통합체로서 '몸'을 통한 경험은 의미 있는 교육적 활동의 가치를 지닌다고 볼 수 있을 것이다.

메를로 퐁티에 의하면 몸을 통한 지각경험 속에는 판단과 사유와 같은 정신작용이 동반된다. 메를로 퐁티에 있어 몸corps은 생각하는 몸, 말하는 몸, 지각하는 몸이다. 따라서 몸을 통한 지각경험은 사고를 이끌고, 인식활동에 기여한다고 볼 수 있다.

몸을 통한 지각적 경험의 세계는 과학적인 세계와 대립되는 반反과학적 세계가 아니라 모든 과학적인 이론과 논리에 앞서는 선先논리의 세계, 선先과학적 세계이며, 이성과 논리 이전의 생생한 삶의 세계이다. 후설은 이러한 세계를 '생활세계'로 부르고, 인간의 사유가 다 고갈시킬 수 없는 풍성한 의미와 깊이를 지닌, 보다 원초적인 세계, 선논리의 세계로 보았다.

'몸'을 통해 지각하는 실천적 지식을 비과학적이라 하여 무시해버리고 그들에게 과학적 지식만을 가르친다면, 인간의 사유로 설명할 수 없는 이성과 논리 이전의 생생한 삶의 세계로서의 생활세계는 그 의미를 잃게 될 것이다. 과학적 지식을 통해서뿐 아니라 지각적 경험을 통해서도 우리는 세상을 이해할 수 있다는 의미다.

특히 논리성보다는 지각을 통해 세상을 이해하는 유아들에게 있어서 '몸'을 통한 지각과 경험, '몸'을 통해 체득하는 실천적인 '앎'은 논리의 세계를 넘어 원초적 의미를 지닌다고 볼 수 있을 것이다.

흔히 유아들은 "해는 동쪽에서 뜨고 서쪽으로 진다."라는 현상을 몸을 통해 이해하고 있다. 그러나 이것은 과학적으로 검증된 지식이 아니며 오히려 과학적으로는 오류이다. 왜냐하면 해가 동쪽에서 서쪽으로 움직이는 것처럼 보이는 것일 뿐 사실은 지구가 태양을 중심으로 돌며 생기는 현상이기 때문이다. 그렇다면 우리는 유아들이 지각하는 현상학적 지식을 비과학적이라 하여 완전히 무시해 버리고 그들에게 정확한 과학적 지식을 가르쳐야 하는 것일까? 그리고 만약 과학적 지식만을 가르쳐야 한다면, 과학으로 설명될 수 없는 수많은 현상들에 대해 우리는 어떻게 유아들에게 설명할 수 있을까?

메를로 퐁티의 몸 현상학은 정신과 육체의 통합체로서의 몸을 통한 경험을 통해서도 세상에 대한 판단력과 삶에 대한 태도와 지혜를 얻을 수 있음을 보여 주고, 논리의 잣대로 모든 것을 판단하는 오류를 범하지 않기를 제안한다. 이와 함께 유아의 즉각적인 감각적 지각 속에 작용하는 몸의 의미와 감성이 갖는 교육학적 의미를 탐구하는 노력이 필요함을 보여 준다. 유아기 신체와 몸의 직접적 작용으로 발생되는 지각현상에 주의를 기울이는 많은 학자들은 몸을 배제한 채 인지중심교육에 치우쳐 있는 유아기 교육의 오류를 지적하고 유아교육에서의 몸 담론 부활을 주장한다임부연, 2008.

몸을 통해 능동적으로 세상과의 소통에 참여하는 유아의 주체를 인정하고 생활세계 안에서 유아들의 지각을 통한 경험의 가치가 인정되는 몸 중심적인 교육을 지향하여야 할 때이다이화도, 2008.

둘째, 메를로 퐁티의 몸 현상학은 교육현장에 내재하는 존재들 간의 몸을 통한 소통의 중요성에 대해 큰 의미를 부여한다.

메를로 퐁티M. Merleau-Ponty의 몸 현상학에서 인간존재 간의 소통은 지식을 통해서가 아니라 '몸'을 통해 이루어진다.

몸을 통해 존재 간의 소통이 이루어진다면, 자아의식의 토대가 될 뿐만 아니라 인간 상호 간의 소통의 장場이 되는 몸은 바로 교육의 장이 되는 셈이다. 교육은 개념적 지식의 전달을 통해서가 아니라 존재 간의 소통과 만남을 통해 이루어지기 때문이다. 인격적 존재로서의 만남 속에서 '몸'을 통한 의미 전달, 인격의 전달을 통해 진정한 교육이 이루어진다고 볼 수 있다. 이는 단순히 개념적인 지식 혹은 파편적인 정보의 전달이 아니라 존재 자체에 바탕을 둔 지혜Sophos의 전달이 이루어지는 존재 간의 관계를 말한다.

지혜의 전달로서 교육은 이성적으로 설명될 수 있는 문제의 영역에만 속하는 것이 아니라 전인적 차원에서 이해해야 하는 신비의 영역에 속한다. 단순히 인간의 의식 혹은 이성의 수준에서만 이루어지는 교육은 지식·정보를 전달해 줄 수 있지만 지혜를 길러 줄 수 없다. 지식교육 중심의 교육은 '몸'으로 지각되는 생활세계의 지혜를 차단하기 쉽고, 이로써 세상에 대해 열린 자아un moi ouvert가 되도록 하기보다는 닫힌 자아un moi fermé가 되게 한다.

근대 모더니즘 교육에서 강조한 이성중심, 지식중심 교육은 메를로 퐁티 몸 담론과 이성중심의 형이상학적 담론을 거부하는 포스트모던 사유에 의해 비판된다. 이로써 이성과 감성, 정신과 육체의 통합체로서의 인간이해에 근거한 교육, '몸'을 통해 이루어지는 교육이 시작된다. 이때 몸은 정신이 육화된 몸, 즉 이성과 감성으로 나누어지기 전의 미분화된 통합체로서의 몸이다. 이런 맥락에서 포스트모던 교육의 방향은 앎이 강조되는 교육이 아니라, 몸을 통해 세상을 이해하고 그 속에서 세상에 대한 판단력과 삶의 지혜를 얻을 수 있는 교육, 요컨대 전인교육이다.

이와 함께 교사교육의 방향도 교육 방법론적인 것에만 치중해서는 안 될 것이며, 인간에 대한 폭넓은 이해를 바탕으로 한 인격체로서의 교사교육이 이루어져야 할 것이다.

이는 교사가 무엇que, what을 가르치고, 어떻게comment, how 가르치느냐 하는 것보다, 어떤 존재인가qui, who하는 것이 교육의 본질적 문제임을 함축한다. 교사는 단순히 실험적인 정보·지식의 전달자가 아니라 통합체로서의 '몸'을 통한 자기 자신의 통교la communication de soi를 수행하는 주체임을 명심하여야 할 것이다. 이것이 새로운 시대가 요구하는 진정한 교사상이다.

자신의 고유한 미완성의 '몸'을 통해 세계로 기투하면서 세계를 구조화하고 '세계에의 존재'로 살아갈 수 있는 능동성을 길러 줄 뿐 아니라, 타자를 인정하고 타자를 향하여 개방된 존재로 나아갈 수 있는 열린 태도를 함께 기를 수 있는 유아기 교육이 필요한 시점이다.

제4장

포스트모던 철학적 담론과 교육

포스트모더니즘은 상대적이고 다원적인 성격이 지배적인 20세기 후반의 문학, 철학, 예술 및 일상생활 등 사회 전반에서 나타나는 현상으로, 인간과 세계에 대한 새로운 이해방식이자 거대한 패러다임이다.

철학영역에서의 포스트모더니즘은 1960년대 프랑스 철학자들이 데카르트 이후의 이성理性주의적인 근대 모더니즘 철학의 지반을 비판함으로써 본격화되었다고 할 수 있다. 이들은 유일한 합리성, 도덕성, 지배적인 이론으로서의 거대서사에서 벗어나 각자의 다양성을 인정하고 다양한 맥락 속에서 허용되는 해석들 간의 대화가 이루어지는 자유로운 공간을 추구한다. 이로써 의식중심의 능동적 주체 및 보편적 기계적 자아, 실체중심적인 명사적名詞的 동일성, 자연과학적 세계관, 불변의 객관적 진리에 바탕을 둔 근대 모더니즘 철학을 비판하고 새로운 인간이해에 근거한 교육패러다임의 가능성을 제시한다.

라캉, 무의식 주체의 발견

라캉Jacques Lacan, 1901~1981은 인간존재의 본질에 관한 존재론적 질문에 정신분석적 주체 이론으로 응답한 포스트모던 철학자중 한 사람이다. 그는 소쉬르Ferdinand Saussure, 1857-1913의 언어학을 정신분석에 접목하였고, 프로이트Sigmund Freud, 1856-1939가 발견한 무의식을 언어와 관련지어 재해석함으로써 정신분석학을 구조주의적 맥락에서 새롭게 재창조한 후기구조주의 철학자이면서 정신분석학자이다. 라캉은 프로이트 이후 등한시해 온 정신분석의 이론적 기초를 근거로 철학과 언어학을 비롯한 인문학 전반을 끌어들여 무의식에 근거한 새로운 주체 이론을 구성한다.

▌단계 이론과 유아기 주체형성

라캉의 단계 이론은 유아가 타인에 의해, 언어에 의해 주체가 형성되어 가는 과정을 보여 줌으로써 유아기 자아개념 형성에 대한 이해와 양가적 태도를 성공적으로 설명하는 데 결정적 계기를 마련하였다.

상상계(심상계, l'imaginaire)는 6~18개월 유아가 거울에 자신을 투영함으로써 자신을 인지하기 시작하는 단계로 흔히 거울단계라 불린다. 이 단계는 유아가 거울에 비친 자신의 모습을 지각하고 환호성을 지르며 반응하는 일종의 자기망각이 이루어지는 시기로서 비록 허구적이지만 처음으로 자아감을 갖는 단계[25]이다.

---

25) 거울에 비친 자신의 모습을 지각하고 환호성을 지르며 반응하는 일종의 자기망각은

상징계(기표계, le symbolique)는 사회질서를 형성하고 있는 제도와 법이 언어로 기호화된 것 가운데 중심기표(지배기표)의 질서로 재구성된 체계로, 상상계를 거친 유아가 언어를 통해 들어가는 문화, 법, 관례의 세계이다.

실재계(원초계, le Réal)는 상상계와 상징계로 환원될 수 없는 그 어떤 '저편'의 존재, 사회와 언어의 세계가 진입할 수 없는 한계 지점으로, 상징계에서의 자기소외 경험은 무의식의 공간인 실재계를 통해 극복된다. 라캉은 그의 후기철학에서 상상계, 상징계 이외에, 상상계와 상징계로 환원될 수 없는 실재계를 상정함으로써 이분법적 서구 철학에서 벗어나고자 한다.

• **상상계**거울단계, l'imaginaire

라캉에 의하면, 신체를 파편화된 상태로 경험하던 미성숙한 유아는 생후 6~18개월 사이에 거울에 자신을 투영함으로써 시각적 이미지라는 어떤 가상적인 것을 통해 자신을 인지하기 시작한다. 이 단계를 상상계l'imaginaire라고 하고, 거울을 통해 지각되는 시각적 이미지를 이상적인-나로 보아 환희에 차서 그 이미지에 자신을 동일시하는 단계라는 의미에서 거울단계le stade de miroir라고도 한다.

거울단계에서의 핵심은 거울에 투영된 자기 신체의 이미지와 심상의 내재화를 통해 주체화하는 과정이다. 거울단계에서 유아는 거울 속 이미지의 원형Urbild, 즉 외부 환경으로서의 원초적 타자와 자기동일시self-identification 과정을 통해 자아정체성self-identification을 확립해 간

발드윈(Baldwin)이라는 심리학자가 처음 발견하고 라캉이 이를 직접적으로 발전시키는데, 프로이트는 이러한 경험에 대해 나르시시즘이라는 이름을 붙였다. 이는 물에 비친 자신의 모습과 사랑에 빠진 한 주인공을 다룬, 시인 오비드에 의해 전래된 한 신화에서 따온 것으로, 프로이트는 『나르시시즘 입문』에서 거울의 은유와 만나지만 거울단계에 대해 직접적으로 언급하지는 않았으나, 라캉은 거울단계를 직접적으로 발전시켜 나간다.

다서상문, 2007.

거울을 통해 지각되는 시각적 이미지에 대한 자기동일시는 시각적 이미지에 나타난 자신을 하나의 총체적이고 완전한 통일체로 오인하게 하는 환상을 가져온다. 라캉은 이를 '조각난 몸의 환상imagos of the fragmented body'이라 부른다. 이러한 환상을 통해 유아는 자신을 반영해 주는 이미지와 그 자신을 하나의 단일하고 완전한 외형적 구조form로 오인하게 된다는 것이다.

이러한 관점에 비추어 볼 때 상상계, 즉 거울단계는 통일된 신체를 가진 '나'를 형성하는 시기이며 이때 형성된 자아정체감은 착각의 산물로 볼 수 있다. 그러나 상상계에서의 이러한 착각은 라캉에게 있어 불합리성으로 왜곡되지 않는다. 오히려 상상계에서의 착각기제가 정신의 원초적인 기능으로, 전체성과 통합성, 자율성과 이원성, 그리고 유사성 조작을 가능케 하는 근원적 동력이라는 의미를 지닌다고 보기 때문이다서상문, 2007. 또한 상상계는 타인의 시각적·공간적 심상이 자신의 자아에 대한 근본적인 인식을 형성하는 데 있어 토대적인 역할을 함을 보여 준다.

• **상징계**기표계, le symbolique

상징계le symbolique는 아버지로 대표되는 상징적 질서를 의미하는데, 라캉은 이를 은유적으로 '아버지의 이름Nom de père'이라 불렀다. 상징계에서 유아는 현실의 원리를 대표하는 '아버지의 이름Nom de père'으로 작용하는 법과 금지의 체계인 중심기표들을 자아이상으로 확립하게 됨으로써 엄마와 자신을 분리하지 못하는 상상계에서 벗어나 상징계로 진입하게 된다. 어머니에 대한 욕망이 언어에 의해 거세됨으로써

오이디푸스기를 극복하게 되는 것이다.[26)]

라캉은 어머니와 환상적으로 결합된 상상계l'imaginaire에서, 아버지의 법이 지배하는 상징계le symbolique로 향하는 과정이 유아가 외부세계를 인식하면서 자아를 형성해 가는 과정으로 보았다. 이 과정에서 언어를 사용하게 되고 상징계의 주체로 자리 잡게 되면서 사회적 존재로서의 주체화에 이르게 되는 것이다.

법과 질서가 지배하는 상징계로 들어가게 될 때 가장 중심적 역할을 하는 것은 바로 언어이다. 유아는 언어로 하여금 상징계의 대타자The Other를 받아들이는 과정을 통해 아버지의 이름이라는 상징계의 기표에 동일시하면서 상징계의 주체가 된다. 언어는 사회적 가치와 삶의 양식들을 함축하고 있으며 언어의 사용은 타인과의 관계를 의미하는 것이기도 하다. 따라서 유아는 언어를 사용하게 되면서 상징계의 주체로 자리 잡게 되고 언어를 통해서 사회적 관계 속으로 들어간다. 언어 안에서, 그리고 언어를 통해서 사회적 존재로서의 주체화에 이르게 되는 것이다. 라캉의 주체는 언어를 통해서 가능하다는 의미다.

상징계le symbolique에서 유아는 상징계의 중심기표를 받아들이는데, 상징계의 중심기표에 동일시하면서 형성된 자아를 자아이상ego ideal이라 한다. 중심기표를 자아이상으로 받아들이는 것은 사회 속의 의미있는 타인으로부터 인정받고 싶은 욕구에서 비롯된 것으로, 자아이상을 자신의 모습으로 형성해 간다. 거울단계의 자기애적 성향에서

26) 라캉이 제시한 오이디푸스 콤플렉스의 극복과정은 어머니에 대한 욕망을 거세의 두려움으로 인해 포기하고 아버지를 동일시하면서 이루어지는 프로이트(Freud)의 극복과정과는 구별된다.

점차 사회 속 타인으로부터 인정받고 싶은 욕구로 인해 타인을 의식하기 시작하면서 자아정체감이 형성되는 단계, 이것이 바로 상징계이다.

이러한 과정에서 주체는 자신을 억압하고 소외시키고 노예화시키는 지배기표에 대한 무의식적 일치와 지배기표로부터 사랑과 인정을 받기 위한 일을 계속하는 하나의 에이전트로 머물게 된다. 이처럼 주체형성의 근거는 주체의 내부에 있는 것이 아니라 외부에 존재한다는 사실에서 주체는 분열, 즉 소외aliénation를 경험하게 된다.

라캉에 의하면, 상상계에서 유아가 아버지의 법을 받아들이면서 상징적 거세가 일어나고, 언어를 사용하는 상징계로 편입하게 되면서 무의식이 발생한다고 본다김석, 2009. 상상계적인 어머니에 대한 욕망이 상징계에서 '아버지의 이름Nom de père'이라는 기표로 대체될 때, 어머니와의 상상계적 경험을 억압하는 과정을 거치게 되는데 이 과정에서 무의식이 발생한다는 것이다.

상징계의 질서와 언어를 의미하는 '아버지의 이름Nom de père'을 받아들여 욕망하는 주체로서 자아를 구성해 가는 데 실패할 경우, 정신병적 구조를 갖게 된다고 본다. 신경증과 정신병은 상상계에서 상징계로의 진입 과정에서 상징계적 질서와 현실을 구분하지 못하게 됨으로써 나타나는 것이다. 정신병자들이 언어를 사용한 의사소통에 어려움을 보이는 이유는 정신병자들이 사용하는 언어가 자신만의 세계를 표현하는 것으로 상징계가 온전히 기능하지 못하기 때문이다.

- **실재계**원초계, le Réal

라캉에 의하면 사회화를 통해 유아의 주체가 확립되는 과정인 상징계에서, 유아는 최초의 완전함의 순간에 대한 본능적인 욕구와 언어를 통한 기대와 좌절로 인해 틈이 생김으로써 자기 소외를 경험하게 된다. 상징계에서 법과 금지의 체계인 중심기표들을 자아이상으로 확립하고 사회구성원으로서의 주체를 확립해 가는 과정에서 유아는 어머니에 대한 상상계적 성적 쾌락의 환상에서 깨어나지만, 살아남은 몸의 일부분은 제거할 수 없는 잔존물, 언어가 몸을 꿰뚫기 이전의 상태를 암시하는 세계 속에서 원초적인 결핍상태를 경험한다는 것이다. 이것이 라캉이 말하는 공점point of lack, 결핍déprivation상태이다.

이처럼 언어의 주체로서 겪는 운명적인 소외의 과정을 극복하고 자신의 주체의 존재성을 확보하기 위해 선택하는 것이 바로 실재계le Réall이다.

라캉에 의하면, 실재계le Réal는 상징계의 언어와 기표로 인해 상실되기 이전의 세계, 언어가 몸을 꿰뚫기 이전의 상태인 세계를 말한다. 이 세계는 사고할 수 있거나 규정할 수 있는 것이 아니지만 그렇다고 없는 것도 아닌 세계이다. 왜냐하면 명석판명한 의식의 세계가 아니라 언어에 완전히 포획되지 않는 선-언어적인 생활세계이며 상징화가 이루어질 수 없는 선-상징적인 세계이기 때문이다. 상징을 통하여 나타낼 수 없고, 고정된 의미가 없으므로 표현할 수 없다. 상상계적 인지imaginary perception와 상징계적 언술symbolic description을 초월함과 동시에, 그들 배후에 존재하는 상징계의 탯줄이다. 칸트의 물자체처럼 저편에 머무르며 결코 있는 그대로 경험될 수 없는 세계이다.

상징계의 중심기표에 의해 결핍된 주체는 자기의 욕망을 채워 줄 어떤 것을 찾는다. 자기를 동일시하고 안정된 동일성을 제공할 완전하고 이상적인 대타자The Other를 찾는다. 주체는 이러한 이상적인 대타자를 통해 자신의 결핍을 채우려 하나 대타자 역시 결핍된 것으로 주체에게 안정된 동일성을 마련할 수 없음을 깨닫고 대타자의 이 결핍을 어떻게든 채우고자 한다. 대타자의 결핍을 채워 주는 것, 이것이 바로 환상fantasy[27)]이다. 환상은 상징계가 열어 놓은 빈틈을 채운다. 환상은 대타자가 상징화될 수 없는 어떤 것-향유의 실재-을 안고 있다는 사실을 은폐하기 때문이다Zizek, 1989; 양운덕, 2005, 재인용. 따라서 주체와 대타자에게는 환상이 필요하다. 환상의 도움이 없다면 주체의 욕망은 길을 잃는다. 사회적 질서와 언어 등 이성으로 대표되는 상징계는 결국 비언어적 공간, 비이성적 공간, 선 개념의 세계인 실재계를 근거로 한다는 것이다.

이러한 라캉의 논지에 따르면, 인간주체의 진정한 해방과 새로운 탄생을 위해 역행적으로 돌아가야 할 세계는 의식과 이성의 영역이 아닌 무의식의 영역이며 의식 저편에 자리한 존재의 세계이고 본질적 세계, 즉 실재계le Réal일 것이다. 언어가 존재를 화석화시키지 않은 질서, 언어의 그물망에 걸러지지 않은 존재의 공간, 생생한 존재의 함성이 메아리치는 세계, 이것이 실재계le Réal이다.

• 유아주체 형성에 대한 정신분석적 이해

라캉의 단계 이론은 유아의 자아정체감 형성에 관한 새로운 이해와 함께 전통적으로 당연시되어 온 교육철학적 성장의 은유와 교육심리학적 발달의 의미를 정신분석학적 관점에서 재해석해야 할 당위성을 제시한다.

첫째, 라캉의 상상계거울단계에 대한 논지에 따르면, 유아의 자아정체

27) 라캉은 환상을 $ ◇ a로 정식화한다. $: 상징적 주체, ◇: 틈, 어긋남, 결핍, a: 상상적 대상이다.

감 형성 과정은 '시각적 이미지·심상'을 매개로 한 과정을 거치게 된다는 것이다. 거울단계를 상상계l'imaginaire라고 부르는 것도 자기주체화 과정이 이미지심상와 관련되어 있음을 의미한다. 유아는 자신의 신체에 대한 이미지/심상을 내재화함으로써 주체화되어 가는 것이다.

라캉에 의하면 상상계l'imaginaire, 즉 거울단계의 유아들은 거울 속 이미지의 원형Urbild인 외부환경으로서의 원초적 타자와 자기를 동일시identification하는 과정으로 자아정체감self-identity을 형성해 간다. 이 과정은 인간의 주체형성의 근거가 이성적 과정, 논리적 과정이 아니라 이미지, 시각적 표상에 있음을 보여 준다. 라캉은 이를 조각난 몸의 환상이라 부르면서, 자아정체감이 결국 환상이나 착각의 산물일 수 있음을 보여 준다. 모든 이성적 사고에 앞서 지각을 통한 세상이해, 즉 보고, 만지고, 느끼는 오감을 통한 이해가 먼저 이루어지며 이는 자아를 확립하는 과정에서도 적용이 된다는 의미다. 논리적 합리성을 근간으로 하는 이성적 사유주체로서의 근대 인간이해에 대한 해체이다. 그러나 라캉에게는 이러한 시각적 이미지로 인한 오인이 불합리성으로 왜곡되지는 않고 오히려 보다 근원적 동력으로서 의미를 지닌다. 결국 유아의 자아정체감 형성 과정은 논리 이전의 생활세계에서 이루어지는 살아 있는 생생한 경험이다.

둘째, 유아가 자아정체성을 형성하면서 주체화하는 과정에서 '타자의 판단'이 중요하게 개입된다는 것도 주목할 점이다.

타자의 심상에 의해 형성되는 자아동일시 과정을 보여 줌으로써 인간의 주체형성의 근거가 주체의 내부에 있는 것이 아니라 외부에 존재함을 보여 준다. 인간은 자신과는 전혀 다른 왜곡된 거울의 심상인 타자에 준거를 두고 자아를 동일시함으로써 자아정체성을 구성할 수밖에 없는 존재라는 것이다.

거울단계에 비친 자신의 신체적 이미지뿐 아니라 교사, 부모, 또래와 같은 의미 있는 타자가 유아 자신의 능력이나 모습에 대해 마치 거울처럼 반영해 줌으로써 자신의 자아를 형성해 간다는 것이다.

이러한 라캉의 논지에 의하면 타자의 거울상이 자아가 된다. 거울단계의 발생적 신비는 유아가 외부로부터 자기를 보며 자기의 대상화를 경험하고 이때 어머니의 시선, 타자의 시선은 중요한 의미를 지닌다는 것을 보여 준다.

셋째, 라캉의 상징계에 대한 논지에 따르면, 인간의 자아는 타자라는 거울을 통해 결정됨으로써 자기 존재에 대한 결정권으로부터 소외를 수반하는 자기소외적 정체성의 특성을 지니게 된다. 타자의 심상에 의해 형성되는 자아정체감 형성 과정에서 인간은 자아이면서 동시에 타자이기도 한 동일시 과정으로 인해 자기분열을 경험한다는 것이다. 라캉은 이를 소외aliénation라고 부르며, "소외가 상상계를 구성한다L'aliénation construct l'imaginaire."라고 단적으로 말한다.

발달심리학에서 말하는 발달의 주체로서 유아는 환경에 대해 적응적 탄력성을 가지고 안정적으로 성장해 가는 합리적인 존재로 드러난다. 그러나 라캉의 단계 이론을 통해 드러난 주체는 양가적이며 모순적인 무의식의 주체로서의 유아이지만 자아이면서 동시에 타자이기도 한 동일시 과정으로 자기분열을 경험한다. 라캉의 해석에 의하면, 자아의 존재론적 갈등과 그 근원적 긴장상태는 결국 거울단계에서 유아가 외부 심상에 사로잡힘으로써 구성된 동일시에 의한 자기 이미지, 그 이미지가 타자와 자아 사이에서 일치했다가 불일치했다가 하는 식의 불안정한 접속을 제공하기 때문이다(서상문, 2011).

결국, 유아의 개체 내적 긴장과 갈등은 라캉식 해석에 의하면 거울단계의 외부심상에의 사로잡힘에 의해 구성된 자아 이미지와 자아 간의 존재론적 갈등으로 인한 것임을 알 수 있다.

소외된 주체로서의 경험은 상징계에서도 나타난다. 상상계의 자기애적 성향에서 점차 타인을 의식하기 시작하면서 자아정체감이 형성되는 단계가 바로 상징계이다.

라캉은 상상계의 유아가 '아버지의 이름'이라는 상징계의 기표에 동일시하면서 상징계의 주체가 되며 점차 사회적 존재로 변화해 가는 과정을 상징계를 통해 설명한다. 상징계의 중심기표를 자아이상으로 받아들이는 것은 사회 속의 의미 있는 타인으로부터 인정받고 싶은 욕구에서 비롯된 것으로 볼 수 있다. 따라서 상징계로의 진입은 유아의 주체 확립의 과정이기도 하지만 자신의 욕구와 타인의 기대 간에 틈이 생김에 따른 자기소외의 경험이기도 하다.

본래적으로 안정적이고 통합된 존재의 투명성과는 거리가 먼 실존이며, 자기분열적 소외를 경험하는 양가적 존재로서의 실존에 대한 라캉의 사유는 합리적 존재, 이성 논리적 존재로서의 유아에 대한 이해로부터 출발하는 유아교육에 대한 비판적 논의의 가능성을 제안한다. 이와 더불어 소외를 경험하는 양가적 존재, 무의식의 존재로서의 유아에 대한 이해를 바탕으로 한 새로운 유아교육의 방향성에 대한 논의가 필요할 것임을 시사한다.

▌무의식, 소외와 결핍의 주체

라캉의 주체는 언어의 주체이면서 무의식의 주체이며, 소외와 결핍의 주체이면서 소외와 결핍을 극복할 수 있는 자기주체화의 주체, 즉 '오브제 a objet a'를 추구하는 주체이다. 라캉의 주체에 대한 사유는 의식의 주체, 언어의 주체 이면에 무의식이 공존함을 드러냄으로써 명백한 claire 의식의 주체, 동일성의 주체로서의 근대주체 개념을 해체한다.

• 무의식의 주체

라캉의 주체는 무의식적 욕망을 동력으로 하는 무의식의 주체이다. 라캉에 의하면 인간주체는 언어의 주체이다. 그러나 언어의 주체는 단지 기표가 의미를 전달하는 매개체가 될 뿐이다. 즉, 중심기표에 의해 말하여지는, 언어의 질서상징계, 대타자에 예속된 주체인 것이다. 결국 라캉에 있어 사유는 의식의 영역이지만 존재는 기표로 대신할 수 없고 의식으로 규정할 수 없는 무의식의 영역에 자리한다. 라캉이 무의식 주체에 대한 탐구를 정신분석을 통해 정립하고자 한 이유가 바로 이것이다. 무의식 주체에 대한 탐구는 이성적 사유의 과학으로는 불가능하기 때문이다.

라캉에 있어 무의식의 영역은 표상과 재현, 언어와 지식을 전제조건으로 하지만 완전히 개념적으로 규정하거나 포착할 수 없는 세상, 즉 이성으로 드러나지 않는 세상이다. 의식 저편에 자리한 존재의 세계이며 본질적 세계이다.

라캉은 의미의 주체, 존재의 주체 간의 분열로 인한 소외의 주체임을 드러냄으로써 의식주체의 심연에 놓인 무의식에 주목한다. 이로써 자신의 존재를 스스로 사유함으로써 정립하는 존재와 사유가 일치하는 데카르트 의식의 주체를 해체한다.

라캉에 의하면 데카르트의 의식의 주체는 존재결여를 겪고 있는 분열된 주체이다. 의식주체의 이면에 놓인 무의식에 주목한 라캉에게 있어 주체는 더 이상 단일하고 투명하고 통일된 존재가 아니라, 언제나 분열적일 수밖에 없는 존재인 것이다. 이로써 데카르트의 명제 "나는 사유한다. 고로 나는 존재한다Cogito ergo sum."는 라캉에 의해 "내가 존재하지 않는 곳에서 사유하고, 사유하지 않는 곳에서 존재한다Je pense où je ne suis pas, je suis où je ne pense pas."[28]로 변형된다.

그럼에도 불구하고 라캉의 무의식의 주체는 데카르트적 주체에 대한 단순한 부정만을 의미하는 것은 아니다. "무의식이 언어처럼 구조화되어 있다L'unconscience est structurée comme language."[29]라고 말한 라캉의 논지를 살펴보면, 무의식의 주체는 언어적 주체, 즉 의식의 주체, 사유의 주체를 통해서만 표면화될 수 있다는 의미다. 언어의 구조적 산물로서 라캉의 무의식의 주체가 후기구조주의나 포스트모던 철학이 지향하는 근대주체 개념을 해체한 주체, 즉 비구조적 주체와 차별성을 지니는 것은 바로 이런 점이다.

이런 점에서 라캉의 무의식 주체에 대한 자각은 기존의 이성주체, 사유주체 개념에 대한 단순한 해체가 아니라 인간주체의 복합성과 역동성을 새롭게 강조하고자 하는 새로운 휴머니즘적 해석으로 이해될 수 있다.

무의식 주체에 대한 라캉의 사유는 의식뿐 아니라 무의식의 세계

28) 에크리, 김석 역, 2007.
29) 세미나 11, 맹정현·이수련 역, 2008.

를 철학의 관점에서 포용하고 극복하려는 시도로서 철학사적 의미를 지닌다고 볼 수 있다.

이와 더불어 의식주체로서의 코기토cogito의 주체를 기르는 일에만 전념해 온 교육을 돌아보고 무의식의 영역으로 지평을 확장시킬 수 있는 계기를 마련한다. 이는 의식과 무의식의 주체로서의 인간이해에 근거한 교육, 의식만이 아니라 인간본질로서 무의식의 영역을 반영한 교육의 새로운 패러다임이다.

인간본질로서의 무의식의 영역을 반영한 교육은 안정, 정돈, 질서만이 강조되지 않는 교육, 모순, 불확실성, 갈등이 공존하는 교육이다. 적절한 불안정은 인간으로 하여금 긴장되고 새로운 발전의 가능성, 변화의 가능성을 탐색케 하는 힘이며, 그 속에서 새로운 진보가 있을 수 있기 때문이다.

특히 무의식적 경험이 이성적 배움 이전에 이루어지며, 이것이 사유에 영향을 미치게 된다는 라캉의 관점은 유아교육에서 무의식 속에서 스며드는 감성적 지각을 통한 경험의 중요성, 그것을 통한 배움의 가능성에 대해 새롭게 주목하여야 할 것임을 시사한다.

무의식의 영역은 쉽게 의식과 언어적 표현의 수면 위로 드러나는 것이 아니라는 점에서 무의식을 기초로 구성되는 교육은 간단하지 않을 것이다. 그럼에도 불구하고 무의식을 교육에 어떻게 적용할 것인지에 대한 심도 있는 논의와 노력들은 분명 필요할 것이다. 이와 더불어 기표계만이 아닌 상상계와 실재계를 모두 아우르는 인간형의 양성이라는 측면에서 유아교육에 대한 논의가 필요한 시점이다.

• 소외와 분열의 주체

라캉의 주체는 주체형성의 근거가 주체의 내부에 있는 것이 아니라 외부에 존재한다는 점에서 소외와 분열의 주체이다.

상징계는 유아가 중심기표인 사회의 법과 질서에 굴복함으로 사회화가 되는 과정을 의미한다. 이때 유아는 상징계 타자로부터 사랑과 인정을 받기 위해 상징계의 중심기표의 요구에 굴복하고 이를 내재화함으로써 자아이상으로 확립해 나간다.

이 과정에서 주체는 자신의 무의식 욕망을 기표 속에 숨기고 그 욕망으로부터 소외된 말을 함으로써 소외aliénation와 분열séparation을 경험한다. 이것이 소외와 분열의 주체로서 라캉의 언어적 주체의 한계이다. 또한 타자의 욕망을 매개로 해서만 자기 안의 소타자The other인 대상을 발견하고 욕망의 주체로 태어나는 과정을 거쳐 갈 수밖에 없는 점에서 라캉의 주체는 소외와 분열의 주체이다.

소외와 분열의 주체에 대한 라캉의 사유는 상징계의 사회화 과정에서 유아들이 겪는 분열과 소외에 대한 이해를 돕는다.

로저스Carl Rogers, 1902~1987에 의하면, 인간은 사회적 기대로서의 이상적 자아ideal self와 자신의 실제모습인 현실적 자아real self 사이에서 갈등하는 존재이다. 이상적 자아란 사회 속에서 인정받고 사랑받는 자아의 모습이고, 현실적 자아란 자신의 본래 모습으로 자신이 원하며, 되고 싶은 모습의 원래적 자이며, 무의식적 욕망이 자리하는 영역이다. 로저스는 이 두 가지 모습의 자아 사이에 괴리가 클 경우 분열을 체험하게 된다고 본다.

콜버그Lawlence Kohlberg, 1927~1987의 도덕성 발달 이론의 3단계인 '착한

소년소녀지향good boy and good girl orientation' 단계는 바로 사회에서 요구하는 기준이나 관습에의 일치가 도덕성 발달에서 가장 중요한 기준이 됨을 보여 준다. 성과 관련한 자아정체감을 형성하는 과정도 타인, 사회, 관습 등이 요구하는 모습의 자아로 발달시켜 나가는 일종의 사회화 과정이다. 라캉의 논지에 의하면, 이것은 사회에서 인정되는 중심기표와 일치시키는 과정으로, 사회적으로 인정된 지배기표와 일치하지 않거나 만족스러운 관계를 가질 수 없을 때 주체는 부끄러움, 무의미성, 분노, 히스테리와 같은 분열을 경험한다고 한다. 즉, 이러한 사회화 과정은 억눌린 무의식적 욕망을 전제로 이루어진다는 의미다.

따라서 사회화 과정에서 숨기고 있는 유아의 본질적 욕망을 드러내게 함으로써 자신의 현실적 자아와 이상적 자아 간의 괴리를 최소화하도록 하는 것이 필요할 것이다. 사회화 과정에서 유아들에게 기존의 틀, 사회화라는 보편적 틀을 지나치게 강조하다 보면 그들의 무의식적 욕망은 감추어지고 이를 통해 신경증적 불안, 히스테리가 생기게 된다는 것이다. 따라서 상징계에서의 사회화 과정을 경험하는 유아들의 소외와 불안에 대한 이해와 함께 그들이 자신의 무의식적 욕망을 적절한 방법으로 드러내고 해소할 수 있도록 하는 교육적 노력이 필요하다고 볼 수 있다. 이를 위해서는 그들의 무의식적 욕망을 읽어 낼 수 있는 정신분석가로서의 교사의 역할과 전문가적 역량이 요구된다. 의식뿐 아니라 무의식의 주체로서 유아에 대한 이해와 함께 그들이 무의식적 욕망을 자연스럽게 드러내도록 하여 진정한 삶의 주체가 되도록 하는 노력이 필요한 시점이다.

• **비동일성으로서의 주체**

무의식의 주체, 소외와 분열의 주체인 라캉의 주체는 주체 자신이 자율성, 통합성, 동일성을 갖추고 있지 않다는 의미에서 가변적이며, 비동일성으로서의 주체이다.

라캉이 주체를 구조화하는 과정은 외부세계가 우위성을 갖는다. 주체는 끊임없이 변증법적 과정 속에서 계속되는 수정을 거쳐야만 하는 것으로, 언제나 구성 중에 있는 주체인 것이다. 이는 주체의 가변성을 의미한다. 고정된 자아 혹은 동일성의 주체가 아니라 자기에 대한 한계를 넘어 실제적이지만 보다 유동적이고 수용적인 주체이다.

라캉은 고정된 주체, 절대적 주체성에서 벗어나 인간 삶의 우연적 특성에 대한 주목과 부각을 통해 데카르트적 주체를 해체하고 변화하는 생성의 과정으로서 새로운 주체의 창조를 시도한다. 그에 의하면 데카르트의 절대적 사유의 주체는 인간존재의 우연성, 악의 존재, 외부세계의 불확실성을 주체존재의 필연성을 위해 배제하고 분리하면서 도달한, 세계와 분리된 순수한 주체, 순간적 존재성만을 유지하는 공허한 주체인 것이다. 또한 세계와의 관계도 부정되고 자기 속에 자기 아님의 가능성도 부정하는 폐쇄된 주체이다. 라캉은 이러한 데카르트 주체를 자기기만에서 비롯된 것으로 보고, 진정한 주체로서의 자기구성을 위한 기회를 상실한 것으로 이해한다. 데카르트 주체가 감행했어야 하는 진정한 자기주체화 과정은 고정된 선험적 자아가 아닌 우연성, 기연機緣[30]의 의한 새로운 창조의 가능성으로서 인간주체의 모습을 드러내는 것이라는 의미다.

결국 라캉에 있어서 순수자기동일성의 주체란 존재하지 않는다.

---

30) 어떤 기회를 통하여 맺어진 인연

고정된 자아 혹은 동일성의 주체가 아니라 끊임없이 변증법적 과정 속에서 차연을 형성하는 변화와 생성의 존재로서의 탈중심화된 주체인 것이다.

주체형성 과정에서 타자와의 관련성을 통해 순수동일적 주체란 존재하지 않는다고 보는 라캉의 사유는 확고한 정체성을 지닌 고정된 주체가 아니라 매순간 차이를 맞아들이고 새로움을 생성하는 비동일적 주체, 차연差延, différance의 존재로서의 유아에 대한 이해를 이끈다. 유아들은 보편적이고 객관적인 내적 정체성을 동일한 방식으로 정립해 가는 보편적 존재로서가 아니라 불특정적이고 탈중심화되고, 맥락적인 정체성을 지닌 개별적 존재임을 교육이 적극 수용해야 한다는 의미이며, 교육이 다양한 사고를 동일성과 재현으로 환원하고자 하는 경향성에서 벗어나야 한다는 의미이다. 또한, 하나의 대상실재에 대한 인간존재의 생각들의 차이, 해석의 차이들을 인정하는 것으로 의미의 다의성, 해석의 다양성이 존재함을 인정하는 것을 의미한다. 다름 속에서 새로움이 나올 수 있음을 인정하고, 유아들의 다양한 생각, 남들과는 다른 자신만이 지닌 생각의 가치를 존중하고 격려하는 열린 마음과 인식전환이 필요하다. 유아에게 존재하는 다양성차이들을 어떻게 수용하고 인정할 것인지는 우리가 해결해야 할 새로운 과제이다.

자기주체화와 교육

라캉의 주체는 소외와 분열의 주체이다. 그럼에도 불구하고 라캉이 말하는 진정한 주체는 소외와 분열의 과정을 극복할 수 있는 자기주체화의 주체인 '오브제 a objet a'를 추구한다.

'오브제 a^objet a^'를 추구하는 주체란 기표나 심상에 의해 욕망 대상화되거나 물화reified되지 않은 실재계의 자아로서, 원초적 쾌락을 통해 진정한 자기주체화를 지향하는 주체이다.

라캉의 주체는 상징계에서 완전하다고 가정된 대타자The Other를 통해 자신의 의미와 욕망을 발견하고 자신의 잃어버린 존재의 기표를 꿈꾼다. 그러나 대타자 역시 존재결여와 실존적 공허 속에 있는 존재임을 깨닫는다. 이로써 자신을 통해서 대타자를 완전하게 만들고 그 완전한 대타자를 통해서 자신을 완전하게 만들고 싶은 욕망에 빠진다. 즉, 자신이 대타자에게 욕망의 대상이 되기를 욕망하는 주체가 된다. 욕망의 주체는 원초적 소외에서 상실된 자신, 즉 소타자The other인 '오브제 aobjet a'를 잉여 향유함으로써 소외와 분열을 극복하기 시작한다. 이것이 라캉이 말한 자기주체화의 과정이다.

단순히 중심기표에 의해 소외되고 분열된 주체일 뿐 아니라 대타자의 욕망으로부터 자신의 존재를 찾고자 하는 자기주체화의 주체로서 라캉의 사유는 본질성, 선험성, 필연성에 사로잡힌 근대적 주체를 해체하고, 후기구조주의를 넘어서는 새로운 주체 개념의 가능성을 제시한다.

소외와 분열의 주체이지만 소외와 분열의 과정을 극복할 수 있는 자기주체화에 대한 라캉의 사유가 주는 교육적 함의는 무엇일까?

첫째, 상징계의 중심기표에서 벗어나 원초적 주이상스jouissance를 경험하는 실재계를 교육 안으로 끌어들여야 할 것이다.

원초적 주이상스jouissance를 경험하는 세계는 이성이나 논리보다는 지각, 감각, 즉흥성 등이 살아 숨 쉬는 영역으로, 생생한 존재의 함성이 메아리치는 실재계le Réal를 말한다. 창의적 능력은 즉흥적 사고로의 전환을 통해 원초적 주이상스jouissance를 경험하는 실재계le Réal를 통해 기를 수 있는 능력일 것이다. 다시 말해 사회화 과정을 통해 잃어버린 원초적 세계에서의 주이상스jouissance를 경험하도록 하는 교육이 필요하다는 것이다. 이는 감성의 수용, 향유, 새로움, 무의식적 욕망의 향유를 이성, 의식중심의 교육의 장에 들여놓아야 할 필요가 있다는 의미다. 상징계의 관습 편견에 쌓이지 않는 주체, 이성이나 논리보다는 지각, 감각, 즉흥성 등이 살아 숨 쉬는 무의식적 주체로서의 인간양성을 교육이 지향하여야 한다는 의미이다.

이와 더불어 라캉이 진정한 주체로 보았던 '오브제 aobjet a'의 주체가 진정한 주이상스jouissance를 경험하지 못하도록 교육이 지나친 기표화의 세계를 강조하고 있지는 않은지 돌아볼 필요가 있다.

그렇다고 해서 교육이 무의식적 주체로서의 '오브제 aobjet a'를 향유하는 인간양성만을 지향하는 일원적 방향성을 정립하여야 한다는 것은 아니다. 오히려 지금까지 이성주체, 사유주체에만 강조점을 둔 교육에서 벗어나 무의식적 주체로서의 인간이해를 통해 이성과 감성, 정신과 육체의 조화로운 발달을 이끄는 전인Whole person을 양성하는 것이야 한다는 의미로 해석할 수 있을 것이다. 포스트모더니즘이 모던적 가치관을 전면 비판하는 것에 중점을 둔 것이 아니라 부분과 전체로서의 관점을 바탕으로 모더니즘의 한계를 극복하고 보완하고자 하는 시도로 이해되는 것과 같은 원리이다.

실재계 속에서 원초적 욕망을 드러냄으로써 '오브제 aobjet a'로서의 주체화를 경험하도록 하는 교육은 실재계의 모습이 가장 잘 드러나는 유아기 교육에서 더욱 중요한 의미를 지닌다 할 것이다. 유아들은 놀이 속에서 자신의 원초적 자아의 모습을 드러내고 그 속에서 기표계로 인해 억눌린 욕망을 드러냄으로써 원초적 주이상스jouissance를 경험할 수 있기 때문이다. 이는 상상력의 세계이며, 자신만의 독창한 세계가 가능한 즐거움의 세계일 것이다. 유아들은 놀이과정에서 기표계가 상징하는 보편적 법칙과 관습을 이해함으로써 사회화에 이르며, 실재계le Réal에서의 주이상스jouissance를 경험함으로써 자신만의 개별화 과정을 함께 경험하게 될 것이다. 상징계의 관습 편견에 쌓이지 않는 주체, 실재계에서의 원초적 쾌락을 추구하는 무의식적 주체로서의 유아에 대한 이해와 함께 '오브제 aobjet a'를 추구하는 진정한 자기주체화의 과정이 유아교육에서 어떻게 적용될 수 있는지에 대한 논의가 필요한 시점이다. 이와 함께 이성적 사고, 언어, 보편적 법칙으로 대변되는 상징계적 사고에서 벗어나 실재계원초계의 무의식 영역에 해당하는 유아들의 즉흥성, 충동, 욕구 등이 재평가되어야 할 것이다.

둘째, 진정한 의미의 자기주체화를 위해서는 간주관적 주체로서의 '오브제 aobjet a'를 인정하는 교육이 필요하다.

'오브제 aobjet a'를 잉여 향유하여 자기주체화 과정이 가능한 것으로 본 라캉의 논지에 따르면, 타자와의 관계, 상호주관적 주체, 간주관성을 극복함으로써만 진정한 의미의 자기주체화가 가능하다는 것이다.

라캉의 자기주체화 과정은 타자와의 관계 속에서 자기주체화의 해결점을 찾는 과정이지만 타자를 자신 속에 동일시하지 않고 그대로 살려둠으로써 나의 욕망과 타자의 욕망의 간주관적 의미를 지닌 '오브제 aobjet a'를 향유하게 되고 자기주체화에 이를 수 있음을 보여 준다. 주체는 대타자를 타자로 인정함으로써 진정한 주체가 되는 것이다.

라캉의 주체는 타자를 통해 자신의 의미와 욕망을 발견하지만 타자 역시 존재결여와 실존적 공허 속에 있는 존재임을 깨닫고, 간주체성의 현상인 '오브제 a objet a'를 잉여 향유함으로써 소외가 아닌 분리를 통해 주체화에 이른다. '오브제 a objet a'를 향유하는 것, 그것은 타자의 욕망을 동일시하여 자신의 욕망으로 끌어들이는 것이 아니라 자신의 욕망 속에 숨겨진 실재계 속에 남아 있는 찌꺼기인 간주관적 주체로서의 '오브제 a objet a'를 향유하는 것으로, 이를 통해 자기주체화에 이르게 되는 것이다.

라캉은 이러한 자기주체화의 과정을 통해 객체의 상호주관성을 전혀 인정하지 않고 궁극적으로 타자를 주체의 영역에 포섭하는 전유적 기능의 근대주체 개념에서 벗어나 주체와 타자의 상호주관성을 인정하는 새로운 주체 개념을 구성하게 된다. 이와 더불어 타자를 자기와 동일시하여 전유해 버림으로써 타자는 언제나 주체에 의해 규정되어야 할 대상으로 보는 자기중심적 홀로주체 solo-subject에서 벗어나 간주관적 주체로서의 '오브제 a objet a'를 인정하는 교육의 가능성을 제안한다.

푸코, 자기배려를 통한 미학적 주체로의 가능성

서구 철학이 당연시해 온 이성의 의미에 대해 의문을 제기하고, 주체로서의 인간, 제도, 지식, 정치를 권력과의 관계라는 맥락에서 재해석하고자 한 푸코의 사상은 철학, 역사, 문학 이론, 사회과학, 심지어 의학에까지 광범위한 영향을 미치고 있다.

푸코Michel Foucault, 1926~1984는 1961년 박사학위 논문인 「광기의 역사 Histoire de la folie à l'âge classique」에서 권력과 지식의 문제, 즉 현재 우리가 받아들이고 있는 진리는 권력에 의해 선택되거나 배제된 것임을 보여 줌으로써 일상적인 생활양식이나 지식체계를 통해 은밀하고 효과적인 방식으로 행사되고 있는 지식과 권력의 자기정당화를 해체déconstruction[31]하고자 하였다. 또한 서구사회에서 지배적 관념으로 형성되어 온 사회 역사적인 조건들을 미시적 역사학의 관점에서 탐색함으로써 정상과 비정상, 동일자와 타자, 내부와 외부 사이에 만들어진 경계를 허물고 주변적 존재, 소외된 존재의 소리에 귀 기울이는 새로운 지평을 열게 된다.

▌지식, 권력, 윤리의 주체화

푸코는 지식-권력-윤리의 사상적 전개 속에서 주체가 구성되는 주체화 과정을 다음과 같이 설명한다.

---

31) 해체(déconstruction)라는 용어는 데리다의 해체주의(déconstructionisme)에서 비롯된 것으로, 해체 혹은 탈구축이란 용어로 번역된다. 푸코는 엄밀히 해체라는 용어를 사용하지 않았으며, 자신의 사유의 대부분을 근대에 대한 연구로 일관했기에 데리다의 해체와는 다른 의미를 지닌다고 볼 수 있다.

이를 시기적으로 전기와 후기로 구분할 때 전기에 이루어진 주체화 과정이 탈주체의 과정이라고 한다면, 후기의 과정은 주체화 과정으로 특징지을 수 있다.

첫 번째 시기는 지식, 즉 에피스테메(épistémé)에 의한 주체화 과정이다. 푸코는 1960년대 『지식의 고고학(l'archeologie du savoir)』을 통해, 지식에 의해 타율적으로 구성되는 인간주체의 역사를 고고학적 방법(archaeological method)을 통해 탐구한다.

두 번째 시기는 권력에 의한 주체화 과정이다. 푸코는 1970년대 『권력의 계보학(la généalogie du pouvoir)』을 통해 인간을 주체로 만드는 권력의 형태와 권력의 기술을 계보학적 방법(genealogical method)으로 탐구한다.

세 번째 시기는 윤리에 의한 주체형성이다. 푸코는 1980년대 『윤리의 계보학(la généalogie du l'éthique)』에서 자신에 대한 윤리적 실천을 통한 자기주체화의 과정을 보여 준다. 이때 이루어진 가장 중요한 작업은 『성의 역사』 시리즈이다. 성의 역사 2, 3권인 『쾌락의 활용』과 『자기배려』를 출간하는 것도 이때이다.

• 에피스테메épistémé[32]의 주체

푸코의 첫 번째 주체화 과정은 지식, 즉 에피스테메épistémé에 의한 주체형성 과정이다. 이 시기에 푸코에게 있어 중요한 것은 지식, 특히 지식의 내용이 아니라 지식이 어떻게 구성되는가 하는 것이었다. 지식이란 무엇인가가 아니라 각 시대의 사회적 조건 속에서 누가 이러한 지식들을 규정하고 구성하는가가 문제인 것이다. 지식은 그 시

32) 역사적 시기마다 그 시대의 담론들을 일정한 방향으로 분배하고 기획하는 시대의 고유한 무의식적 조건이 전제되는데, 이러한 역사적 선험성을 지닌 무의식적 법칙을 푸코는 에피스테메(épistémé)라고 부른다. 푸코는 담론, 혹은 지식이라 부르는 것의 밑바탕에서 이들을 지배하는 숨겨진 규칙성으로서 에피스테메(épistémé)의 역사적인 형성 과정을 추적한다.

대에서 특유한 권력의 산물에 지나지 않는다는 것이 푸코의 생각이다. 푸코에 의하면 인간 역시 역사 속에서 무의식적으로 제공된 에피스테메épistémé의 틀을 벗어나지 못하는 존재이다. 인간 역시 사물을 인식하게 만드는 패러다임, 그가 말하는 이른바 에피스테메épistémé의 산물인 것이다.

푸코는 사고의 무의식적 기초인 에피스테메épistémé가 어떻게 변화되어 왔는가를 미시적 역사 연구를 통해 보여 줌으로써, 인간의 사유가 역사적 시기마다 그 시대의 담론들을 일정한 방향으로 분배하고 기획하는 시대의 고유한 무의식적 조건인 에피스테메épistémé에 의해 결정되고 영향을 받음을 보여 준다.

푸코가 밝힌 16세기 이래 서양문화에서 거대한 불연속으로 생성된 고유한 에피스테메 지층들을 시대별로 살펴보면, 르네상스 시대에는 유사성la ressemblance, 고전주의 시대에는 표상la représentation, 근대는 실체la réalité로 요약된다. 이때 실체란 의미는 고전주의 시대의 에피스테메인 표상la représentation으로 환원되지 않는 물자체, 생명, 언어, 그리고 자본과 노동 등과 같은 것으로 이 실체의 집약점이 바로 '인간'이다.

• 권력의 주체

푸코의 두 번째 주체화 과정은 권력에 의한 주체형성 과정이다.

1970년대 중후반에 들어 푸코의 주체화는 권력과 계보학에 초점이 맞추어진다. 우선 권력과 지식과의 관계에 대해, 푸코는 "지식과 권력은 별도가 아니라 서로서로 통합되어 있고 지식이 권력에 의존하기를 중단하는 때를 상상할 수 없다Foucault, 1980."고 지적한다. 이는 지식 속에는 반드시 권력이 작동하고 권력은 그 작동을 위해 특정형태의 지식을 요구한다는 것이다.

지식을 생성하기 위한 담론적 실천이 권력과 필연적 관계를 맺고 있다는 푸코의 관점에서 보면 권력은 그것이 효과적으로 행사되기 위해서 대상에 대한 지식을 요구한다는 것이다. 즉, 푸코에 있어 '보편적이고 지배적인 진리'란 존재하지 않으며, 따라서 권력과 지식은 상관적인 것이다.

푸코는 권력과 지식 간의 상관관계를 권력-지식pouvoir-savoir이라는 개념을 통해 드러낸다. 즉, 지식과 진리는 권력 밖에 존재하는, 또는 권력으로부터 자유로운 정신이 얻을 수 있는 어떤 것이 아니라, 이 세상의 담론적, 물적 공간에 있는 것으로 다양한 구속과 강제에 의해 생산되는 것이다박병락, 2000.

> 우리는 권력과 지식이 서로를 의미하고 있다는 점을 인정해야 한다. 그리고 우리는 지식의 장의 상호 연관적 구성 없이는 어떠한 권력관계도 있을 수 없으며, 또한 권력관계를 전제하고 동시에 이를 구성하지 않는 어떠한 지식도 있을 수 없다는 것을 인정해야 한다.
>
> 『감시와 처벌Discipline and Punish』

이와 더불어 권력이 실체가 아님을 밝힌다. 이른바 대문자 권력, 즉 'le Pouvoir'라는 실체는 없고 다양한 복수의 권력관계들인 'relations de pouvoir'만이 존재한다.

푸코는 권력-지식pouvoir-savoir에 대한 논의를 통해 인간도 권력의 구조로부터 자유로울 수 없는 존재라는 결론에 이르게 된다. 모든 사회가 권력관계를 가지고 있기 때문에Foucault, 1982 우리가 사회에 살고 있는 한 우리는 권력관계 속에 살게 된다는 것이다.

그는 자신의 박사학위 논문인 「광기의 역사Histoire de la folie à l'âge classique, 1971」에서 인간 역시 역사의 산물이며 담론discourse[33]의 산물임을 밝힌다. 인간주체는 자연적·본질적으로 존재하는 게 아니라 상이한 역사적 시기에 상이한 형식을 취한다는 것이다.

푸코에게 있어 주체는 역사의 한 시기에 만들어진 산물일 뿐이다. 즉, 그 시대의 담론, 지식에 의해 규정되는 존재이다. 어떤 고정된 본질적 의미가 별도로 존재하는 것이 아니다. 각 시대에는 시대의 고유한 언어적 실천을 통해 사회적 의미가 구성되듯이, 선험적인 고정된 의미를 지닌 주체가 아니라 각 시대에 고유한 역사적 맥락 속에서 형성된다는 것이 푸코의 입장이다. 푸코에게 있어 주체는 역사의 특정시기에 만들어진 산물이며 따라서 다른 시기에는 사라질 수 있는 것, 아니 이미 사라지고 있는 것이다.

이처럼 담론과 권력의 산물로서 주체에 대한 푸코의 사유는 주체 개념에 대한 새로운 해석이며 선험적 주체로서의 인간본성에 대한 본질주의적 입장을 거부한다.

사물의 본질보다는 역사 속에서 구성되는 과정을 보고자 하는 푸코의 계보학적 관점은 사물의 본질이 완벽하고 중립적인 기원이 있는 것이 아니라 역사적인 시각이 결정한다는 것과 사물의 본질이 구축되는 데 이질성과 외부성[34]이 개입함을 드러낸다.

---

33) 현실적 제도나 장치를 통해 정치 사회적으로 실천되는 언어체계를 푸코는 담론(discourse)으로 규정한다. 이것은 다양한 사회분야에서 건강과 질병, 정상과 비정상, 진리와 오류 등을 구별하는 기준으로 작용한다고 본다. 이러한 담론은 시대에 따라 변한다.

34) 이것은 타자의 개념과 상통한다.

계보학적 관점은 니체로부터 영향을 받은 것으로, 외적이고 우연한 것에 의해 변질되기 이전의 가장 순수하고 진정한 사물의 원형, 즉 본질을 찾고자 하는 형이상학적 사유와 대립한다. 이는 사물을 존재론적으로 설명하고 인식론적으로 파악하기 위해 관념이나 실체를 전면에 내세우는 형이상학에 대립하여 사건들의 특이성을 포착하려 하는 것이다. 이로써 정적이고 본질적인 자아가 내재되어 있는 근대적 주체는 푸코에 의해 해체된다.

• 윤리적 주체: 새로운 주체화의 가능성

푸코의 세 번째 주체화 과정은 윤리에 의한 주체형성 과정이다. 1960년대에 지식의 고고학이라는 작업을 통해 지식과 진리의 문제를, 1970년대 권력의 계보학을 통해서는 권력문제를 다룬 푸코는 대략 1977~1978년을 계기로 윤리의 계보학을 구상하게 된다.

그의 첫 번째 작업은 1976년에 나온 성의 역사 시리즈 1권인 『지식의 의지la volonté de savoir, 1976』이다. 그리고 다양한 관심과 방향전환을 거쳐 자신이 사망한 해인 1984년에 성의 역사 시리즈 2, 3권인 『쾌락의 활용L'usage des plaisirs, 1984』과 『자기배려Le souci de soi, 1984』를 출간하게 된다. 이러한 말년의 저작들을 통해 푸코는 "주체가 어떻게 하나의 도덕적 주체로 스스로를 자리매김하게 되는가?"라는 윤리의 문제에 주목하고 이를 통해 자기주체화의 과정을 정립하게 된다.

이 시기에 푸코는 삶의 윤리적 실천을 통해 자기가 어떻게 윤리적 능동적 주체자로 구성될 수 있는가에 초점을 둔다. 이로써 19세기 미시권력과 인간과학이 합작으로 만들어 낸 '인간'이라는 예속된 주체를 대체할 수 있는 새로운 주체성을 창조해 낸다. 이것이 바로 윤리적 주체이다.

푸코가 사용한 윤리의 의미는 우리가 보통 생각하는 윤리의 개념보다는 단어의 어원이 되는 에토스ethos, 태도 혹은 성격가 갖는 원래의 의미 곧, 개인이 자신과 맺는 관계를 의미한다허경, 2013. 자기와 자기와의 관계는 타인과의 관계보다 존재론적으로 우선한다는 것이 푸코의 통찰이다.

푸코는 1984년 한 대담에서 "자기를 배려하기 전에 타인을 배려해서는 안 된다. 자기와 자기와의 관계는 자기와 타인과의 관계보다 존재론적으로 우선하는 한 도덕적으로도 우선한다."라고 말한다이광래, 1989. 자기와 자기의 관계는 배려의 윤리를 낳게 된다.

• **근대주체 해체로서의 푸코의 주체**

푸코는 지식-권력-윤리를 통한 주체화 과정을 통해 인간존재의 우연성, 외부세계의 불확실성을 완전히 배제하고 도달한 순수한 주체이며 내재적 특성을 지닌 선험적 주체로서의 근대주체를 해체한다.

첫째, 근대 선험적 주체에 대한 해체이다.

자신을 포함한 모든 존재를 의심하고 부정하는 방법적 회의를 통해 확립된 절대성, 보편성으로서의 근대주체는 인간존재의 우연성, 외부세계의 불확실성을 완전히 배제한 순수한 주체이며 선험적 주체이다. 푸코는 모든 존재에 대한 인식과 실천에 있어서 근거로서 작용하는 선험적 주체의 기원을 문제 삼는다.

푸코는 근대적 주체가 어떠한 과정을 통하여 자율적 주체로 구성되는지, 그리고 자율적 주체로 정립하기 위해 작동되는 기구와 장치는 어떠한 것인지를 역사적으로 탐구함으로써 개인-주체가 어떻게 이질적인 것에 의해 서서히 구축되었는지를 포착하였다. 주체가 이질적인 어떤 것들에 의해 구축된다면 푸코에 있어 인간주체를 형성하는 이질적인 것은 무엇인가? 그것은 해석interprétation이다. 여기서 해석이란 규칙체계를 찬탈하여 거기에 방향성을 부과하고 그것을 새로운 의미에 굴종시키는 행위이다. 즉, 인간주체의 본질적·선험적·내재적 의미를 발견하는 것이 아니라 그것의 의미를 창조하고 부과하는 것이 관건이라는 말이다. 이러한 사물과 개인의 존재를 결정하는 해석의 이면에 역학관계와 권력관계가 존재한다는 것이 푸코의 관점이다.

따라서 권력pouvoir은 실체가 아니라 개인보다 앞서 존재하는 역학의 장이고 이것이 개인과 개인이 맺는 관계를 생겨나게 한다는 것이다. 권력은 인간존재 간의 관계를 설정하는 추상적인 역학관계망으로, 그 안에 존재자의 영역으로서 개인-주체가 개입된다. 권력이 개인-주체를 생산해 낸다는 의미다. 결국 푸코의 주체는 선험적 주체가 아니라 권력-지식의 치밀한 관계망을 통해 구축되는 주체, 즉 자신이 아닌 자기 밖의 이질적인 것들에 의해 구축되는 주체이다.

푸코는 보편적이고 선험적 주체를 인정하는 근대철학에서의 주체가 존재론적으로 정립되면서 구체적으로 살아 있는 삶의 생동성이 부족했음을 비판하고 그의 후기철학에서 자기배려le souci de soi를 통한 주체화의 문제를 다룸으로써 무역사적이고 초시간적인 근대주체로부터 벗어나고자 한다. 시간의 흐름을 비껴갈 수 있는 주체란 있을 수 없다는 한계를 푸코는 주체화를 통해 극복하고자 한 것이다.

둘째, 능동성, 자율적 근대주체에 대한 해체이다.

푸코는 계보학적 관점을 통해 규율에 종속된 수동적 존재, 지식과 권력에 종속된 존재, 언어주체로서의 수동성을 드러냄으로써 능동성과 자율성을 가진 근대주체를 해체한다.

능동성, 자율적 주체에 대한 푸코의 해체는 언어를 만들어 내거나 표현하는 주체가 아니라 이미 존재하는 언표적 장 속에서 어떤 자리를 잡음으로써 주체가 되는 푸코의 언표적 주체에서 드러난다.

> 주체는 이미 존재하는 언표적 장 속에 어떤 자리를 잡음으로써 주체가 되기 때문에 언어를 만들어 내거나 마음대로 표현하는 것이 아니다. 그리고 그런 언표적 장 안의 위치와 자리가 제한되어 있기 때문에 주체의 가능성은 희박화될 수밖에 없다.
>
> 『지식의 고고학L'archéologie du Savoir』

푸코에 있어 언표적 주체로서의 인간은 주체가 차지 가능한 위치들이 분포되어 있는 담론 속에서 어느 한 위치에 자리 잡음으로써 기능하는 주체이다. 즉, 언어에 의해서, 또 언어 속에서만 사고가 가능하기 때문에 주체란 언어를 만들어 내거나 표현하는 것이 아니라 이미 존재하는 언표들의 장 속에서 특정한 자리를 차지함으로써 비로소 주체가 될 수 있을 뿐이다.

푸코는 『말과 사물Les mots et les choses, 1966』을 통해 단어들과 사물들 간의 관계를 자의적으로 이해하면서 언어를 지배할 수 있는 주체라는 환상으로부터 벗어날 것을 주장한다. 즉, 언어를 말하는 것은 인간이 아니고 언어가 입을 통하여 스스로 말하는 것이다.

그럼에도 불구하고 푸코는 후기철학에서 주어진 체제 내에서 수동적이기만 한 희생자로서의 종래의 주체 개념에서 벗어나 적극적으로 세상에 대처하는 새로운 주체 개념을 제시한다.

1984년 『성의 역사 3Historire de la sexualité 3』를 기점으로 전개되는 후기 철학에서 푸코가 제시한 자기배려의 윤리적 주체 개념은 더 이상 주체를 역사적 산물로서 이해하지 않고 자기를 염려하고 배려하는 인간으로 이해한다김부용 역, 1995. 여기서 자신에 대한 염려와 배려의 실체는 욕망이나 사유가 아니라 생명에너지로서 이해된다.

푸코의 후기철학에서 강조되는 자기배려를 통한 주체화의 과정은 단순히 수동적이기만 한 희생자가 아니라 적극적으로 세상에 대처하면서 자신의 삶을 만들고 다듬어 나가는 미학적 윤리학의 거점으로 부상하게 된다홍경실, 2005.

셋째, 동일성으로서의 근대주체에 대한 해체이다.

푸코의 주체는 선험적인 주체, 고정된 의미를 지닌 동일적 주체가 아니라 각 시대에 고유한 역사적 맥락 속에서 새롭게 형성되는 주체이다. 부동하는 본질을 지니는 것이 아니라 기원이 부재하는 무한한 변형의 운동 속에 있는 주체라는 의미다. 이는 보편적 진리와 보편적 속성들이 존재할 수 있음을 믿는 근대 시대에서 당연시되었던 동일성으로서의 주체에 대한 해체이다. 본질적인 자아가 내재되어 있는 선험적, 통일성을 지닌 근대주체는 포스트모던에 이르러서 정체성이 갖는 근본적으로 관계적인 속성에 초점을 둠으로써 역사적으로 구성되고 변화하는 주체로 이해되기 시작한다김희연 외 역, 2007.

자기배려와 앎

푸코는 인간이 진리에 접근하기 위해서 필요한 것은 단지 사유나 인식행위가 아니며, 자신을 염려하고 자신에 전념하는 실천을 통해 자기 존재의 본질에 다가설 수 있다고 보았다. 즉, 존재자의 본질을 드러내기 위해서는 자기존재에 대한 정화와 고양이 요청되는데박규철, 2002, 이것이 바로 '자기배려le souci de soi'이다. 보다 나은 삶이 되도록 변화시키는 자기 혼에 대한 돌봄의 도덕적 실천원리, 이것이 바로 푸코가 제시한 '자기배려'이다.

푸코는 자신의 삶에 윤리적인 형성을 제공했던 고대의 방식을 추적하는 과정에서 고대인들의 윤리적 실천들을 보여 주는 자기배려의 실천을 발견하고, 이를 근대의 타율적 주체와 구분되는 새로운 실천으로서의 주체화 양식으로 제안한다. 이는 권력, 지식을 통해 형성되는 수동적 주체로서의 인간존재론에서 벗어나 자신의 도덕규범을 스스로 만들어 나가는 윤리적 주체로서의 자기주체화 과정이다. 그리고 권력과 지배의 테크놀로지에 의한 자기 객체화의 허무적인 요소를 넘어서려는 시도이다.

• **자기배려를 통한 소크라테스 재해석**

푸코는 제도와 담론의 공간이 아니라 '인간이 스스로를 주체로 변화시키게 만드는Foucault, 1983' 자기화의 능력에 주목하면서, 규범체계에 의해 규격화된 주체화를 거부하고 스스로 하나의 예술품과 같은 자신의 삶을 창조하는 능동적인 새로운 주체를 창조하고자 한다.

이러한 새로운 주체화 과정에서 푸코가 만난 것이 바로 고대인의 삶의 방식이다. 그들은 규약집에 의존해서 살았던 것이 아니라 자신의 삶에 양식과 스타일을 부여하면서 스스로 자신의 삶을 결정하는 자기형성의 주체로서 삶을 살았던 것이다.

푸코는 억압하는 권력의 실체를 '낯설게 하는', '만들어 가는' 주체, 기존의 담론과 권력체제가 규정하는 자신의 정체성에 대해 회의하고 고대철학에서 강조된 '자기배려le sourci de soi'의 원리를 통해 그러한 체제에 저항하는 주체를 찾고자 하였다서상문, 2007.

자기배려le sourci de soi, Sorge um sich, self-care의 의미는 "자신에게 돌아가서 자신에게 봉사하라."는 의미를 지닌 것으로, 푸코는 고대철학의 소크라테스Socrates, BC 469-BC 399의 삶과 사유를 자기배려 철학의 근원으로 위치시키고 있다.

소크라테스에 있어 앎에 대한 생각은 "아레테Arete는 에피스테메épistémé이다."[35]라는 명제로 요약된다. 이 명제에서 드러난 앎의 의미는 소크라테스가 인간적 탁월함을 드러내는 삶, 훌륭한 삶을 위해 결정적으로 필요한 앎을 추구하였음을 보여 준다.

> 보십시오! 그대는 가장 위대하고 지혜와 힘으로 가장 이름난 나라인 아테네의 시민이면서, 그대에게 재물을 최대한으로 많아지도록 마음 쓰면서, 또한 명성(doxa)과 명예(time)에 대해서도 그러면서, 슬기(사려분별, phronesis)와 진리(a lethia)에 대해서는 그리고 자신의 혼(psyche)이 최대한 훌륭해지도록 하는 데 대해서는 마음을 쓰지도 않고 생각도 하지 않는 것을 부끄러워하지 않습니까?
>
> 『희랍철학입문: 탈레스에서 아리스토텔레스까지Greek philosophers: from Thales to Aristotle』

이러한 인간적 탁월함을 드러내는 데 필요한 앎을 실현하기 위해 소크라테스에게 요청되는 것이 바로 자기배려이다. 훌륭한 삶을 위해서는 자신을 이끄는 주체인 혼에 대한 돌봄이나 앎이 요청된다는 의미이다. 이런 의미에서 볼 때, 소크라테스는 자기배려의 거장이다.

35) 아레테(Arete)란 덕, 훌륭함, 탁월함, 혹은 잘남(양승태, 2006)으로 번역되는 헬라어이며, 에피스테메(épistémé)란 지(知)나 인식이나 이성적 기능, 정신적 사유로 이해되어 왔던 앎을 의미하는 것이다.

푸코에 있어 소크라테스의 앎은 추상적 이론을 배우고 사고 과정의 정합성을 추구하며 명제의 의미를 해명하고 개념을 정의하는 것과 같은 단순히 인지적이고 인식론적 차원의 능력이 아니라 실천이다. 왜냐하면 앎은 주체의 삶을 변화시킬 수 있어야만 하는 것이기 때문이다. 소크라테스에게 앎이란 단순히 이성적 능력으로 이해되어 온 앎이 아니라 자신의 혼에 대한 돌봄이나 배려의 의미로 해석되어야 한다는 것이 푸코의 통찰이다.

푸코는 자기배려의 개념이 원래의 의미를 상실하고 자기인식의 원리로 대체되었음을 주장하고 역사 속에 변질된 참된 인간주체의 모습을 찾고자 하였다. 그는 자기배려의 계명이 자기완성의 중요한 과정임에도 불구하고 이성적 능력으로 그 의미가 축소[36]되고 자기인식의 원리로 대체되어 자기배려의 원래 의미가 변질되었음을 비판하고, 인간의 자율적 의지에 따른 윤리적 주체로서의 본질을 인간존재가 로고스적인 존재라 규명한 고대철학의 주체 속에서 찾고자 하였다.

로고스logos란 말은 원래 희랍어 'λoϒoς'에 기원을 두는 말로 보통 이성ratio으로 번역되지만 원래의 의미는 이성을 넘어서 보다 넓은 의미의 인간관을 내포하고 있는 말이다. 그러나 아리스토텔레스가 규명한 이성을 넘어서 보다 넓은 의미의 인간본질로서의 로고스logos는 계몽주의 시대와 이성중심의 근대 모더니즘을 거치면서 그 의미가 협의의 이성ratio으로 축소되었고이화도, 2007, 로고스적 존재로서의 인간은 이성적 존재로서만 이해되기 시작한다. 결국 고대철학에서 말하던 주체로의 복원을 의미하는 푸코의 주체는 이성적 존재로 의미가

36) "아레테는 에피스테메이다."(덕은 지(知)이다)라는 소크라테스의 모토에서 앎을 의미하는 에피스테메(épistémé)란 '知'나 인식이나 이성적 기능, 정신적 사유로 이해되어 왔기 때문이다.

축소되기 이전의 통합적 인간관에 근거한 로고스적 아리스토텔레스의 주체로의 회귀이다. 이는 인간주체성 회복, 즉 휴머니즘으로의 복원이다.

자기배려를 통한 푸코의 소크라테스 재해석은 고대철학 전반에 대한 새로운 이해의 지평을 열어줄 뿐 아니라 잃어버린 사유의 고유한 기능인 자기배려의 계명을 드러냄으로써 지식의 틀의 규율에 순종하는 인간주체이면서 능동적 주체로서의 가능성을 열어 둔다. 여기서 푸코가 말하는 능동적 주체Sujet active란 어떠한 외적인 가치나 원리에 기대지 않고 자신의 삶에서 제기되는 문제들을 스스로 해결하면서 자신만의 도덕규범을 정립해 나가는 윤리적 주체Sujet éthique를 말한다. 이런 의미에서 푸코의 윤리적 주체는 자기배려를 이성적 능력으로 국한함으로써 무기력하게 만든, 데카르트에 의해 천명된 근대적 주체의 해체이며 고대철학 속에서 강조한 능동적 주체, 도덕적 주체, 윤리적 주체로의 복원이고 휴머니즘으로의 회귀라고 볼 수 있다.

• 미학적 주체로의 가능성

푸코는 자아배려의 윤리를 통해 스스로 자신의 삶의 주체로서 자기주체화에 이르는 윤리적 실천과정을 예술가가 작품을 만들어 내는 예술적 과정, 미학적 과정으로 비유함으로써 미학과 주체의 관계, 미학과 윤리의 결합을 지향한다.

푸코에 의하면 자기배려는 개인이 자기 자신을 통치하는 것, 나아가 자신의 삶을 예술작품으로 공들여 만드는 실천적 작업과정이다. 그가 제시한 자기배려의 개념은 예술가가 작품을 만들 듯이, 자신의 삶의 주체로서 스스로 고안하고 창조하고 만들어 가는 심미적 주체

Sujet esthétique, 미학적 주체로서의 인간에 대한 이해를 이끈다. 자신의 삶을 창조적인 예술작품으로 사유할 수 있을 가능성을 제시한 자기배려의 원리를 푸코는 존재의 미학l'esthétique de l'existence[37]으로 명명한다.

푸코에 있어 자기배려는 외부세계와 단절해서 자기 안에 자신을 유폐시키는 것이 아니라 자기로의 회귀를 통해 인간실존에 대한 발견을 하는 것이다. 지식과 권력에 의해 주체가 되는 방식에서 예술가에 의해 예술작품이 생산되듯이 주체가 자신이라는 저자에 의해 생산되는 주체적 과정을 통해 푸코는 개인이 스스로 자신의 삶의 주체가 될 수 있음을 드러낸다.

미학과 주체의 관계, 미학과 윤리의 결합, 이것은 가장 높은 경지의 아름다움을 바로 선善의 이데아로 보는 고대 그리스인들의 생각과 일치한다. 이런 점에서 자아배려의 윤리는 미학과 통한다고 볼 수 있다.

푸코가 제시한 윤리적 주체로서의 자기주체화 과정은 규범체계에 의해 규격화된 주체화를 거부하고 스스로 하나의 예술품을 창조하는 예술적 과정, 미학적 과정을 드러냄으로써 자기구성적인 윤리적 실천 개념과 함께 미학적 윤리학의 의미를 제시한다. 미학적 윤리학L'éthique esthétique이란 개인이 스스로의 삶을 예술작품처럼 형성할 수 있는, 자기를 일종의 실존적인 예술작품으로 변화시킬 수 있는 독창적인 행위와 관념의 유형으로 이해하는 역동적이고도 생동적인 삶의 이해라고 할 수 있다.[38]

푸코가 실천적 태도를 강조하면서 주장하는 새로운 윤리적 주체,

---

37) 존재의 미학, 이지훈 역, 2008.
38) 자기의 테크놀로지, 이희원 역, 2002.

미학적 주체가 암시하는 삶과 예술의 동일시는 탈현대적 미학이나 탈구조주의를 암시한다. 하지만 타인에 의한 자기주체화 과정, 사회화 과정을 간과한 점에서 근대철학에서의 홀로주체와 같은 한계를 지닌다. 이는 푸코의 미학적 주체가 주체들의 상호주관적 삶의 공간을 부정하기 때문이다윤평중, 1999.

푸코가 말하는 주체는 자아가 새롭게 생산해야 하는 주체이면서 자아에 의해 새롭게 태어나는 주체이다. 타자가 자아와 완전히 분리된 그 무엇이 아니라 씨줄과 날줄의 끝없는 상호 얽힘 속에서 자아의 주체형성에 끝없이 영향을 미치는 또 다른 주체임을 푸코가 간과한 것이다. 너 없는 세계, 철저히 홀로주체로서 존재하는우리말 철학사전 유아적唯我的 홀로주체solo-subject로서의 한계이다.

자기배려와 실존적 미학에 근거한 교육

푸코에 있어 자기배려Le souci de soi란 모든 존재자가 각각 존재의 진리가 드러나도록 염려하고 세심하게 활용하는 방식으로, 존재 자체로 본연의 모습을 드러내도록 하는 것이다. 자기배려는 스스로를 변화시키고 정화하기 위해 자기 내부를 들여다보는 실천적 능력이다. 이는 자신의 영혼을 정화하는 구체적인 실천적 행위로서, 바깥에 존재하는 것들에 예속되어 동요되거나 평정을 잃지 않고 자기 세계 속으로 들어갈 수 있도록 평생 동안 시행해야 할 실천적 행위이다. 자신의 육체와 영혼을 잘 훈련시키고 자신에게 허용된 자유를 절도 있게 사용하는 것을 배우는 것, 즉 자기배려의 능력을 키우는 것이 바로 교육의 역할이다. 푸코는 스스로 행동규칙을 정하고, 스스로를 변화시키는 실천적 주체로서의 교육적 인간상을 제시하고 있다. 이는 보편적 도덕규범, 원리의 강제가 정당화되고 있는 근대교육 담론에 대한 해체적 시도이고 동시에 교육이 지향해야 할 새로운 인간주체의 방향을 모색하는 것이다.

자기배려를 통해 심미적·윤리적 주체의 가능성을 드러낸 푸코의 사유에 근거하면, 첫째, 교육은 자기배려를 통해 인간존재의 고유한 본질에 접근하도록 돕는 것이야 한다.

자기배려를 통해 자기주체화에 이르는 과정을 보여 준 푸코의 사상은 다양한 인간의 구체적 삶의 실존적 상황을 인정하고 그것을 존재의 본질로 여긴다는 점에서 하이데거Martin Heideger, 1889~1976 철학과도 맥을 같이한다. 하이데거에 의하면 모든 사물은 세계 내에서 혹은 다른 사물들과의 관계에서 그 사물이 지녀야 할 고유한 모습이 있다. 이것이 하이데거의 존재의 의미이다. 그리고 이 존재가 은폐되지 않고 온전히 드러나는 것이 진리眞理, aletheia이다. 존재와 사물이 그것이도록 가능하게 하는 원리, 이것이 곧 알레테이아Aletheia, 진리이다. 존재 자체의 본연의 모습을 드러내도록 하는 것, 내 존재를 그대로 드러내도록 하는 것이 바로 참된 진리이며 사랑이며 선善이다.

푸코와 하이데거의 사유에 비추어 본다면, 교육은 실존적 존재로서의 인간이해와 함께 개인성의 긍정을 통해 존재의 본질을 드러내도록 하는 것이다. 주체의 개별성, 역사성, 맥락성을 인정하고 그 존재 자체로 머물 수 있도록 인정하는 것, 이것이 교육이다. 이런 의미에서 존재와 교육은 별개의 것이 아니며 존재는 이미 그 자체로 교육적이라 할 수 있다. 따라서 교육은 자신의 존재의 의미를 그답게 드러내도록 배려하고 마음 쓰도록 함으로써 진정한 삶의 의미를 찾도록 돕는 실천적 행위이어야 한다는 것이다.

자신의 삶의 실체를 온전히 읽어 내고 '스스로의 행동규칙을 정하고 스스로를 변화시키고 그들의 특이한 존재 속에서 스스로를 변형시키는' 능동적 주체가 교육을 통해 길러지고 있는지 성찰해 보아야 할 때이다.

둘째, 자기배려를 통한 윤리적 주체의 가능성을 드러낸 푸코의 사유에 근거하면, 교육은 자기배려의 실천을 통해 자신의 삶을 스스로 형성해 가는 삶의 윤리적 주체, 능동적 주체에 대한 이해에서 출발한다. 푸코는 자신의 삶을 스스로 형성하고 자신의 가치를 높이기 위해 자신에게 부여된 자유에 형식을 부여하는 삶의 방식을 실존의 미학, 존재의 미학l'esthétique de l'existence이라 부르고Foucault, 2006a, 능동적 인간주체의 가능성을 그 속에서 찾는다.

또한 윤리적 주체Sujet éthique라는 의미 속에는 주체로서의 선택, 실천의지를 포함하는 능동적 주체관을 내포한다. 윤리l'éthique란 개인의 자유로운 선택과 판단에 따라 자신을 구성하는 주체의 고유한 방식이자 삶의 양식이다. 도덕이 초월적 가치기준을 순종하고 따름을 의미한다면, 윤리는 자신이 주체로서 선택하고 따르는 실천하는 주체의 구성이라는 의미가 강하다. 외부에서 부과되고 강제된 규칙이나 기준에 따르는 것이 아니라 자기 스스로 자신을 형성하고 자신의 삶을 이끄는 원리이다. 이러한 자유를 실천하기 위해서는 먼저 자유의 실천에 합당하도록 자신을 사려 깊게 변화시킬 의무를 지닌다고 보았는데, 이것이 자기배려의 윤리적 실천이다. 푸코는 윤리라는 개념 속에서 자기배려의 주체로서 인간주체의 능동적 가능성을 본 것이다. 자신의 삶에 능동적으로 대처할 수 있는 능동적 주체, 심미적 존재로서의 인간 양성이 바로 푸코가 생각한 교육의 지향점이다. 이러한 푸코의 윤리적 주체는 교육이 인간의 앎, 가치, 판단과 같은 인간의 실존적, 초형이상학적meta-metaphysic[39] 가치를 간과하고 있음을 비판하고, 인간존재의 고유한 이유와 의미를 추구하는 실존적 존재론에 근거한 교육의 가능성을 강력히 시사한다. 푸코는 자신의 삶을 어떤 미학적 가치를 지닌, 그리고 어떤 양식의 기준에 부합하는 하나의 작품으로 만들고자 하는 신중하고도 자발적 실천푸코, 1990b을 가진 주체양성이 교육을 통해 이루어지고 있는지 묻는다. 이는 보편적 원리에 순응하는 인간이 아니라 자기에 대한 배려를 삶 속에서 구체적으로 실천하는 인간이다.

푸코에 의하면 교육 담론은 권력의 도구이고 그것의 영향하에 있다고 볼 수 있다. 학교라는 공간 역시 선택과 배제의 논리에 의해 사회적으로 구성된 담론이 작동하는 공간이다. 이처럼 학교라는 제도 역시 기본적으로 통제나 질서유지의 담론으로부터 자유로울 수 없다면, 우리가 선택할 수 있는 것은 그 공간의 주체를 규범적 질서에 충실히 기능하고 순종하는 존재가 아니라, 자신의 삶의 실체를 온전히 읽어 내고 스스로 행동규칙을 정하며 스스로의 삶을 하나의 작품으로 변화시키고자 하는 능동적 주체로 길러 내는 일이다. 이는 보편적이고 절대불변의 원칙에 더 이상 끌려가지 않는, 즉 구체적인 사회와 역사 속에서 자신의 삶을 어떤 미학적 가치를 지닌 하

39) 모더니즘(modernism)에서는 형이상학(metaphysic)을 비판하고 있으므로, 모더니즘을 넘어서고자 하는 포스트모더니즘(post-modernism)의 경향에 따라, 본 연구에서는 형이상학을 초월한 어떤 것을 의미하는 초형이상학(meta-metaphysic)이라는 개념을 사용하였다.

나의 작품으로 만들고자 하는 자기 미학적 존재로서의 모습을 지닌 주체일 것이다.

셋째, 자기배려를 통한 윤리적 주체의 가능성을 드러낸 푸코의 사유에 근거하면, 자기배려를 통해 자아완성에 이르도록 돕는 진정한 교육자로서 역할의 의미를 재조명해야 할 필요가 있다.

소크라테스의 대화법 산파술maieutike은 절대적 진리를 전달하는 것이 아니라 스스로 각자 자신의 삶을 돌아봄으로써 실존적 결단을 내릴 수 있도록 이끌어 주고 자신의 삶을 완성하도록 돕는 교육자의 역할을 보여 준다. 소크라테스는 대화를 통해 해당 주제에 대해 대화 상대자들이 처한 상황에 따라 다른 정의를 내린다. 이 검토와 논박의 과정은 각자의 삶 속에서 상이한 과정을 통해 이루어진다. 모든 사람들에게 똑같이 적용되는 절대적 진리나 정답을 주는 것이 아니라 자신의 상황에 맞는 진리와 해석이 가능함을 보여 줌으로써 사람들은 자신의 삶의 맥락에 맞는 실존적 판단과 경험을 하게 되는 것이다. 이 과정은 정의를 찾는 과정이 아니라 자신의 삶을 돌아보고 반성하게 하는 자기배려를 통한 주체화의 과정인 것이다. 이런 의미에서 소크라테스는 인생의 방향을 이끌어 주는 이상적 교육자의 모습을 보여 준다.

넷째, 자기배려를 통한 윤리적 주체의 가능성을 드러낸 푸코의 사유에 근거하면, 의식과 무의식, 능동성과 수동성을 모두 수용하는 교육의 방향 설정이 필요할 것이다.

자기배려를 통한 푸코의 주체화 과정은 인간주체의 자율성과 수동성에 대한 모든 가능성을 열어 두었다는 점에서 의미를 지닌다. 이는 의식주체로서의 능동성만이 아니라 무의식에 종속되는 수동적 주체로서의 인간이해를 바탕으로 하는 교육에 대한 새로운 이해의 필요성을 의미한다. 세상에 능동적으로 기투하면서 무의식, 혹은 세계에 의해 피투되는 양면성을 지닌 인간이해를 바탕으로 인간의 실존에 근거한 새로운 교육 패러다임이 필요한 시점이다.

푸코는 진리라는 것이 사실은 그렇게 구성된 하나의 개념에 불과하며 그렇게 구성된 진리 개념 안에서 자라난 사람들은 그것이 옳다고 느껴지도록 조건화된 것이라고 말한다. 이때 우리가 주의해야 할 것은 영원불변한 절대 진리를 추구하는 것이 아니라 이러한 진리가 어떻게 역사적으로 구성되었는가를 살피는 일이다. 이러한 푸코의 사유는 '그것은 무엇인가?'하는 것이 아니라 '그것은 어떻게 구성되었는가?' 하는 것이다. 어떤 것의 본질은 시공을 초월한 것이 아니라 역사적·사회적으로 구성되었다고 보는 것이다.

푸코에 의하면, 어떠한 인간도 권력의 구조로부터 자유로울 수 없다. 따라서 교육 공간에서 이루어지는 모든 담론의 선택과 활용은 결국 보편적이고 궁극적인 진리나 법칙에 의해 이루어지는 것이 아니라 선택과 배제의 논리에 의해 사회적으로 구성된 것이다. 이러한 사유에 의하면 하나의 교육 담론 역시 마찬가지이다. 이것을 인정한다면 모든 시공간에 적용될 수 있는 절대적 원리로서의 교육 담론은 존재하지 않는다. 합리성이나 유용성을 근거로 한 해석만 있을 뿐이다.

따라서 교육은 절대적 진리를 부가하고, 규격화·규범화하기보다는 다양한 가치가 공존할 수 있고 각각의 가치가 서로의 대화를 통하여 합의점을 찾아가는 민주적 논의의 장이 되어야 할 것이다. 이와 더불어 우리가 가르치는 내용지식이나 신념체계가 세계에 대한 보편적·객관적 이해에 근거한 것이 아닌지 돌아보아야 한다. 이는 정전화된 텍스트 속의 절대화된 명제를 보편성이라는 이름으로 무조건 수용해 온 근대교육에 대한 인식론적, 가치론적 회의이다. 그러므로 교육은 절대적 진리의 수용이나 단순한 전달기능으로서의 공간이 아니라 함께 공유해야 할 가치에 대한 담론을 구성해 가는 해석학적 논의의 장이 되어야 할 것이다.

교육과 권력은 뗄 수 없는 관계임이 분명하다. 교육은 기존 권력의 이데올로기를 주입할 수 있는 가장 좋은 수단이며 이는 교육의 본질적 기능으로서 인식된다. 권력뿐 아니라 기존의 사회질서, 관습, 문화를 다음 세대에 전수하는 기능도 교육의 중요한 기능이며 현재의 사회 유지를 위한 이데올로기 생산과 유지도 교육의 중요한 기능 중 하나이다. 이처럼 권력에 의한 교육의 가능성을 인정해야 한다면 과연 교육의 역할은 무엇인가? 교육은 어떤 의미를 지니는 공간이어야 하는가에 대한 논의가 필요한 시점이다.

해체, 차연, 유령론으로 읽는 데리다

데리다Jacque Derrida, 1930~2004는 프랑스 포스트모던 철학자들 중 가장 많은 저서를 남긴 철학자이며, 해체déconstruction, 차연différance, 유령론hantologie 등 많은 신조어를 만들어 낸 철학자이다. 그는 생전에 80여 권에 달하는 저서를 남겼는데 대부분 플라톤, 데카르트, 헤겔, 후설 등과 같은 철학자나 작가의 텍스트에 대한 분석으로 이루어져 있다.

데리다는 자신만의 독특한 분석방법인 해체를 통해 서구의 현전 형이상학에서 기인된 자기동일적 근대주체가 허구임을 드러내고 새로운 세기 주체들의 삶의 본질을 규명하고자 하였다. 해체déconstruction라는 용어는 데리다가 처음 사용한 용어로서, 데리다 철학을 대표하는 개념으로 통용되고 있다. 데리다는 해체전략을 통해 이론체계의 근간이 되는 현전의 가능성을 부정하고 현재의 생생함을 하나의 '흔적'의 운동으로 보았는데, 차이를 생성하는 이러한 흔적의 움직임이 바로 차연différance이다.

데리다 철학을 대표하는 개념인 해체déconstruction와 차연différance의 의미와, 그가 해체작업을 통해 추구한 것이 무엇인지를 살펴보고 그 교육적 함의에 대해 논의해 보자.

▌해체déconstruction, 혹은 탈구축

해체déconstruction는 데리다 철학을 대표하는 개념으로, 포스트모더니즘 담론을 대표하는 개념으로도 널리 사용된다.

데리다가 제시한 해체의 용어인 'déconstruction'이라는 프랑스어는 '건설', '구축'을 의미하는 'construction'이라는 용어 앞에 '탈-'의 의미를 지니는 'dé'라는 용어를 붙여 만든 것으로, '해체' 혹은 '탈구축'으로 번역되기도 한다. 이는 데리다의 해체작업이 단순히 기존의 서구 형이상학적 지배질서를 무너뜨리고 전복시키는 것을 넘어서, 본질주의적이고 동일성의 질서를 되풀이하지 않는 새로운 관계 혹은 새로운 질서를 구축하고자 하는 '탈구축déconstruction'[40]의 적극적 의미를 지니기 때문이다.

그렇다면 데리다가 해체작업을 통해 추구한 것은 무엇인가?

그것은 로고스 중심의 서구 현전의 형이상학la métaphysique de la présence에 대한 해체이다.

우선 로고스logos란 서구 형이상학에서 진리의 궁극적인 기원을 로고스로 간주하는 로고스 중심주의를 일컫는 말로서, 아버지의 말씀이고 곧 현전présence이다. 현전présence은 서양철학에서 영원불변의 진리이자 본질적 근원에 대한 총괄적인 표상의 기제이며서상문·장사형, 2006, 로고스는 이 현전의 상징이며 실체인 셈이다.

이러한 전통은 태양의 아들인 로고스를 통해 태양의 신, 주인, 선善에 다가갈 수 있다고 보았던 플라톤 철학에서 연유한다.

플라톤에 의하면 로고스는 다른 사람과 온전하게 소통하게 해 주는 매체인 '말speech' 혹은 '음성phone'을 통해 이를 수 있다고 보았다. 말은 사유와 가장 긴밀하게 연결되어 있는 것으로 사유가 내포하고 있는 의미를 가장 생생하게 담고 있다는 것이다. '말speech'을 통한 철학적 대화만이 영혼을 감동시켜 진리에 이르게 한다고 보았던 점에서 플라톤은 '말speech/음성phone'이 글/문자보다 우위에 있음을 강조하

---

40) 데리다가 사용한 'déconstruction'이란 용어는 무너뜨리고 제거한다는 부정적 의미를 담고 있는 '해체'보다는 적극적 의미를 포함한 '탈구축'으로 옮기는 것이 더 적절하다고 보는 관점도 있다(진태원, 2013).

였다. 플라톤은 대화편에서, '말speech'을 아버지의 말씀인 로고스logos를 전하는 높은 신분을 갖고 태어난 적자로 인정한 반면, 글/문자는 고아 혹은 사생아로 격하시켰다.[41] 플라톤에 있어 말speech은 사유가 내포하는 의미를 가장 생생하게 담고 있고, 발화자의 사상을 전달해 주는 투명한 매체로 간주되는 반면, 글 혹은 문자는 이러한 관계에 필적하려 노력하지만 결코 그럴 수 없는 열등한 매체로 간주된다김상수, 2005. 이는 로고스와 말speech/음성phone 사이에 모종의 본질적 일체성이 형성되어 있음을 드러낸다. 이로써 서양철학에서의 로고스 중심주의는 기호를 말speech/음성phone과 연결시키는 모든 것에 특권을 부여하는 음성중심주의phonocentrism 전통을 세워 놓았다. 현전은 언어를 통하여 스스로를 말하고 있다.[42] 즉, 현전으로서의 근원, 로고스 중심주의는 언어를 통하여 현전과 의미의 가능성을 실현하고자 한 것이다. 데리다가 소쉬르의 언어학적 모델에 입각하여 형이상학 주체에 대한 비판 작업을 '말하는 주체', 즉 '언화 주체'에 대한 비판에서 시작하는 것도 서양 형이상학 전통에서 음성이 차지하는 비중이 그만큼 크다는 것을 보여 준다윤효녕 외, 2007. 이러한 서양철학의 본질적 특성을 데리다는 '음성중심주의phonocentrism'라는 이름 아래 파악하고, 음성과 말을 중심으로 하는 서구의 현전 형이상학을 해체하고자 한다.

데리다는 문자뿐 아니라 음성언어와 사상 등 모든 것이 텍스트이고 "텍스트 바깥에는 아무것도 존재하지 않는다Il n'y a pas de hors-texte[43]." 라고 선언한다. 텍스트 밖에는 아무것도 없다는 데리다의 말은 차이

41) 입장들, 박성창 역, 1992.
42) 목소리와 현상, 김상록 역, 2006.
43) 그리마톨로지에 대하여, 김웅권 역, 2004.

작용의 장으로서의 텍스트를 벗어나 그 작용의 근거가 되는 초월적인 것은 있을 수 없다는 의미다. 어떤 것도 그것이 자리 잡고 있는 관계망과 무관하게 그 자체로 자기동일적일 수 없다는 말이다양운덕, 1992. 데리다에 의하면 텍스트는 저작의 완결된 물건이나, 책 안에 포함된 내용이 아니라 씨줄 날줄로 직물을 짜듯이, 자기와는 다른 어떤 것, 다른 차별적인 추적을 끝없이 지시하는 흔적의 직물인 것이다. 따라서 씨줄과 날줄의 반복된 직물 짜기를 반복하며 이루어진 텍스트의 의미는 그 텍스트 내의 다른 요소들과 상호 연결되어 영향을 받기 때문에 그 근원을 찾을 수 없다. 결국 텍스트는 통일적 의미를 가지는 대신에 의미를 산종dissemination하는 이질성과 이중성, 상호성을 내포하는 그물망인 것이다.

데리다는 텍스트에 선재하는 의미의 보편성을 거부하는 텍스트주의 사상을 통해, 모든 형태의 지식들이 특정한 중심, 기원 위에 근거하는 것으로 보는 기원중심의 서구 현전의 형이상학의 위계적 지배질서를 해체한다.

차연差延, différance의 철학

차연différance, 디페랑스라는 용어는 데리다의 개념들 중 가장 널리 알려진 용어로서 데리다가 자신의 철학적 주제를 명료화하기 위해 재구성한 조어이다.

디페랑스différance라는 용어는 일반적으로 '차이'를 의미하는 프랑스어인 'différence'라는 단어에서 'e'를 'a'로 바꿔 넣음으로써 만들어 낸 용어로 차이, 다름의 의미를 지닌 '차差'와 연기됨을 의미하는 '연延'을 합성하여 '차연差延'이라는 용어로 번역하여 사용된다.[44] 이렇듯 'e'를

'a'로 바꿔 넣음으로써 문자적 변별화를 기획한 차연différance이라는 용어는 문자로 표기되었을 때가 아니고는 발음상으로 우리가 그 차이를 알 수 없다는 점에서 로고스 중심주의, 음성중심주의인 서구 형이상학의 해체에 대한 데리다의 의도를 엿볼 수 있다.

디페랑스différance라는 단어의 어근이 되는 프랑스어 'différer'는 공간적 구별이나 다른 것과의 관계를 의미하는 '다르다'라는 의미와, 다른 한편으로는 시간적으로 미루어지는 것을 의미하는 '지연되다, 연기하다'라는 이중적 의미를 갖는 동사이다. 차연différance이라는 용어는 '다르다'라는 의미의 'différer'와 지연됨 혹은 연기됨의 의미를 가지는 'deféral'으로 구분하여 설명된다Norris, 2004. 전자는 문자, 즉 글쓰기의 과정에 필연적으로 나타날 수밖에 없는 부재에 의한 차이의 산출이며, 후자는 텍스트에서 드러내고자 하는 저자의 의도와 의미가 독자의 읽기와 해석에 의해 끊임없이 지연되고 연기된다는 의미다.

데리다는 언어가 표현하고자 하는 것, 즉 기의signifié와 실제로 그 대상이 존재하는 것 사이의 차이에 주목하고,[45] 동일성의 질서를 확보해 주던 기의signifié란 실은 기표들signifiant의 끊임없는 차이와 지연의 놀이에서 비롯된 것임을 보여 준다. 기표signifiant가 어떤 것을 지시할

---

44) 디페랑스(différance)는 차이, 다름의 의미를 지닌 차(差)와 연기됨을 의미하는 연(延)을 합성하여 차연(差延)이라는 용어로 번역하여 사용된다. 그러나 프랑스어 디페랑스(différance)의 번역이 차연으로 적절한가에 대한 문제제기도 있음을 유의할 필요가 있다.

45) 데리다는 『목소리와 현상(La voix et la phénomène)』(김상록 역, 2006)에서 기의와 대상 사이의 불일치에 대해 증명해 보인다. 이로써 동일한 두 표현은 같은 기의(Bedeutung)를 가지면서도 다른 대상을 가질 수 있음을 말한다. 또한 서로 다른 두 표현은 다른 기의를 가지면서도 같은 대상을 지망할 수 있다. 이는 대상과 기의 간의 일대일 대응으로 본 진리중심, 로고스 중심주의의 해체이며, 현전으로서의 존재, 이념적 동일성으로서의 형이상학에 대한 해체이다.

때 그 본질적이고 완결된 의미는 없고 다만 시간 속에서 끝없이 지연defer되어 의미 없이 머무르게 된다는 것이다. 따라서 어떤 것도 그것이 자리 잡고 있는 관계망과 무관하게 그 자체로 자기동일적일 수 없다. 이것이 바로 차연이다.

데리다가 보기에 기호들은 안정적인 동일성에 근거하고 있는 것이 아니라, 오로지 본문들 위에서 벌어지는 차이와 지연의 놀이, 즉 '차연'의 관계에 의해 구성되는 불완전한 것이다.

이러한 데리다의 차연의 논리는 후설 현상학의 지표였던 '의식의 지향성'이 추구한, 의식작용에 해당하는 노에시스Noesis와 의식화된 대상에 해당하는 노에마Noema 사이의 불일치를 유발시키는 이질적 요소에 대한 적절한 해석과 가치 부여를 위한 작업이었던 것이다. 그것은 목소리의 생생한 존재성현전을 끊임없이 대체하려는 문자의 비존재성부재에 대한 폭로이다. 결국 데리다의 차연의 논리는 문자-목소리가 아닌-가 재현해 내는 현상학적 모순과 역설에 초점을 맞추고 있음을 알 수 있다서상문, 2007. 데리다에 의하면 문자는 목소리가 전달해 주어야 할 어떤 생생한 사실에 대한 망각, 혹은 지금 이 자리에 존재하지 않는 누군가에게 의사소통을 위한 것으로 결국 차이를 전제한다는 것이다.

> 그 자신은 뿌리가 없고 익명적이고 거의 아무것도 의미하지 않는 기표는 모든 세상 사람들의 처분에 맡겨져 있다.
>
> 『해체La Dissermination』

이는 텍스트에 선재하는 의미의 보편성을 거부하는 것으로, 데리다에 있어 의미에 대한 최종 해석은 하나의 해석에서 다른 해석으로 끊임없이 연기될 뿐이다. 결국 하나의 텍스트 속에서 어느 한 요소의 의미는 그 텍스트 내의 다른 요소들과 상호 연결되어 그 의미는 끝없이 지연되고 연기되며 본질과 영원히 차이를 갖게 된다.

• **유령론**hantologie**과 타자**l'autre

데리다의 차연 개념은 하나의 텍스트 속에서 어느 한 요소의 의미가 그 텍스트 내의 다른 요소들과 상호 연결되어 영향을 받기 때문에 모든 존재 각각에 고유한 본질적인essential 의미는 없음을 보여 준다. 이는 동일성으로서의 주체에 환원되지 않고 그것을 넘어 '흔적'으로 존재하는 주체 내부의 이질성, 즉 동일적 주체 속에 깃들여 있는 타자l'autre 개념을 통해 드러난다.

타자란 동일성의 체계로 환원되지 않고 남아 끊임없이 되돌아오면서 틈을 만들어 내는 흔적으로, 데리다는 타자를 통해 모든 의미 속에는 그것을 능가하는 또 다른 의미가 숨 쉬고 있다고 보았다. 타자는 '마치 죽은 채로 살아 있는 유령'과 같은 모습으로 드러난다고 하여 데리다는 이것을 유령 출몰spectres revenants이라고 말한다. 유령은 체계 내에 존재하면서 그 체계로 환원되지 않는 잔여물로서, 동일성의 체계로 환원되지 않고 남아 끊임없이 되돌아오면서 자기동일적 자아 내부에 틈과 분열을 만들어 낸다.

> 형이상학 체계 속에서 쫓겨나고 살해되었던 타자들이 이론의 눈에는 보이지 않는 유령의 모습으로 자기 속으로 다시 돌아온다.
>
> 『입장들Positions』

'마치 죽은 채로 살아 있는 유령'과 같은 모습으로 깃들여 있는 이질적 존재, 텍스트의 자간이나 행간 여백, 가장자리 안에 동일성의 체계로 환원되지 않고 남아 끊임없이 되돌아오면서 틈을 만들어 내는 흔적, 이것이 바로 데리다가 말한 타자l'autre인 것이다.

데리다는 '흔적trace'으로 존재하는 주체 내부의 이질성으로서의 타자를 드러냄으로써 고전적인 진리구성의 법칙들을 그 근간에서부터 뒤흔들어 놓는다. 보편타당하고 의심의 여지가 없는 진리의 확실성은 '흔적'에 의해 끊임없이 보충대리supplement된다. 후설이 인식의 확실성을 지지해 주는 공통의 근원을 확고불변한 토대에서 찾았다면, 데리다는 생생한 의식의 유일한 가능성을 차연으로부터 찾는다.

> 차연은 차이들의 체계적인 놀이이고, 차이의 흔적들의 놀이이며, 요소들이 서로 상호관계함으로써 틈(간격)을 만들어 내는 놀이이다. 이러한 틈 만들기는 수동적이면서 동시에 능동적인 틈의 생산이다. … 이 능동성 혹은 생산성은 차이들의 놀이에서 생성적인 운동을 가리키는 차연의 'a'에 의해서 구성되는 것이다.
>
> 『입장들Positions』

이러한 데리다의 사유에 근거하면 기호 내지 언어가 차이의 체계인 것과 마찬가지로 인간존재 역시 당초부터 자기동일적인 것이 아니라 그 내부에 차이와 타자성의 흔적을 지니고 있는 차이, 반복, 흔적의 구조이다윤효녕 외, 2007.

지식의 구성 역시 외재적 개입이 철저히 배제된 자아동일성 체제의 완결된 산물이 아니라 오히려 시간의 흐름 속에서 과거와 미래로

잡아당겨 유예되고, 외부 공간과 타자의 간섭에 의한 불순물들의 엮임직물 짜기으로 이해되어야 한다는 것이다. 그런 의미에서 지식의 구성은 텍스트이고 시간과 공간의 직물 짜기이다.

데리다는 타자l'autre 개념들을 통해 로고스 중심주의에서 이차적 파생물로 폄하되고 배제된 자기 이외의 대상, 타자, 우연성, 차이, 변화 등의 이차적 항을 살리고자 하였다. 이와 함께 데카르트 이후 서양 철학을 지배해 온 근대의 사유방식이 이성과 합리성, 혹은 총체성의 범주에 포섭되지 않는 모든 것에 '타자'라는 이름을 붙여 배제하여 왔음을 비판하고노상우·안오순, 2008, 주체중심주의에서 배제된 타자를 복권시키고자 하였다. 이로써 타자가 배제된 자기동일적 근대주체는 해체된다. 데리다의 주체는 모던적 체계가 기대했던 타자가 배제된 동일성으로서의 투명한 주체[46]가 아니라, 처음부터 오염되고 훼손된 자아, 애초부터 유린당하고 상처 입은 주체였던 것이다.

자기동일적 근대주체 개념은 데카르트의 이성주체에서 시작된다. 데카르트의 "나는 사유한다. 고로 나는 존재한다Cogito ergo sum"의 원리에 따르면, 사유의 주체인 정신적 자아는 인식의 주체가 되고, 사유의 대상이 되는 일체의 경험적 존재들은 인식의 대상으로 이차적 위치에 자리매김된다.

이러한 사유주체의 정립이 문제가 되는 이유는 인식주체/대상, 주체/객체의 이원 대립적 구도가 비롯되며 이로써 주체는 나름의 고유한 권리를 가진 객체-즉, 주체로서-로서 존재하는 타자를 자기와

46) 동일성으로서의 근대주체는 데카르트의 사유주체에 의해 확립된다. "나는 사유한다. 고로 나는 존재한다(Cogito ergo sum)."는 원리는 존재와 사유의 일치를 통해 이루어지는 직접적인 자아의식의 표출이다. 이는 인간의 초월적 이성 능력에 대한 신뢰에 근거하는 것으로, 이때 인간존재는 절대로 변하지 않는 실체로서의 보편적이고 객관적인 존재이며 동일성의 주체이다.

동일시하여 소유 내지 전유해 버림으로써 다치게 하기 때문이다.[47] 자기동일성으로서의 주체는 단순히 중립적이고 선한 목적과 정체성을 부여해 주는 데서 그치지 않고, 나와 타자 간의 경계설정까지 주관함으로써, 나를 세상의 중심에 놓는 오류를 범하게 된다. 이러한 나와 타자 간의 관계는 선과 악, 우열의 위계관계를 낳고 더 나아가 지배와 종속의 관계를 정당화시켜 주는 역할까지 감당하게 된다.

데리다는 이차적이고 파생적인 것으로 배제되고 외면된 타자가 실제로는 형이상학적 근원보다 더 근원적이고 일반적이라는 것을 보여 줌으로써 자아주체/타자라는 대립구조로 환원할 수 없는 타자들의 모습을 살려내고자 하였다. 또한 레비나스와 함께 자아의 근원적 차이성, 즉 타자의 얼굴이 오히려 자아의 존재근거를 원초적으로 가능하게 함을 이야기함으로써, 자기동일성을 확보한 순수한 의식의 자명한 지식구성이 허구임을 드러낸다.

이러한 데리다의 해체 개념은 서양/동양, 선/악, 밝음/어두움, 남성/여성, 문명/야만 등의 이항대립의 구조에 적용됨으로써 해체의 의미가 정치적 의미로 확산된다. 1980년대 중반부터 데리다의 해체는 단지 텍스트방법론이나 사변적·이론적 담론이었던 것에서 벗어나 타자에 대한 윤리로 사상을 전개하게 됨으로써 해체의 실천적·정치적 차원을 부각시킨다. 이런 이유로 데리다의 해체철학은 탈식민지 이론과 페미니즘에 큰 영향을 미치게 된다김상수, 2005.

• 상호주관성inter subjectivity으로서의 차연의 주체

데리다는 동일성으로서 주체에 내재하는 구성적 요인으로 타자와 주체의 구성적 상호관련성에 주목하고, 주체와 타자의 상호적 주체

47) 주체 개념의 비찬, 윤효녕 외, 2007.

성을 인정하는 열린 주체-객체 개념의 새로운 주체 개념을 제안한다.

데리다는 차연 개념 속에서 동일적 주체 속에 '흔적trace'으로 존재하는 이질성으로서의 타자를 드러냄으로써 타자는 나와 완전히 분리된 그 무엇이 아니라 씨줄 날줄의 끝없는 상호 얽힘 속에서 나의 주체형성에 끝없이 영향을 미치는 또 다른 주체임을 드러낸다.

차연의 놀이는 공간적 구조와 시간적 발생의 대립을 초월해 있으며 이러한 대립요소들의 엮임직물 짜기은 흔적의 근원을 구성하는 것이고 이로써 하나의 텍스트를 만드는 것이다Derrida, 1981b. 시간의 날실과 공간의 씨실이 엮이는 차연의 놀이가 이루어지는 텍스트 속에서 인식의 주관과 객관, 즉 주체와 타자의 대립은 사라진다. 즉, 주체가 타자가 되고, 또 다시 타자가 주체가 되는 무한 연기의 세계, 이것이 차연이다.

차연의 공간 속에서 주체는 이미 자신의 한가운데 자신이 규정할 수 없는 타자를 가지고 있다. 타자는 단순히 외부에 존재하는 것이 아니라 이미 주체의 내부에 들어와 있다. 따라서 타자에 의존하지 않고서는 스스로를 정립할 수 없다. 이런 의미에서 타자는 주체를 주체이게 하면서 동시에 주체를 완전한 주체가 될 수 없게 하는 어떤 것이다. 이때 타자는 나의 주체 속에 환원되지 않고 유령처럼 남아 자아와의 상호 얽힘 속에서 새로운 차연을 형성해 가는 또 하나의 주체인 것이다. 즉, 타자는 나와 대립되는 분리된 존재가 아니라 상호 교류하는 존재로 공통의 의미지평을 공유하고 있는 구체적 타자이다. 차연의 공간 속에서는 주체의 능동성과 수동성이 교차됨으로써 주체와 객체의 구분이 무의미하게 된다. 이런 의미에서 데리다의 주체는 타자와 대립하는 주체가 아니라 타자와 서로 전치하며 지나온 흔적과 앞으로 다가올 미래라는 시간 속에서 끊임없이 서로를 대리보충하며 나아가는 상호주체inter-subject이다.

상호주체inter-subject란 주체와 타자가 각각 주체로서의 자아긍정과 함께 주체로서의 타자긍정을 통해 상호주체로서의 자아를 의식할 수 있는 것이다.

> 내가 너에게 주체이듯 너도 나에게 주체일 수 있을 때, 그렇게 나와 네가 서로에게 같은 주체일 때 그것이 서로 주체성이다.
>
> 『서로 주체성의 이념』

나와 타자의 관계는 색즉시공 공즉시색의 세계, 색과 공의 경계가 있는 것도 아니고 없는 것도 아닌, 그래서 내가 타자이고 타자가 나인 세계이다. 타자는 결국 내 안의 또 다른 세계이다. 결국 자아는 타자의 흔적이며 타자는 자아의 연장인 셈이다. 나-주체와 너-주체는 기계적으로 서로 대립되거나 상반되는 관계가 아니라 유기적으로 서로 얽혀 있는 관계인 것이다. 웹Stephen Webb, 1961~에 의하면 나-주체un Je는 타자-주체의 응시gaze 속에, 응시 앞에 놓이는 것, 드러나는 것, 폭로되는 것, 한마디로 감시당하는 것이다. 나-주체는 타자의 응시 속에서 존재하는 주체이다. 그러므로 나는 주체가 아니라 응시에 종속되는 주체이고 주체가 아니다. 이에 나는 주체가 아니라 객체이다. 결국 주체적으로 타자를 향하여 개방된 존재로서 자아양도를 실현할 때, 서로 주체, 즉 상호주체성을 지닐 수 있다.

인간주체의 자각이 타자와의 관계를 통해 이루어지는 것임을 보여 주는 상호주체에 대한 데리다의 자각은, 타자의 상호주관성을 전혀 인정하지 않고 궁극적으로 타자를 주체의 영역에 포섭하는 전유적 기능을 하는 데카르트적 근대주체를 해체한다.

▌차연différance의 장으로서의 교육

탈근대의 철학적 담론으로 부각된 데리다의 해체철학은 로고스 중심의 철학, 자기동일성의 근대적 주체를 해체함으로써 새로운 시대의 교육적 사유의 틀을 제공한다. 이로써 보편적·객관적 지식체계에 의존하고 있는 근대 교육 담론은 데리다의 포스트모던적 해체와 전복의 전략에 의해 그 자체의 정당화 구조, 즉 뿌리에서부터 의문시되고 있다.

• 차연différance의 존재로서의 아동

데리다의 차연 개념은 아동을 보편적 속성과 태생적 능력을 갖춘 하나의 본질적 존재로 보았던 근대적 아동관을 해체하고, 시간과 공간 속에서 재구성되는 '차연'의 존재로서 아동에 대한 이해를 이끈다.

또한 데리다의 차연différance 개념은 만물에 동일성과 정체성을 확보해 준다고 믿어 왔던 기의가 실은 기표들의 차이와 지연의 놀이에서 비롯된 것으로 자기동일성으로서의 본질적 의미가 허구임을 드러낸다. 이와 함께 본질적이고 고정된 동일성으로서의 정체성을 지닌 아동이 아니라 타자와 씨줄 날줄로 끝없이 얽혀interweaving 자아의 의미가 끝없이 변화·생성되는 차연의 존재로서의 아동에 대한 새로운 이해를 이끈다. 이러한 데리다의 사유는 아동이 보편적이며 태생적 능력을 갖춘 하나의 본질적 존재라고 보았던 근대적 아동관이 비판되고 해체될 여지를 제공한다.

보편적 진리와 보편적 속성들이 존재할 수 있음을 믿는 근대 모더니즘 시대에서 당연시되는 통일되고 정체된 주체 개념과 그 맥을 같이 하는 근대적 아동관은 구체적 경험이나 문화적 맥락은 무시된 채, 추상적이고 본질적이고 정상화된 과정을 거치면서 역사와 사회적 맥락 밖에 존재하는 고정된 정체성을 지닌 아동에 대한 이해를 이끈다. 이는 개개의 아동은 자신이 처한 맥락과는 상관없이 완전한 실현으로 나아가는 길 또는 성숙으로 향해 가는 사다리 같은 생물학적 단계들의 표준적 순서를 따르는 아동을 정상이라는 이름으로 이해하는 발달심리학의 관점을 반영한 것으로 볼 수 있다.

발달심리학은 과학과 진리, 객관성의 철학을 가진 전형적인 근대 모더니즘 학문으로Burman, 1994, 아동에 대한 이해와 바람직한 유아교육을 규정짓는 데 필요한 기준으로서의 거대서사를 제공하게 된다. 이로써 일상적 삶 속에서 대단히 복잡하고 상호 연관되어 있는 과정들은 사라진 채 아동들은 추상적이고 본질적이고 정상화된 과정을 거치면서 역사와 사회적 맥락 밖에 존재하게 된다. 이는 객관적 세계에 대한 신념과 동일성의 논리에 중독된 근대 모더니즘 시대에 인간 역시 본질적으로 추상화된 과정을 거치면서 역사와 사회와는 관계없이 고정된 정체성을 지닌 존재라고 이해한 근대주체 담론과 그 맥을 같이한다고 볼 수 있을 것이다. 아동에 대한 발달론적 관점은 "일반적으로 아동들은 어떠하다."는 말로 일반화시킴으로써, 그들의 생생하고 풍부한 삶의 의미를 단순화하여 문화와 역사의 영향력과 아동 스스로의 개별적 작용은 평가 절하된 채 '탈맥락화된 개인'Vadeboncoeur, 1997으로서의 아동에 대한 이해만을 남겨 놓았다.

데리다의 차연의 논리에 의하면, 아동은 본질적이고 고정된 동일성으로서의 정체성을 지닌 존재가 아니라 타자와 씨줄 날줄의 끝없는 상호 얽힘interweaving 속에서 자아의 의미가 끝없이 변화 생성되는 차연의 존재이다. 그들은 보편적으로 규정된 본질에 갇혀 있지 않고 어떤 변화의 가능성에도 개방되어 있는 존재이다. 또한 자신이 누구인지, 혹은 자신이 하고 싶은 것이 무엇인지혹은 되어야 하는지에 대한 고정된 답을 갖고 있지 않은 미완성의 존재로서 언제나 새로운 가능성 속에서 만들어지고 있는 생성becoming의 존재인 것이다.

결국 데리다의 사유에 의하면 아동은 어떤 존재이며, 어떤 존재일 수 있으며 어떤 존재이어야 하는지가 영원히 확립될 수 없는 불특정적이고 탈중심화되고, 맥락적인 정체성을 지닐 뿐이다김희연 외 역, 2007. 세상만물은 궁극적이고 고정된 정체성을 획득해 나가는 것이 아니라 잠정적인 정체성을 가질 뿐이다Usher & Edwards, 1994. 따라서 아동의 정체성은 '탐색될 수 있는 대상이 아니라 상호작용의 기회 속에서 구성되는 실재'McNamee, 1996인 것이다.

데리다는 시간과 공간 속에서 그 의미가 끝없이 유보되는 '차연'의 존재라는 인간이해를 통해 정적이고 본질적인 자아가 내재되어 있음을 전제하는 근대적 아동관을 해체하고 정체성이 갖는 관계적인 속성에 초점을 둠으로써 역사적으로 구성되고 변화하는김희연 외 역, 2007 새로운 아동관의 정립 가능성을 시사한다. 결국 데리다의 사유에 근거하면 아동은 자기완결성에 의한 통합된 주체가 아니라 역사와 문화 속에서의 사회참여와 시간적 즉시성에 의해 치명적 영향을 받는 외부로부터 구성되는 주체, 즉 상호주체인 것이다. 특정한 시간과 공간을 초월한 보편적이고 일반적 존재로서만 바라볼 것이 아니라 다양한 삶의 맥락능력, 호기심, 적성, 성격 등 속에서 그들 자신의 목소리로 드러나는 개별적 존재로서의 아동에 대한 이해가 필요한 시점이다.

• 상호주관성에 근거한 아동중심child-centered 이해

데리다가 차연을 통해 드러낸 것은 타자가 배제된 순수한 기의로서의 주체가 아니라, 타자와의 상호관계 속에서 의미를 공유하는 상호주체inter-subject이다.

상호주관성에 근거한 주체에 대한 데리다의 자각은 실체로 존재하는 각각의 주체로 서로 완전하게 개별적이고, 독립적인 홀로주체solo-subject였던 근대주체를 해체하고 상호주관성에 근거한 교육의 가능성을 제시한다. 이와 더불어 교육주체 간의 관계성에 근거한 아동중심교육에 대한 새로운 이해의 가능성을 제안한다.

근대 주체중심철학은 데카르트 철학에서부터 시작된다. 데카르트는 인간주체의 자립성을 표현하기 위해 주체를 실체realité, 즉 존재하기 위해 어떤 타자도 의존하지 않는 존재자로 규정했다. 그에게 있어 타자는 언제나 주체에 의해 규정되어야 할 대상일 뿐 결코 주체를 규정하는 또 다른 주체가 될 수 없다는 점에서 독립적이고 폐쇄적인 홀로주체solo-subject이다이화도, 2010. 이러한 근대 주체중심철학은 교육에 있어서도 교사 혹은 아동주체중심의 쏠림현상을 낳게 된다. 아동중심교육이 교사에게 주도권이 주어지는 교사중심교육에 비해 그 주도권이 아동에게 쏠리는 교육현상으로 이해되고 있는 것과 같은 맥락이라 할 수 있을 것이다. 이로써 아동중심교육에서 교사의 역할은 상대적으로 축소되거나, 아니면 아예 그 역할이 없어지는 것으로 오해되기도 한다. 이러한 혼란은 아동중심이라는 용어를 사용하는 교사들이 그 의미를 어떻게 이해하고 구성하는지를 탐색한 한 연구정선아, 2004에서 잘 드러난다.

그러나 주지하듯이, 진정한 의미에서 아동중심교육이란 아동만이 주체적으로 참여하는 교육이 아니라 교사와 아동 모두 상호주체가 되는 교육, 즉 아동과 교사 간 상호주관적 관계를 바탕으로 한 교육을 말한다. 데리다의 상호주체 개념은 지나친 주체중심철학에 근거하여 타자를 대상화함으로써 타자를 배제하거나 자아의 한 부분으로 포섭하고자 한 근대적 아동중심교육을 해체하고, 상호주관성에 근거한 새로운 교육 패러다임으로서 아동중심교육의 가능성을 시사한다.

상호소통을 통해 성장하는 교육으로서의 상호주관성에 근거한 아동중심교육은 부버Martin Buber, 1878~1965의 관계범주와 관련하여 볼 때, '나-그것'의 관계에서 벗어나 '나-너'의 관계를 지향하는 교육이다. 부버의 이원적 관계분석[48]에 내재하는 교육론적 함의는 두 교육주체인 교사-유아의 관계가 독백적 형식에 근거한 '나-그것'의 관계에서 벗어나 대화적 형식에 근거한 '나-너'의 관계를 지향하여야 한다는 것이다. 타자가 언제나 주체에 의해 규정되어야 할 대상일 뿐 결코 주체를 규정하는 또 다른 주체가 될 수 없음을 강조한 근대적 주체 개념에서 벗어나 교육의 두 주체인 교사와 아동 모두 자신의 자리를 잃지 않으면서, 상호소통을 통해 성장하는 상호주체 개념에 근거한 아동중심교육의 재정립이 필요한 시점이다.

•의미의 다의성, 해석의 차이가 인정되는 교육

데리다는 텍스트 분석에 적용한 해체전략을 통하여 의미의 다양한 해석 가능성이 있다고 봄으로써 텍스트에 대한 보편적 이해의 가능성을 부인한다.

텍스트의 의미가 차이에서 차이로 계속 이어지면서 차이의 정체

48) 부버(M. Buber)에 의하면 세상에는 '나와 너(I-You)'의 관계와 '나와 그것(I-It)'의 관계가 존재하는데, 참다운 삶을 살기 위해서는 '나와 너'의 관계를 맺어야 한다고 주장하였다. '나와 그것(I-It)'의 관계는 도구적 관점에서 세상을 바라보며 대상이 언제든지 대체될 수 있는 일시적이고 기계적인 관계이다. 반면 '나와 너(I-You)'의 관계는 서로가 인격적으로 마주하는 관계로서 무엇과도 바꿀 수 없는 유일한 '나'와 대체 불가능한 '너'가 깊은 신뢰 속에서 존재한다.

가 무한정 연기되는 것, 이것이 차연différance이다. 이는 텍스트에 선재하는 의미의 보편성을 거부하는 것으로, 텍스트의 이해에는 어떠한 불변의 실체도 전제하지 말아야 함을 의미한다.

앞서 이야기하였듯, 데리다가 주장하는 텍스트는 씨실과 날실의 반복된 직물 짜기로 이루어진 것으로, 텍스트의 의미는 절대적으로 현존하는 완결된 결정적 의미가 없고 의미에 대한 최종 해석은 하나의 해석에서 다른 해석으로 끊임없이 연기된다.[49] 이런 점에서 데리다의 관점은 '많은 조망적 실재들perspectival realities'Gergen, 1992로 구성된 것으로 세계를 이해하는 포스트모던 관점과 그 맥을 같이한다. 포스트모던 관점에서는 절대적 지식도, '저 바깥에서' 발견되기를 기다리고 있는 어떤 실재도 없다. 확실성에 대한 외부적인 입장도 없으며 진리, 지식, 윤리를 위한 기초를 제공할 수 있는 역사나 사회 바깥에 존재하는 보편적인 이해도 없다. 대신 세상과 그것에 대한 우리의 지식이 사회적으로 구성된 것으로 이해되며, 인간존재로서 우리 모두는 이러한 과정에서 진리발견이 아닌 의미창조에 있어서 다른 사람들과의 관계에 몰입하는 적극적인 참여자들Berger & Luckman, 1966; 김희연 외 역, 2004일 뿐이다.

데리다는 텍스트에 선재하는 의미를 인정치 않고 유보됨으로써 본질과 영원히 차이를 갖게 됨을 보여 주어, 모든 상황과 맥락에 무차별 적용될 수 있는 초월적이고 절대적인 보편적 논리의 합리성은 어디에도 존재하지 않는 허구였음을 드러낸다. 어떤 의미도 진실도 결코 절대적이거나 영원할 수 없으며 그것은 사회적·역사적으로 형성된 지식의 조건들에 의해 결정된다는 의미다. 이는 객관적이고 보

49) 그리마톨로지에 대하여, 김웅권 역, 2004.

편적 기준으로서 인간이성을 절대적으로 신뢰하였던 근대 모더니즘에 대한 해체이며, 특정한 의미가 텍스트 속에 현존하는 것으로 간주하는 절대적인 현존으로서 영원한 진리인 로고스 중심주의에 대한 해체이다.

데리다는 고정된 기의체제를 특징으로 하는 구조주의 지식관을 비판하고 이성에 의해 완벽하게 구조화된 보편성과 객관성, 중립성과 몰가치성을 그 내재적 속성으로 하는 확고 불변한 로고스적 토대 위에 정립된 근대교육의 한계를 드러낸다. 이와 더불어 의미의 다의성, 해석의 차이에 대한 이해에 근거한 교육, 즉 차연différance으로서의 교육의 가능성을 드러낸다.

데리다에 의하면 텍스트의 의미는 기의와 기표의 정확한 대응을 통해 확정되는 것이 아니라 기표와 기표의 연쇄를 타고 끝없이 미끄러지는 순간에 드러나는 차연의 놀이에 지나지 않는 것이다. 텍스트의 의미는 합리성의 확립된 원리로 선재先在하는 것이 아니라 놀이 참여자들의 상호적 관계를 통해 과정적이고 임의적으로 규정되는 것이다. 이러한 놀이를 통해 나타나는 인식론적 모호성은 데리다에 있어서는 결핍, 결여, 불완전성의 의미보다는 자연스러움, 다양함의 의미로 규정될 수 있다는 것이다. 따라서 차연différance으로서의 교육 공간은 의미의 다의성, 해석의 차이에 따른 다양성을 인정하는 차이와 반복의 열린 지평으로 개방된 역동적 공간이 되어야 할 것이다.

의미의 다의성, 해석의 다양성에 대한 데리다의 사유는 맥락의 차이로 인한 존재의 근본적 차이들을 교육에서 인정하여야 함을 보여주고 있다.

이러한 차이들을 인정하는 것은 현대교육의 실천적 영역에서 가장 화두가 되는 개별화의 문제와 관련된다. 데리다는 차연이 드러내 보인 '흔적'을 통해 공간과 시간의 직물 짜기에 의해 무한히 연기되고 차이를 생성하며 반복하는 구조를 드러냄으로써 개체성에 내포된 차이의 구조를 설명한다. 차연의 논리에 따르면 개별 학습자들의 지식구성은 동일성보다는 차이성으로 설명될 수 있으며 차이성은 동일성보다 앞서는 보다 근원적인 것이 된다. 데리다의 차연의 논리가 제공하는 교육적 함의는 한 가지 대상에 대한 다양한 해석의 가능성이다. 이는 하나의 보편적 진리체계에 대한 파괴가 아니라 하나의 창조이며 새로운 의미구성인 것이다.

이런 의미에서 볼 때 차연의 논리는 교육에서 학습자 개인의 다양한 해석의 차이로 인한 다양한 실재의 인정을 의미함으로써 교육 실제에 많은 시사점, 함의를 제공할 것으로 기대한다.

다양한 해석의 차이를 인정함은 같은 사물에 대해서도 자신의 삶의 맥락, 경험 속에서 다르게 표상되고 해석될 수 있음을 인정하는 것이다. 다른 해석은 곧 다른 표현을 의미한다. 이는 다양한 맥락context 속에서의 인간존재의 유한성을 인정하는 것이다. 따라서 교육의 실제 속에서 다양성이 살아나야 하며 다양한 목소리를 담을 수 있어야 한다. 이를 위해서는 다름 속에서 새로움이 나올 수 있음을 인정하고 남들과는 다른 자신만의 생각들을 마음으로 수용하는 교사의 열린 마음이 필요할 것이다.

다양성이란 어느 한 색이 절대적 지위를 차지할 수 없으며 모든 색이 각기 제 역할을 맡게 된다. 어떤 하나를 공고히 하기 위해 서로 다르게 나타나는 것들을 배제시키지 않는 것이 다양성의 본래적 의미이다. 메이어Mayer, 2005가 강조한 듯이, 다양성을 이해하기 위해서 각자는 남과 다르게 존재할 권리le droit d'etre different를 확보하며, 자신의 차이를 실현시킬 권리가 있음을 인식하여야 한다. 서로가 균등히 나눠 갖는 권리이기에 상대방에게 양보할 것은 양보하고, 본인이 취할 수 있는 것은 취하는 것이 진정한 의미의 교환, 의사소통인 것이다. 우리는 이러한 교환이 어떤 하나에 대하여 일방적 독점을 허용하지 않고 철저히 서로 균등egalité한 관계를 전제로 하고 있다는 것을 확인할 수 있다.

유아들에게 존재하는 다양성차이들을 교육현장에서 어떻게 드러나도록 할 것인지는 우리가 해결해야 할 새로운 과제이다. 다양성과 차이를 인정하는 유아교육이 요청되는 시점이다.

• 타자의 인정에서 출발하는 교육

데리다 해체철학은 근대 주체중심철학에서 배제되었거나 나의 틀 속의 한 부분으로 포섭되는 타자를 복권시키고자 한다. 이로써 그동안 외면되었던 타자들의 목소리에 주목하고 타자와의 만남이라는 윤리에 중요성을 부여하게 된다. 형이상학의 폐쇄적이고 배타적인 원리가 해체된 이후 데리다에게 중요한 것은 우리와 다른 타자들과 어떤 관계를 맺느냐, 어떻게 타자들을 절대적으로 환대할 수 있느냐 하는 문제인 것이다. 타자와의 만남의 윤리란 타자로서의 독특성을 인정하고 타자를 수용하며 타자에게 선을 행하고 타자를 위해 책임지는 행위를 하고자 하는 윤리적 차원의 문제이다. 데리다는 타자들의 다름, 정의에 대한 호소에 응답하고 환대하는 일은 살아 있는 자들이 감당해야 할 윤리적·정치적 책임이라고 역설한다.

이와 더불어 합리성에 근거한 근대교육학이 이성, 합리성, 총체성의 범주에 속하지 않는 모든 것을 타자의 이름으로 배제하여 왔음을 비판하고, 타자에 대한 인정으로 시작하는 새로운 담론의 가능성을 시사한다.

데리다는 차연差延, différance 개념을 통해 주체로서의 자아긍정과 함께 주체로서의 타자긍정을 보여 줌으로써 상호주관성을 지닌 주체임을 보여 준다. 인간은 주체적으로 타자를 향하여 개방된 존재이며 타자의 주체성을 인정함으로써 자아를 실현하고, 이로써 인간주체 각각은 상호주관성을 지니게 된다는 것이다.

데리다의 '차연差延, différance'의 논리에 근거할 때 교육의 본질은 자아의 폐쇄성과 동일성의 신화를 해체하며 타자에게 개방되고 그에게로 나아가는 것이다. 교사와 학습자의 관계 역시 지배와 피지배, 주체와 객체의 단절된 관계가 아니라 각각의 주관성이 인정되는 상호주관적 관계를 전제하여야 할 것이다. 이처럼 데리다의 차연差延, différance은 갈등하고 투쟁하던 주체와 타자의 존재론적이고 윤리적인 화합을 가능하게 한다. 이러한 데리다의 관점에 의하면 진정한 사회통합은 소수 혹은 비주류로 간주되는 타자들에 대한 배려와 존중, 타자에 대한 책임의식과 그들의 부족함에 응답할 줄 아는 인간의 윤리성에 대한 호소에서 완성될 수 있을 것이다. 이런 점에서 데리다의 차연철학은 근대교육의 근거였던 합리성, 로고스에 대한 새로운 성찰과 함께 현대교육이 떠맡아야 할 심각한 문제인 이기주의, 도덕성의 붕괴, 생명경시 등에 대처할 수 있는 철학적 근거를 제공한다. 근대적 자아관에 근거하여 합리성의 획득을 교육목적으로 이해하는 근대 모더니즘 교육에서 벗어나 타자의 주체성을 인정하고 수용하는 보살핌과 배려의 윤리의식배려로서의 교육, 책임감과 같은 기본적인 인격적 소양을 길러 줄 수 있는 교육이 요청되는 시점이다.

들뢰즈의 존재론과 유목주의

들뢰즈Gilles Deleuze, 1925~1995는 여러 낯선 개념 및 잡다한 탐구분야 때문에 이해와 수용에 어려움과 논란을 야기하고 있음에도 불구하고 가장 창의적인 안목을 가진 사람으로 평가되어 우리나라의 인문학적 담론에서 가장 많이 언급되는 포스트모던 철학자 중 한 사람이다오길영, 2005.

1968년 프랑스 학생 운동 때는 탈구축 혹은 해체의 철학자로, 베를린 장벽이 무너질 때는 탈주선ligne de fuite의 철학자로, 인터넷의 발전 이후로는 노마디즘nomadisme의 철학자로, 포스트모더니즘의 철학적 담론에서는 차이의 철학자, 혹은 생성devenir과 변화의 철학자로 불리는 들뢰즈의 사상은 푸코나 데리다의 사상과 함께 현대사회를 진단하고 해명하는 데 적절한 것으로 인정되어 인용되고 있다Lechte, 1994.

『포스트 모던의 조건La condition postmoderne, 1979』이란 책으로 유명한 리오타르Jean Francois Lyotard, 1924~1998는 '르 몽드Le monde'지에 "들뢰즈는 세기말 사상의 전장에서 탁월한 저격수다. 그는 탈주하는가? 그렇다. 하지만 그의 탈주는 전진 혹은 후진이 아니라 가로지르기다."라는 추도사를 썼다. 푸코는 들뢰즈의 1968년 박사학위논문 「차이와 반복Différence et répétition」에 대해 "언젠가는 들뢰즈의 세기가 올 것이다."라는 서평을 쓰기도 하였다. 그의 주요 역작도 거의 한국어로 번역되었다. 적어도 대한민국에선 '들뢰즈의 세기'라는 예언이 맞아 들어가고 있다.

▮ 차이와 생성의 철학

들뢰즈의 사상은 포스트모더니즘의 어느 한 영역에 머물지 않고

거의 모든 분야, 즉 문학, 예술, 언어학, 기호학, 역사, 회화, 정신분석학, 영화 등의 영역을 가로지르면서 학제 간 통섭을 이루고 있다. 이러한 다양한 탐구분야에도 불구하고 들뢰즈 사상의 중심에는 존재론이 자리 잡고 있다.

존재의 일의성을 이끌어 냄으로써 존재들 간의 위계질서를 거부하고 다채로운 차이들에 평등하게 존재를 부여하는 들뢰즈의 사유는 지식과 인간 삶의 보편적 기준과 존재를 가정하는 근대 모더니즘 교육에 대해 강렬한 문제의식을 던진다.

그는 다채로운 차이들에 의미를 부여하는 차이철학을 통해 근대 모더니즘이 가진 동일성의 논리를 '차이'의 논리로 극복하고자 하였다. 또한 생성이 곧 존재, 실존의 모태로 보았던 생성철학을 통해, 동일성과 재현으로 사고를 환원하고자 하는 경향성, 주체나 대상을 고정된 어떤 것으로 보고자 하는 동일성에의 의지, 인식 능력들을 통일성을 지닌 의식에 예속시켜 버리는 근대적 사유를 해체한다.

• 차이와 반복

들뢰즈는 차이생성의 구조 속에서 '개념으로 드러날 수 없는 차이', '차이를 생산한 근거인 모태로서의 차이'를 '차이 그 자체différence en elle-même'라는 용어로 표현함으로써 차이에 대한 자신의 견해를 집약한다박영욱, 2009.

들뢰즈는 1968년 박사학위논문 「차이와 반복Différence et répétition」에서 본질로서 이미 주어진 것이 아니라 우발적으로 발생하는 특이점에서의 일정한 반복을 통한 차이생성의 구조를 드러낸다.

「차이와 반복」을 통해 드러난 차이생성의 구조를 살펴보면, 미 규정으로서의 'dx'와 'dy'는 서로 교차함으로써 연속적인 변이를 통해 일정한 값$dy/dx = y/x$을 가지게 된다. 연속적인 변이의 과정에서 갑자기 돌출하는 독특한 지점 y/x, 이것이 바로 특이성singularité이다Delanda, 2009. y/x인 특이성은 우발적으로 발생하는 것으로, 차이생성 구조 발생의 분기점이 된다. 특이성은 우연히 발생하지만 완결된 분기점이기 때문에 하나의 안정된 구조와 함께 일정한 경향성을 나타낸다. 이러한 특이성의 반복으로 이루어진 영역이 바로 들뢰즈가 말한 차이이다. 어떠한 동일성으로도 아직 규정되지 않은 존재 그 자체, 즉 본성적 차이, 동일성에 종속되지 않는 차이로 다시 말해, 차이 그 자체différence en elle-même의 영역이다. 들뢰즈에 있어 생성-되기devenir는 바로 이 지점, 차이 그 자체의 반복을 통해 이루어진다.

> 생성(되기, devenir)은 어떤 형태(형상, forme)에 다다르는 것(동일화, identification; 모방, imitation; 미메시스, Mimesis)이 아니다. 이것은 우리가 더 이상 여성(une femme)과 동물과 또는 분자와 구분될 수 없는 그런 이웃영역, 분간할 수 없고(indiscernabilité) 분화되지 않은(indiffrenciation) 영역을 찾는 것이다.
>
> 『차이와 반복Différence et Répétition』

들뢰즈는 이 영역을 어떤 '분간할 수 없고indiscernabilité, 분화되지 않은indifferenciation' 영역이라 말한다. 분화되지 않은 영역이란 아직 특정한 개체 A, 특정한 개체 B 등으로 모습을 드러내지 않은, 그러나 그러한 발생이 가능한 지반으로서의 영역을 말한다. 이러한 특이성들의 분포가 일정한 경향성을 갖고 반복되는 것, 이것이 바로 들뢰즈가 말한 차이의 반복이다. 차이의 반복이란 동일성으로서의 반복이 아니라 동일성에 종속되지 않는 다름의 반복, 차이를 생성하는 살아 있는 반복을 말한다.

들뢰즈는 「차이와 반복」 속에서 두 가지로 구분된 반복répétition 개념을 제시한다.

첫 번째 반복은 개념이나 재현의 동일성에 의해 설명되는 같음의 반복, '헐벗은 반복'이다. 일반적 의미에서 반복이란 것은 모호하나마 자기동일성을 가진 어떤 것을 상정한다. 들뢰즈는 이러한 지성의 사고방식을 재현적representative 사고라 특징짓고 같은 것의 반복을 의미하는 반복을 '대자적 반복'이라 부른다. 즉, 동일한 반복은 고정된 반복의 주체와 그것을 재현하는 개념에 의해서 가능하다는 의미이다.

두 번째 반복은 동일성의 지속이라는 의미가 아니라 차이를 동반한 지속이라는 의미의 '옷 입은 반복'이다. 창조와 생성이 이루어지는 것은 바로 차이를 동반한 '옷 입은 반복'을 통해서이다. 차이생성의 미분화 과정 속에서 갑자기 돌출하는 특이성 지점에서 이루어지는 반복, 이것이 '옷 입은 반복'이다. 들뢰즈에 있어 생성-되기devenir는 바로 이러한 '차이의 반복'을 통해 이루어진다.

> 차이 그 자체는 두 반복 사이에 있다. 이때 하나의 반복은 표면적 반복이고 이 표면적 반복은 자신이 수축하고 동일하고 순간적인 외면적 요소들 사이에서 일어난다. 반면 다른 하나의 반복은 심층적 반복인데, 이 심층적 반복은 언제나 가변적인 어떤 과거의 내적 총체성들 사이에서 일어나고 이 가변적인 과정의 가장 수축된 수준이 바로 심층적 반복이다. 앞의 반복은 헐벗은 반복이고 뒤의 반복은 옷 입은 반복이다. 전자는 부분들의 반복이고 후자는 전체의 반복이다. 하나는 계속 이어지는 반복이고 다른 하나는 공존하는 반복이다. 전자는 현행적이고 후자는 잠재적이다. 전자는 수평적 반복이고 후자는 수직적 반복이다.
>
> 『차이와 반복Différence et Répétition』

들뢰즈는 같은 것이 반복된다고 하지 않고 차이가 반복된다고 한다. 왜냐하면 같음의 반복으로 보이는 것의 내부에도 언제나 불균형, 불안정, 비대칭, 일종의 틈새와 간격들로 구성되는 역동적인 질서가 있기 때문이다. 이것이 바로 특이성이다. 들뢰즈의 차이는 이러한 특이성의 반복으로 이루어진다.

• **생성의 주체**

동일성에 종속되지 않는 본질적 차이, 모태로서의 차이를 의미하는 들뢰즈의 차이 그 자체différence en elle-même 개념은 생성becoming의 주체인 인간에 대한 이해를 이끈다. 들뢰즈에 의하면 모든 존재는 고유한 본질적인 의미를 지니는 주체가 아니라 언제나 새로운 가능성 속에서 만들어지고 있는 주체이며 무한한 잠재성과 가능성을 지닌 존재이다. 재현의 동일성에 의해 설명되는 같음의 반복으로서의 고정된 정체성을 지닌 주체가 아니라 창조와 생성이 이루어지는 변화의 지속으로서 다름의 반복, 생성의 주체인 것이다. 이 세상 모든 존재는 차이 그 자체différence en elle-même를 지니는 무한한 잠재성을 지닌 다양체라는 말이다.

동일성으로도 드러나지 않은 영역, 차이 그 자체를 드러내는 생성의 주체에 대한 들뢰즈의 사유는 재현의 동일성에 의해 설명되는 같음의 반복으로 고정된 정체성을 지닌 근대적 주체를 해체한다. 이와 더불어 다양체로서의 아동child/enfant 속에 내재된 잠재성을 발견하기 위해서 관습이나 개념의 틀로부터 벗어나길 제안한다.

들뢰즈에 의하면 개념이란 어떤 사물을 지각할 때 하나의 인식 틀을 제공하는 것이다. 우리가 아동child/enfant이라고 말할 때 아동의 의미는 일반적인 아동을 지칭하는 아동the child/l'enfant이 아니라 개별적·실존적 가치를 드러내는 어떤 아동a child/un enfant이어야 한다는 의미다. 여기서 어떤 아동a child/un enfant이란 보편성과 일반성으로 축소되고 왜곡되기 전의 영역, 즉 어떤 동일성으로도 드러나지 않은 실존의 모태인 개별 아동의 차이 그 자체différence en elle-même를 드러내는 표상세계 모태로서의 아동을 의미한다. 들뢰즈가 표현하듯이, 아동들은 매순간 자기 자신과 달라지는se diffère avec soi-même 존재이다. 그들은 어떤 존재이며, 어떤 존재일 수 있으며 어떤 존재이어야 하는지가 영원히 확립될 수 없는 불특정적이고 탈중심화되고, 맥락적인 정체성을 지닐 뿐이다.

들뢰즈는 차이생성의 구조를 통해 새로움이 스며들어 올 수 있는 틈새로 이질성의 존재를 드러냄으로써 보편적으로 규정된 본질에 갇혀 있지 않고 어떤 변화의 가능성에도 개방되어 있는 생성becoming의 존재로서 아동관/주체관을 드러낸다.

이 속에는 주체라는 주관적 동일성도, 대상이라는 객관적 동일성도 요구하지 않으면서 무한히 반복되는 주체와 대상 간의 관계에 대한 들뢰즈의 관점이 드러난다. 들뢰즈에 있어 주체와 대상은 각자의 동일성을 지닌 분리된 존재가 아니라 주체와 대상 간의 무수한 접속과 관계 맺음을 통해 무수한 차이의 생성지점, 특이성singularité을 생성해 내는 주체들이다. 이때 주체와 대상은 모두 주체로서 상호관계 맺음에 참여하는 상호주체inter-subject이다.

주체로부터 물화되면서 주체의 인식 능력에 구속되는 존재가 아니라 주체들에게 다양한 효과들을 촉발하도록 하고 다양한 방식으로 표현되도록 하는 타자에 대한 들뢰즈의 사유는 다음에서도 잘 드러난다.

> 교육의 주체는 대상을 능동적으로 인식하고 구성하며 정복하는 존재이기보다는 대상과 맺는 차이적 관계 속에서 다양한 모습으로 변신하는 효과들이다. 교육적 대상 역시 주체로부터 물화되면서 주체의 인식 능력에 구속되는 존재가 아니라 주체들에게 다양한 효과들을 촉발하도록 하고 다양한 방식으로 표현되도록 하는 가능자들이나 타자들이다.
>
> 『스피노자와 표현의 문제Spinoza et le Probléme de L' expression』

본질적이고 고정된 의미를 지닌 주체가 아니라 타자와의 관계 속에서 끝없이 차이를 생성하는 주체에 대한 들뢰즈의 사유는 자기동일적인 형이상학적 주체를 해체하고 타자와의 관계 속에서 끝없이 차이를 만들어 내는 생성의 주체로서 인간이해를 이끈다.

• 창조적 사유로서의 배움

매순간 어떤 동일성으로도 드러나지 않은 영역, 차이 그 자체différence en elle-même에 대한 들뢰즈의 사유는 벡터-장에서 우발적으로 발생하는 차이의 반복을 통해 이루어지는 생성으로서의 배움과 교육의 가능성을 제시한다.

들뢰즈에 의하면, 생성-되기devenir는 동일성으로서의 반복이 아니라 동일성에 종속되지 않는 다름의 반복, 차이를 생성하는 살아 있는 반복을 통해 이루어진다. 이러한 들뢰즈의 사유에 근거하면, 재현을 통해 차이 나는 것을 동일한 것으로 포섭하는 앎savoir과 차이들을 적극적으로 생성하는 과정인 배움apprentissage은 다른 의미를 지닌다. 들뢰즈에 있어서 앎이란 개념의 일반성을 지칭하거나 획득된 새로운 앎의 규칙을 소유하고 있는 평온한 상태로서Deleuze, 1968, '재현적 사유 과정'을 의미하고, 배움이란 이제껏 현존한 적이 없는 낯선 것, 새로운 것, 미세한 차이들이 적극적으로 생성되는 과정이라는 의미에서 '창조적 사유 과정'을 의미한다김재춘, 2012. 재현으로서의 '앎'이 들뢰즈가 제시한 두 가지 반복 중 동일성에 의해 설명되는 '같음의 반복'이라면, 창조적 사유 과정으로서 '배움'은 즉자적 차이를 통한 다름의 반복, 즉 '옷 입은 반복'을 말한다. 재현으로서의 '앎'은 미리 가정된 안온한 과정을 밟고 미리 보장된 진리로 수렴될 뿐 진리의 생산, 새로움의 창조를 수행하는 야생적이고 역동적인 생성적 과정을 보여 주지는 못한다는 점에서 들뢰즈에 의해 비판된다. 반면 들뢰즈에 있어 배움이란 고정 불변하는 진리에 정확하게 일치하는 활동이 아니라 동일성을 해체하고 적극적으로 차이를 생성하는 창조적 사유의 과정이다. 이것이 들뢰즈가 말하는 진정한 사유 과정으로서의 배움이다.

> 든든한 바닥으로 딛고 있었던 공준을 파괴해 버리는 사유는 진정한 사유를 가능케 하는 분만된 사유이며 모든 조건과 가정으로부터 자유로운, '창조로서의 사유'이다.
>
> 『프루스트와 기호들Proust et les Signes』

들뢰즈는 '배움'의 생성적 측면을 조명함으로써 이미 만들어진 것을 모방재현하는 것이 아니라 창조적 사유로서의 배움에 대한 새로운 교육적 사유의 틀을 제공한다. 그에 있어 '배움'이란 재현이라는 체에 걸러진 일반적인 것들을 따르고 모방하는 것이 아니라, 오히려 그 체로부터 새어 나가는 미세한 것들이나 체에 걸러 내기에는 너무 큰 것들과 끊임없이 마주치는 창조적 행위이다. 동일성을 재현하는 단순한 '앎'이 아니라 차이를 생성하는 무한한 창조 과정으로서의 '배움'을 통해 생성이 이루어지는 것이다.

▌시간론: 현재, 과거, 그리고 미래

들뢰즈는 동일성에 대한 차이의 철학을 확립하기 위해 현재와 과거, 그리고 전적으로 새로운 것, 전적으로 이질적인 것의 생산조건으로 미래를 제시한다. 시간의 종합, 영원회귀의 시간으로서 미래에 대한 들뢰즈의 사유는 단순한 대자적 반복행위를 넘어 새로운 행위의 가능성, 반복되는 진부한 삶을 넘어 또 다른 삶의 가능성을 사유하고자 하는 그의 철학적 사유를 보여 준다.

• 습관의 반복으로서의 현재

들뢰즈에 있어 현재는 유기체 차원에서 수동적으로 이루어지는 습관들을 통해 이루어지는 것으로 순수기억, 순수과거가 수축contradiction 되어 생성되는 것이다. 습관이란 우리가 능동적 행동을 하거나 무언가를 의식적으로 표상하기 이전에 이미 유기체 차원에서 이루어지는 무의식적 수동적 수축contradiction의 시간을 의미한다. 의식적이고 능동적 행동과는 분명히 구분되는 다른 차원이라는 점에서 들뢰즈는 습관을 수동적인 반복이라고 명명하였다.

들뢰즈가 습관을 통해 수동성으로서의 현재라는 시간을 탄생시킨 것은 의식의 능동성뿐 아니라 자연법칙으로부터도 자유로운Williams, 2003; 신지영 역, 2010 인간행동의 수동성이다. 여기에는 유기체 차원에서 수동적으로 이루어지는 습관들이 의식이나 능동적 행위에 앞선다는 들뢰즈의 파격적 생각이 깃들어 있다.

이는 인간행동의 능동성만을 강조할 뿐 인식 능력의 수동성을 간과했던 칸트에 대한 문제의식에서 비롯된다. 들뢰즈가 보기에 칸트가 놓친 부분은 지성적·이성적인 인식 능력의 동일화·획일화할 수 없는 지평, 이것이 능동적 인식 능력 이전의 감성차원에서 작용하는 인간주체의 수동성인 것이다.

칸트에게서 현재는 대상을 통일적인 것으로 의식하도록 하는, 즉 동일성의 법칙에 따라 의식적으로 표상하는 시간이다. 그러나 들뢰즈에 있어 현재는 우리가 능동적 행동을 하거나 무언가를 의식적으로 표상하기 이전의 유기체 차원에서 무의식적으로 이루어지는 차이들의 수축을 통해 탄생한다. 즉, 우리의 인식이 대상을 동일성의 법칙으로 질서 짓고 의식적으로 파악하기 이전에 우리는 이미 몸 차원에서 이루어지는 수축을 통해 매순간 정초되고 있는 현재를 살고 있는 것이다. 칸트의 현재가 대상을 끊임없이 통일적인 것으로 의식하도록 하는 이성적 정신작용에 의한 시간이라면, 들뢰즈에 있어 현재는 동일성의 재현, 법칙들, 의식적 표상과 능동적 행동으로부터 자유로운 곳, 곧 차이를 응시하는 수동적 체계에서 탄생되고 있음이다. 들뢰즈는 우리의 실존에 능동적인 인식 능력이 동일화할 수 없는 지평이 있다는 것을 보여 줌으로써 의식, 능동성, 이성만을 강조한 칸트를 넘어서고자 한 것이다. 그는 칸트가 놓친 부분이었던 능동적 인식 능력 이전의 감성차원에서 작용하는 수동성을 더욱 폭넓게 사유함으로써, 단순히 감각적인 것들을 수용하는 감성으로서의 칸트의 수동성을 넘어 인간이성이 동일화, 획일화할 수 없는 지평으로서의 보다 심화된 수동성을 드러낸다. 들뢰즈에 있어 수동성은 능동성의 바탕으로, 수동성에 의해 능동성이 드러나는 셈이다. 수동적 자아로서의 인간주체에 대한 들뢰즈의 사유를 엿볼 수 있는 대목이다.

인간주체의 수동성에 대한 들뢰즈의 사유는 '능동성'과 '의식성'이 신화적으로 강조되고 있는 교육학적 논의에서 수동성과 무의식성이 갖는 의미를 드러낸다. 이는 신체를 통한 감각의 경험이 사유를 이끄는 것으로 보는 들뢰즈의 감성론과도 맥을 같이한다. 들뢰즈에 따르면 "사유되어야 할 것으로 이르는 길에서 진실로 모든 것은 감성에서 출발한다Deleuze, 1968." 다시 말해 감성은 사유를 발생시키고 배움이 일어나게 하는 출발점과 같은 역할을 수행한다. 감성을 생성하는 터전이 바로 신체, 즉 몸이라는 의미다.

신체를 통한 감각의 경험이 사유를 이끄는 것으로 보는 들뢰즈의 감성론은 의식만이 아니라 무의식, 이성만이 아니라 감성이 교육에 대한 새로운 개념화를 가능하게 하는 유용한 소재가 될 수 있음을 시사한다김재춘·배지현, 2012.

이는 무의식, 감성이 배제된 이성중심의 교육에서 벗어나 정신과 육체, 이성과 감성이 통합된 하나의 실체로서 인간이해에 근거한 교육의 가능성을 제시한다. 단순히 논리적 사고력, 과학적 인과관계만을 강조하기보다는 무의식 속에서 스며드는 감성적 지각을 통한 경험의 중요성, 그것을 통한 배움의 가능성에 대해 새롭게 주목하여야 할 때이다.

• 기억으로서의 과거

들뢰즈는 반복의 조건으로서 수축된 현재에 만족하지 않고 "이 현재를 지나가도록 하는 것은 무엇인가?"라는 질문을 던진다. 습관이 차이를 끌어내면서 정초하는 현재라고 해도 현재에서는 차이를 풍요롭게 반복시킬 수 없기 때문이다.

들뢰즈의 시간 중 두 번째 종합에 해당하는 과거는 현재로 환원되지 않고 과거 자체로 보존되면서 현재가 지나가기 위한 선험적 조건이다. 모든 사태들이 현재적인 차원에서 인과적으로 연쇄하는 것처럼 보이지만 경험되는 현재 이전에 현재를 가능하게 하는 선험적 조건인 과거에 의해 가능하다는 의미다. 그런 점에서 과거는 현재와 공존하며 현재의 근거인 사태의 실재이다. 수동적 종합으로서의 현재는 기억의 종합으로서의 과거에 의해 극복된다. 들뢰즈가 적절하게 표현한 것처럼 우리는 과거에 의해 매순간 자기 자신과 달라지는 se diffère avec soi-même 것이다황수영, 2005. 이처럼 들뢰즈는 소극적으로 끌어낸 차이에 근거한 현재의 빈약한 반복을 차이가 풍요롭게 반복되는 과거를 통해 극복하고자 한다.

습관의 수동적 종합인 현재와 기억의 수동적 종합인 과거 사이에 존재하는 반복과 수축의 할당이 얼마나 다른가는 베르그송Henri Bergson, 1859~1941의 『물질과 기억Matière et mémoire, 1896』에 나오는 원뿔도식에서 잘 드러난다Deleuze, Différence et répétition, 1968.

들뢰즈에 의하면, 베르그송은 『물질과 기억』을 통해 생성의 규칙적인 양태를 보여 주는 반복은 그 뿌리를 어디까지나 변화에 두고 있음을 보여 준다. 이 같은 정신의 역동적 측면은 질적인 변화를 가능하게 한다. 베르그송의 지속durée은 이런 맥락에서 볼 때, 수축을 통해 이루어지는 끝없는 차이의 반복이다.

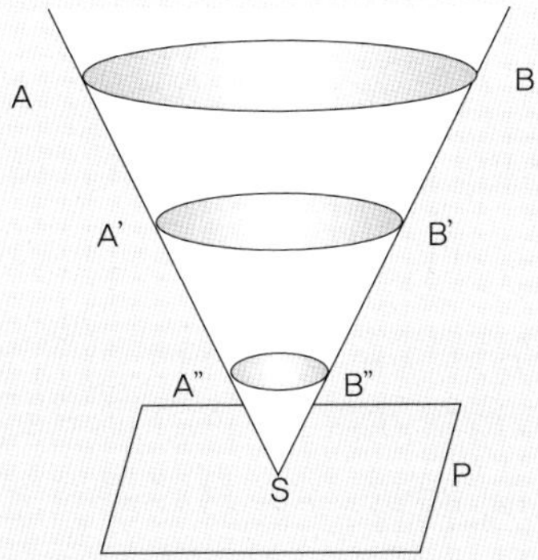

위 그림에서 원뿔 전체 'SAB'는 우리의 의식과 기억 전체를 상징한다. 원뿔의 바탕 AB는 순수과거이자 순수기억(memoire pure)의 차원이며, 꼭지점 S는 순수현재이자 순수지각이다. S와 AB 사이에는 수축의 강도에 따라 다른 기억의 단면들이 무수히 존재하는데, AB로 갈수록 기억의 이완이 강화되면서 습관적 동일성으로부터 탈주하는 차이화가 심화된다고 볼 수 있다. 각각의 절단면(A', B', A", B")은 순수과거의 수축 정도나 등급을 표시하며, 각각의 현재는 이 수준들 중의 하나를 현실화하거나 재현하게 된다. 즉, 현재를 지나가는 과거는 밑면 AB를 바탕으로 원뿔 전체가 차이화하면서 반복되는 것이다.
사각형 P는 세계에 대한 지각과 표상의 차원을 상징한다.

들뢰즈는 베르그송의 『물질과 기억』을 통해 현재 그 자체는 과거의 가장 수축된 수준일 뿐이라는 사실을 인식하게 한다. "우리의 지각은 매순간 셀 수 없이 많은 재기억되는 요소들을 수축시키며, 우리의 현재는 매순간 우리의 과거를 한없이 수축시킨다."[50]라는 들뢰즈의 사유에서 보듯이, 수축contradiction이란 연속적 운동 안에서 하나에

50) 베르그송주의, 김재인 역, 2006.

서 다른 하나로 옮겨 가게 해 주는 수단을 제공한다는 사실을 알 수 있다. 현재가 과거의 가장 수축된 정도라는 것이 참이라면, 물질 그 자체는 무한히 팽창되고 이완된 과거와 같은 것이 된다. 질료가 형상을 통해 나타나는 것이라면, 과거는 수축을 통해 현재로 드러나는 것이다. 그러나 경험되었거나 잊어버린 과거가 그대로 드러나는 것이 아니라 즉자적 차이를 통해 현재에 공존한다.

이런 맥락에서 볼 때, 베르그송의 지속durée은 경험되었거나 잊어버린 지나간 현재들이 아니라 현재와 공존하면서 현재로 하여금 지나갈 수 있도록 만드는 과거에 의한 차이의 반복인 것이다. 지속durée은 즉자적으로en soi 그리고 대자적으로pour soi 본성상의 차이이다. 수축을 통해 이루어지는 끝없는 차이의 반복으로서의 지속durée이다.

결국 들뢰즈에 있어 과거의 기억은 사라지는 것이 아니라 현재 내 삶의 모습 속에 그대로 반영된다. 현재는 과거의 흔적이며 과정의 흔적들은 현재와 함께 다시 미래로 향해 나아가는 것이다.

• 시간의 종합으로서의 미래

들뢰즈는 미래를 통해, 차이의 반복으로서의 생성에 관한 그의 철학적 기획을 완성한다.

현재와 과거가 동일성의 반복인 '헐벗은 반복', 즉 대자적 반복[51]이라면, 시간의 세 번째 종합인 미래는 차이를 동반한 반복을 의미하는 '옷 입은 반복', 즉자적 차이를 동반한 살아 있는 반복이다. 들뢰즈는

---

51) 일상적 의미에서 반복이란 것은 모호하나마 자기동일성을 가진 어떤 것을 상정한다. 그러나 이것은 언제나 지성적 정신작용의 결과이다. 같은 것의 반복을 이루고 있다고 보는 것은 바로 그것을 응시하는 정신이다. 이런 정신의 작용, 근원적 주관성이 반복의 대자적(pour) 측면을 이룬다.

수동적이고 무의식적인 현재적 '습관'과 과거의 '기억'은 차이를 동반한 반복의 조건으로 불충분하다고 보고 새로운 창조가 가능한 미래적 시간을 제시한다. 대자적 반복으로서의 현재와 과거는 즉자적 차이의 반복으로서의 미래적 시간을 통해 극복될 수 있다고 본 것이다.

들뢰즈는 이를 영원회귀永遠回歸, Ewige Wieder-Kunft의 개념으로 설명한다. 영원회귀란 되돌아옴으로서의 존재를 말하는 것으로, 같은 것은 결코 되돌아오지 않는다는 의미이다. 세계에는 같은 것이 없고 영원한 차이를 반복하는 생성이 이루어진다. 이때 영원회귀란 동일성의 반복이 아니라 다름의 반복이다.

차이의 반복으로서 미래적 시간의 의미는 니체의 영원회귀永遠回歸, Ewige Wieder-Kunft에서 출발한다.

> 영원회귀는 유사하게 된 어떤 세계에 동일자가 낳는 효과가 아니고 세계의 혼돈에 부과된 어떤 외부적 질서가 아니다. 오히려 거꾸로 영원회귀는 세계와 카오스의 내적 동일성, 카오스모스(Chasmos)이다.
> 부정적인 것은 다시 돌아오지 않는다. 동일자는 다시 돌아오지 않는다. 같은 것과 유사한 것, 유비적인 것과 대립적인 것은 되돌아오지 않는다. 다시 돌아오는 것은 오직 긍정뿐이고 다시 말해서 차이나는 것, 유사성에서 벗어나는 것뿐이다.
>
> 『차이와 반복Différence et Répétition』

영원회귀永遠回歸, Ewige Wieder-Kunft에 대한 들뢰즈 해석의 핵심은 대자적 반복을 즉자적 차이들의 운동으로 돌리는 것이다. 현재와 과거가 유용성으로 인해 대자적 반복을 하게 되지만 이것은 지성, 이성의 작용이지 본질은 아니라는 말이다. 들뢰즈는 즉자적 차이를 통해 새로운 행위의 가능성을 지향하고, 반복되는 진부한 삶을 넘어 또 다른 삶의 가능성을 충분히 사유하고 실험함으로써 실존에 가까워질 것으로 본 것이다.

• 새로움의 생성으로서의 교육

니체의 영원회귀永遠回歸, Ewige Wieder-Kunft로부터 받은 영감을 자기 식으로 소화한 들뢰즈의 독창적인 시간론은 과거, 현재, 미래를 차이의 영원한 회귀로 계열화한 시간으로 간주함으로써 교육의 시선을 차이의 반복, 새로움의 생성이라는 관점에서 재해석할 수 있는 여지를 제공한다.

첫째, 미래의 시간을 차이의 영원회귀로 규정한 들뢰즈의 사유에 의하면, 미래의 시간을 통해 형성되는 교육적 경험은 동일성의 반복이 아니라 차이의 반복임을 의미한다. 교육적 경험이 되기 위해서는 즉자적卽自的, an sich[52] 차이를 드러내는 미래적 시간을 향유할 수 있는 활동이어야 한다는 것이다.

이는 듀이가 설명한 미래의 계속적인 성장을 도모하는 경험과도 통한다.

> 교육적 경험은 '과거'에 대한 이해가 살아 있으면서 현재를 향유하는 데에 의미 있는 기여를 할 수 있고 동시에 새로움에 대한 감수성을 불러일으키면서 미래의 계속적인 성장을 도모하는 경험이다.
>
> 『경험과 교육Experience and Education』

52) Hegel에 의해 사용된 즉자적(卽自的, an sich)과 대자적(對自的, für sich)이라는 말은 서로 대비적 의미를 지닌다. 즉자적이란 말은, '그 자체로 있는 것'이어서 주관적이고 감각적이고 고립적이다. 반면 대자적이란 것은 '무엇에 대하여', 혹은 '무엇을 위해서'라는 의미로, 거리를 두어 사물을 객관화시켜 인식하는 이성적 경지이다.

같은 것의 반복을 통한 동일성의 지속, 과거적 동일성을 향한 것이 아니라 차이를 동반한 지속, 그래서 창조와 생성이 이루어지는 변화의 지속, 생성의 지속으로서의 미래적 차이를 드러내는 교육 경험이 필요하다는 의미다.

교육은 더 이상 외부세계를 동일한 것으로 재현하거나 습관화된 방식으로 훈련하는김재춘, 2011 동일성의 반복으로서의 과거와 현재가 아니라, 자신의 본질적 차이를 드러내는 영원회귀로서의 미래적 시간 속에서 존재해야 한다. 또한 교육이란 동일성을 지닌 과거적 지식을 배우는 시간이 아니라 현존한 적이 없는 새로운 지식을 생성하는 생동적 시간이어야 한다는 것이다. 기존의 것을 새롭게 사유하며 끊임없이 새로운 삶의 배치를 생성하는 능력을 키우는 과정이 바로 교육이다.

동일성에 근거하여 화석화된 현재적 시간으로서의 습관을 만드는 것이 아니라, 동일성을 근거하지만 영원회귀로서의 미래의 시간 속에서 즉자적卽自的, an sich 차이를 드러낼 수 있는 창조와 생성의 진정한 배움이 필요하다. 과거적 삶을 살게 할 것인가 아니면 미래적 삶을 살게 할 것인가 하는 문제는 새로운 시대의 교육이 고민하고 해결해 나가야 할 문제임에 분명하다.

둘째, 미래의 시간을 차이의 영원회귀로 규정한 들뢰즈의 사유는 '교육주체'를 차이와 생성이라는 관점에서 새롭게 해석할 수 있게 해준다. 또한 새로움이 스며들어 올 수 있는 틈새로서의 주체 분열을 통해 '분열된 주체'를 적극적으로 조명함으로써 교육주체에 대해서 새롭게 사유하도록 한다.

들뢰즈의 주체는 재현의 동일성에 의해 설명되는 주체가 아니라 즉자적 차이를 통해 새로움을 생성하는 '분열된 주체'이다. 차이와 반복이라는 시간성 속에서 끊임없이 해체되고 균열되기 때문이다. 차이를 동반한 주체인 셈이다.

또한 미래의 시간과 조우하면서 즉자적 차이를 생산하고 이를 반복함으로써 표면적 반복인 '헐벗은 반복'이 아닌 차이가 있는 반복, 즉 창조와 생성을 의미하는 '옷 입은 반복'을 통해 창조와 생성이 가능하도록 하는 변화의 주체, 개방된 주체이다.

> 영원회귀 속에서의 주체는 '금이 간 나', '분열된 자아'이며 더 나아가서는 주체가 자기 자신에게 곧 타자이다.
>
> 『차이와 반복Différence et Répétition』

이러한 들뢰즈의 사유에 근거하면, 교육은 단순한 동일성의 반복, 습관 형성을 넘어 자신의 삶 속에서 미래적 시간을 능동적으로 구성해 나갈 수 있는 창조적 주체, 영원회귀로서의 미래의 시간 속에서 즉자적 차이를 드러낼 수 있는 창조적 주체를 길러 내는 것이어야 한다. 이는 차이와 우연이 소용돌이치는 카오스chaos의 무한에 당당히 맞서 그것으로부터 새로운 것을 길어와 완전히 새로운 것으로서 예술작품을 탄생시키는Deleuze & Guattari, 1991 예술가와 같은 삶을 경험하는 주체이다.

유목민으로서의 삶을 위한 교육

유목주의, 노마디즘Nomardism은 들뢰즈가 가타리와 함께 지은 저서이자 들뢰즈의 사상 전개의 종합적 결정판이라 할 수 있는 『천개의 고원Mille Plateaux: Capatalism et Schiwopheririe 2, 1979』의 내용을 함축하고 있는 개념으로, 존재가 아닌 생성devenir을 사유하는 들뢰즈의 철학을 잘 드러낸다.

들뢰즈는 유목주의를 통해 사고를 동일성과 재현으로 환원하고자 하는 근대 모더니즘의 경향성을 벗어나고자 하였다. 주체나 대상을 고정된 어떤 것으로 보고자 하는 동일성에의 의지, 인식 능력들을 통일성을 지닌 의식에 예속시켜 버리는 사유를 넘어서고자 한 것이다. 동일성과 재현으로서의 근대적 주체에 대한 해체이며, 이는 교육에 있어서도 새로운 이해의 가능성을 제안한다.

• **배치**assemblage**의 산물로서의 욕망**désir

들뢰즈는 무의식과 욕망의 생산적 능력을 포착함으로써 기존의 정신분석학을 비판한다. 그가 보기에 프로이트의 정신분석학적 욕망은 인간의 본질과 같이 특정한 주체에 고정적으로 소속된 그 무엇으로 보는 관점과 인간욕망의 진짜 모습은 엄마를 성적으로 갖고자 하는 성욕이기 때문에 이를 부정하고 억압해야 한다는 부정적 관점이 담겨 있다는 것이다.

들뢰즈와 가타리Felix Guattari, 1930~1992에 있어 욕망désir은 개인의 욕망도 아니고 가족에 대한 욕망도 아닌, 어떤 에너지의 흐름으로서 실재를 생산하는 기반이다.

> 우리는 욕망을 무엇보다도 결여, 대상의 결여, 현실적 대상의 결여로 규정한다. … 그러나 욕망은 아무것도 결여하고 있지 않다. … 욕망에 결여되고 있는 것은 오히려 주체이다.
>
> 『앙띠 오이디푸스L' Anti-Oedipe』

들뢰즈는 가타리와 함께 쓴 『앙띠 오이디푸스L'Anti-Oedipe: Capitalisme et schizophrénie, 1972』에서 욕망désir과 생산production이 하나의 동일한 힘이라는 것을 드러냄으로써 생산적 능력의 다른 이름으로서의 욕망, 즉 욕망하는 생산production désirante을 드러낸다. 이로써 서양사상가들이 탐구해온 본질로서의 욕망, 보편성과 동일성에 의해 왜곡되었던 욕망을 넘어 어떠한 하나의 체제에 머물지 않으며 차이를 생성하는 생산적 힘으로서 욕망의 미시정치학을 구축한다.

들뢰즈와 가타리에 있어 욕망désir은 특정한 주체에 고정적으로 소속된 욕망이 아니라, 여러 조건, 혹은 여러 항목들의 관계망인 배치assemblage의 산물이다. 즉, 욕망은 고정된 어떤 본성을 갖지 않고, 접속되는 이웃 항과의 관계에 따라 매번 다른 본성을 갖게 되는 것이다. 특정 접속과 욕망은 이전의 접속과 욕망과는 다른 것으로, 그 접속이 반복된다 하더라도 접속되는 이웃 항과의 배치에 따라 그 내용과 성격은 매번 다르다는 의미다. 들뢰즈는 욕망과 연계된 기계를 형성케 하는 접속을 개별적 차원이 아닌 집합적 차원에서 거론할 때 그 접속들의 모양새를 배치assemblage라고 명명하고, 새로운 배치에 따라 새로운 욕망이 생산된다고 본다. 인간의 욕망은 본질이 아니라 배치의 차이에서 생성되는 욕망désir인 것이다.

배치의 차이, 차이의 반복인 들뢰즈의 욕망désir은 동일성이 아닌 이웃 항과의 관계망 속에서 끝없이 차이 그 자체différence en elle-même를 만들어 가는 차이의 반복으로서의 욕망désir이다. 이것이 바로 실존인 것이다.

어떠한 하나의 체제에 머물지 않으며 차이를 생산하는 생산적 힘으로서의 긍정적인 욕망désir을 표현하기 위해 들뢰즈는 기계machine라는 용어를 사용한다. 기계가 물건을 생산하기 위해 움직이며 구성되는 과정이 바로 욕망이 일어나는 과정과 동일하다는 것이다. 기계가 구성되는 과정, 즉 접촉하여 흐름을 절단하고 채취하는 과정에서 욕망désir이 형성된다는 것이다. 이 둘의 관계를 들뢰즈는 욕망하는 기계machine désirante라는 용어로 표현하면서, 실재를 생산하는 기반으로서 차이와 욕망의 생산적 성격을 드러낸다. 이때 기계machine는 물건을 생산하기 위해 동일한 움직임을 반복적으로 행하는 고체 덩어리가 아니라, 다른 것과 접속하여 어떤 흐름을 절단하여 채취하는 방식으로 작동하는 모든 것이진경, 2002a을 의미한다.

들뢰즈에 있어 인간의 삶은 끊임없이 새로운 욕망désir을 생성하는 과정이며 이러한 욕망은 언제나 특정한 배치assemblage로서 존재한다. 욕망은 배치적 접속의 산물이라는 의미다. 배치 안에서 각각의 항은 다른 이웃 항과 접속하여 하나의 기계machine로 작동한다. 이때 욕망désir을 생산하는 배치assemblage가 안정되고 고착된 상태가 바로 '영토화'이다.

그러나 아무리 안정되고 강건한 영토라도 거기에는 영토를 무너뜨리고 벗어나기 위한 단서가 되는 여백이 반드시 있는데, 이것을 탈주선ligne de fuite이라 한다. 탈주선이라는 여백이 생기면 영토의 안정된 배치가 일그러지기 시작함과 동시에 새 배치가 형성되기 시작한다. 이것이 탈영토화deterritorialization이다.

인간은 살아가면서 기존의 배치를 해체하고 새로운 배치를 형성하는 일을 끊임없이 반복한다. 이처럼 영토화를 거부하고 탈주선을 따라 끊임없이 탈영토화를 시도하는 사람들을 유목민Normad이라 부른다. 유목민이란 규격화된 배치, 보편적이라는 이름으로 시도되는 획일화포획를 거부하고 새로운 배치, 새로운 욕망을 끊임없이 추구하는 사람이다.

국가체제 속에서 정착민으로서의 삶을 거부하고 유목민이 된다는 것은 바로 전쟁기계가 되는 일이다. 통제되기를 거부하는 감정이 유목민으로 하여금 전쟁기계가 되게 한다Deleuze & Guattari, 2001. 그중 국가만큼이나 거대하고 안정된 사유체계를 거부하는 일에 관련하여서는 추상기계machine abstraite라 부른다. 추상기계란 탈영토화를 추구하는 유목민을 사유적 측면에서 규정한 개념으로, 영토화된 사유의 흐름을 절단하고 채취하여 새로운 사유방식을 창의적으로 구성해 내는 추상적 차원의 존재, 그래서 사유에 있어서 탈영토화를 이루는 추상적 차원의 존재이다.

사유에 있어서 탈영토화를 이루는 추상적 차원의 존재를 추상기계machine abstraite라 부른다면, 고착적 배치를 거부하는 유목민과 같은 존재를 질료적 측면에 맞추어 규정한 개념은 기관들 없는 신체corps sans organes이다.

기관organe이란 어떤 유기체나 구조에 소속된 채 특정기능을 반복적으로 수행하는 기계를 말하는 바, 특정 기능을 반복적으로 수행하기를 거부하는 질료, 다시 말해 특정 욕망에서 다른 욕망으로의 변환이 지속적으로 이루어지는 유동적 질료가 바로 기관들 없는 신체corps sans organes이다.

> 기관들 없는 신체는 다양한 욕망들이 무리지어 서식하는 곳이고 그 욕망에 따라 기계들이 만들어지는 곳이며, 욕망과 기계, 혹은 욕망하는 기계가 되는 가공되지 않은 질료이고 그 다양한 욕망들에 따라 다양한

기관들이 생산되는 지대이며, 그런 만큼 다양한 신체적 규정의 가능성으로 가득 찬 신체입니다.

『천개의 고원Mille Plateaux』

들뢰즈는 기관들 없는 신체corps sans organes를 무의식으로 보았다. 욕망하는 기계로서 생산적 힘을 가진, 실존의 기반이 바로 무의식인 셈이다.

기계machine가 구성되는 과정 중에 욕망désir이 형성된다고 본 들뢰즈의 관점에서 욕망은 인간 의식의 능동성으로 얻어지는 것이 아니라 배치적 접속의 산물로서 얻어지는 수동적 산물인 셈이다. 누구의 욕망이 아니라, 욕망désir이 먼저 있고, 욕망désir의 주체는 그 욕망에 수반되어 성립된다는 의미다. 선욕망 후주체의 관계이다.

들뢰즈의 욕망désir은 중심으로 환원되는 중심화된 체계를 의미하는 수목형 체계가 아니라, 중심과 주변의 구분이 없는 유동적이고 창의적인 관계를 가지는 이질적인 구성요소들로 이루어진 비중심화된 체계인 리좀rhizome형[53] 체계이다. 이는 상하의 위계질서만 있고 줄기를 거치지 않고는 나뭇가지와 가지가 연결되지 않는 수목형樹木型 체계가 아니라 이질적 구성요소들이 직접적이지만 가변적인 관계 맺음을 이루는 체계이다. 외부에서 주어지는 규칙이 아니라 내재적이고 자율적으로 구성되는 규칙에 따라 이루어지는 체계, 이것이 리좀rhizome형 체계이다.

53) 리좀(Rhizome)이란 들뢰즈와 가타리(Deleuze et Guattari)가 그들의 저서 『천 개의 고원(Mille Plateaux, 1980)』에서 사용한 용어로서 수목형(樹木型)과 대비적으로 사용된다. 리좀형과 수목형은 관계 맺기의 두 가지 형식을 가리키는데, 리좀형은 관계를 맺는 방식이 보다 자유로운 쪽으로 성립되고, 수목형은 이항대립적(binary) 방식으로 관계 맺는 방식을 말한다.

• **리좀적 체계를 생산하는 유목민적 인간형**

들뢰즈는 욕망, 배치, 전쟁기계, 추상기계, 탈기관체 등의 개념들을 통해, 어떤 고정된 규범이나 이미지에 지배되지 않는 삶, 유동적이고 창의적인 욕망에 바탕을 둔 유목민으로서의 인간을 추구한다.

첫째, 들뢰즈의 욕망론은 인간주체의 능동성에 대한 자각으로 대변되는 근대철학을 해체하고 인간주체에 대한 새로운 이해를 이끈다. 인간의 의식은 무의식으로 이야기되며, 인간주체의 능동성은 수동성으로 인해 드러남을 보여 주는 것이다. 이러한 들뢰즈의 사유에 의하면, 배움이란 의식만의 소관이라기보다는 무의식이 관여하는 활동이며, 동일성이 아니라 끝없이 차이를 생성하는 리좀적 체계 속에서 이루어지는 것이다.

둘째, 들뢰즈는 유목주의를 통해 새로운 욕망을 끊임없이 추구하는 생산적 욕망의 주체로서 어떤 고정된 규범이나 이미지에 지배되지 않는 삶, 탈영토화를 시도하는 유목민으로서의 삶을 추구한다. 이러한 들뢰즈의 사유에 의하면, 교육은 다른 사유, 다른 가치를 찾아 끊임없이 이동하는 차이를 생산하는 유목민의 사유를 지닌 인간을 길러 내는 것이 되어야 할 것이다. 유목민의 사유를 지닌 인간이란 획일성과 전체주의를 지향하는 수목형 체제가 아니라 탈영토화를 추구하는 추상기계machine abstraite로서의 사유를 지닌 리좀적rhizome 인간이다.

셋째, 들뢰즈가 유목주의를 통해 제안하는 인간상은 고착적 배치assemblage를 거부하는 유목민과 같은 탈기관체corps sans organes로서의 인간, 안정된 영토화 속에 고착되지 않고 탈주선을 찾아 기존의 배치를 해체하고 새로운 배치를 형성하는 일을 끊임없이 반복함으로써 탈영토화를 지향하는 유목민적 인간형이다.

규격화된 배치, 보편적이라는 이름으로 시도되는 획일화포획를 거부하고, 탈주선을 따라 다른 삶의 방식, 다른 사유, 다른 가치를 찾아 끊임없이 이동하는 창조적 사유의 인간형이다. 고정된 관념이나 판단의 자리로부터 사유를 해방시키는 일, 다시 말해 사유로 하여금 이리저리 유목하고 재인된 어떤 바탕이나 본거지를 넘어 이동하며 새로운 영토를 창조하도록 하는 것, 이것이 유목주의의 목적이다.

일상적 습관을 형성하고 사회화하면서 편안하고 안전한 습관현재을 따르는 것이 아니라 차이들을 적극적으로 사유하고 차이에 용감하게 대면하는 미래적이고 적극적 삶을 살 것인가의 갈림길에서 카오스를 경험하는 새로운 도전적 삶의 태도를 지닌 인간, 유목민적 사고, 분열의 자아, 틈새가 있는 자아, 이것이 들뢰즈가 제안하는 21세기형 노마드적 인간형이다.

제5장

포스트모던 교육의 새로운 가능성

포스트모더니즘은 모더니즘 시대에 이성이 구축한 절대성, 객관성을 비판하고, 보다 다양한 관점에서 인간과 세계를 보고자 하는 새로운 인식론, 인간주체관을 산출해 내면서 사회 전반에 걸쳐 패러다임의 변화를 이끈다.

이러한 흐름과 함께 명석판명한 앎의 전달로서 근대 모더니즘 교육은 비판되고 새로운 패러다임에 근거한 교육의 가능성에 대한 논의가 시작된다. 교육은 시대의 산물이고 시대상을 반영하여 교육의 방향과 목표가 설정되며 그에 따라 교육 내용도 구성되기 때문이다윤종건, 1996.

다원성, 개별성, 주체성 등으로 대변되는 포스트모던 패러다임 속에서 나타나는 다양한 교육의 변화와 개혁의 양상에 주목하고, 포스트모던 제 담론들과 교육 문제와의 사상적 연계성을 고찰해 보자.

모더니즘, 포스트모더니즘

포스트모더니즘은 포스트post와 모더니즘modernism이라는 용어가 합쳐진 것에서 알 수 있듯이, 모더니즘과의 관계 속에서 이해될 수 있다. 따라서 포스트모더니즘을 이해하기 위해서는 근대정신을 의미하는 근대성, 즉 모더니티modernity의 의미가 제대로 규정되어야 한다.

모더니티modernity, 모던교육

근대성을 뜻하는 모더니티modernity는 철학적 개념으로, 18세기 계몽주의로부터 시작된 이성중심의 가치관과 합리주의적 가치관을 바탕으로 인간문제에 있어 이성의 권위를 가장 윗자리에 두었던 모더니즘 시대의 가치관을 일컫는 말이다.

근대성의 특성은 첫째, 일차적으로 신적 본성으로 이해되는 이성이 인간의 이성으로 이해된다는 것이다.

흔히 17세기 대륙이성론으로 불리는 데카르트 철학에서 나타나는 이성 우위의 가치관과 이원론적 전통은, 근대성을 이해하는 바탕이 된다. 데카르트 철학에서 이성은 주체의 본성으로서의 이성이며, 인간사유와 행위의 규범을 정당화하는 이성이다. 근대철학을 의식의 철학이며, 이성의 철학, 주체성subjectivity의 철학으로 보는 것은 바로 이런 이유에서이다.

근대이성은 주체가 지닌 합리적 이성의 보편성을 가리키는 것으로, 더 이상 신적 인간, 존재론적 인간이 아니라 이성중심의 인간주체를 탄생시킨다. 근대의 주체는 사유와 인식의 주체이면서 판단의 주체, 행위의 주체이다신승환, 2009.

인식주체, 이성주체로서의 근대주체의 한계는 자연을 포함한 존재자와의 관계를 인식주체로서의 인간과 인식대상으로서의 객체로 이분법적 도식을 만들고 다른 인간과 자연, 세계를 타자로 설정하는 배타적 주체중심주의로 작동한다는 점이다. 이성주체로서의 근대적 인간은 모든 객관적 실재를 관장하는 중심에 자리하고 자연을 문화의 힘과 이성의 힘으로 개발하고 길들이며 필요에 따라 조작가능한 객체로 환원시킨다. 이로써 자연은 인간에 의해 조작이 가능한 대상으로, 수학과 과학적 방법으로 수량화가 가능한 객체로 환원되었으며, 기술과 인식의 대상으로 탈인격화되고 사물화된다.

이로써 세상에 존재하는 모든 실재는 문명과 야만, 이성과 감성, 남성과 여성, 서구와 제3세계 등 이분법적으로 구별되기에 이른다. 이런 점에서 볼 때, 근대성이 말하는 보편성은 결국 이성주체중심에서 벗어난 타자를 배제한 차별의 보편성으로 작용할 뿐이다신승환, 2009.

둘째, 근대성의 또 다른 특성은 인간을 포함한 자연세계를 지배하는 하나의 유일한 설명체계가 있다는 일종의 거대서사meta-narrative를 정당화한다. 근대의 보편적 이성의 원리는 동일성의 원리를 확립하게 된다. 이로써 인간을 포함한 자연세계를 지배하는 하나의 유일한 설명체계가 있다는 기본적인 가정하에 인간과 자연세계를 지배하는 통합된 물리적 법칙의 체계를 발견하고자 하였다. 수학적 방법론과 데카르트의 '명석판명한 판단l'idée claire et distincte'을 지식의 기준으로 생각했던 근대는 학문의 방법론에서도 분석과 종합이라는 체계로 실증적 체계를 구축한다. 이러한 학문적 방법론에 따라 학문을 과학으로 이해하는 사고를 형성하게 된다신승환, 2009. 이로써 대자연과 인간의 본성을 규명하는 데 있어 무엇보다도 자연과학의 권위에 의존하였다.

모든 인간문제를 이성과 과학의 힘을 통해 해결할 수 있다고 믿었던 근대성은 모더니즘 시대의 이성중심적 사고와 자연과학의 발달과 함께 모든 사물을 지배하는 하나의 유일한 통합체계로서의 객관적이며 절대적 지식이 존재함을 믿었던 모더니즘적 지식관과 맞물려 교육에 있어서도 이성중심, 획일성, 객관성, 보편성, 대중성에 대한 가치 추구의 근대 모더니즘 교육양상으로 나타나게 된다.

근대교육은 지식이 인간경험과는 별도로 객관적으로 존재하며 절대적 진리로 존재한다는 모더니즘적 지식관을 근거로 교과서중심, 지식중심의 모더니즘적 교육현상으로 드러난다. 이와 더불어 경험적으로 검증 가능하거나 논리적으로 증명 가능한 지식만이 확실한 지식이라는 전제에 기초함으로써 교과서에 대한 지나친 의존도, 획일화된 기준에 의한 평가, 흑백논리적 이분법적 사고의 교과서중심 교육의 특성을 드러낸다. 교육의 목표도 절대적 가치를 지니는 교과서 속의 객관적 지식을 잘 전달함으로써 학생들의 두뇌를 개발시키고 지적 능력을 향상시키는 것이다. 교육의 관건은 얼마나 많은 지식을 잘 전달하느냐 하는 것이며, 지식 전달자로서 교사의 역할이 강조된다. 이로써 교사의 권위를 강조한 지시와 통제 등의 교수 방법에 의존하게 되었다. 학습자에게는 교사로부터 짧은 시간 동안 많은 양의 지식과 정보를 일방적으로 부여받고 암기하는 수동적 학습자의 역할이 부여된다. 수업도 미리 계획된 수업계획안에 맞추어 그대로 진행하였으며, 수업이 끝난 후에는 학생들에게 획일화된 평가기준으로 암기 위주의 지식이 평가된다.

또한 이성중심의 근대적 가치관으로 인해, IQ가 인간능력의 중요한 평가척도로 받아들여졌다. 과학과 기술의 발전을 통해 대량 생산체제를 일반화함으로써 사회 전반에 획일화, 대중화, 표준화, 평준화의 개념을 확산시켰던 모더니즘 시대의 교육은 능력이나 적성에 있어 개인차를 고려하지 못한 집단적인 대중교육이라는 틀을 형성하게 된다. 이처럼 모든 패러다임의 상황에 보편적 기준이 적용될 수 있다는 가정하에 보편적 진리와 보편적 속성들이 존재할 수 있음을 믿는 근대성modernity에 근거한 모더니즘 교육은 이후 등장한 포스트모더니즘에 의해 그 보편타당한 가치의 유효성에 대해 비판받게 된다.

포스트모던 철학의 사유

포스트모더니즘을 논의하는 첫째 터전은 용어 자체에서 주어진다. 포스트post와 모더니즘modernism이 합쳐진 용어인데, 라틴어 접두사 'Post'는 일반적으로 '－이후after'라는 의미를 지닌다. 말 그대로 설명하자면 포스트모더니즘은 근대 이후의 사상, 사유체계, 생각의 구조, 문화사조 등을 의미한다고 할 수 있다신승환, 2009[54].

포스트모더니즘의 의미는 적용분야에 따라 다르게 해석되기 때문에, 개념 자체의 다의성과 함께 모호성과 불확정성의 성격규정을 자연스럽게 동반할 수밖에 없다Eagleton, 1991. 이러한 개념적 다의성과 모호성, 불확실성은 리오타르Jean-Francois Lyotard의 대표적 저서인 『포스트

54) 리오타르(J. P. Lyotard)에 의하면 접두사 'post'는 '－이후(after)' 이외에도, '반대(anti)',와 '넘어서(trans)'의 세 가지 의미를 지닌다. 두 번째, 세 번째 의미에 비추어 본다면, 포스트모더니즘은 근대사유체제와 '반대(anti)'되는 사조를 가리키며, 근대사유체제가 지니는 긍정적 측면을 한편으로 수용하면서 그것이 지니는 문제를 넘어서(trans) 극복하는 사유체계, 수용과 극복, 초월적 극복이란 의미로 이해될 수 있다. 리오타르에 의하면 이 세 가지 의미에 따라 포스트모더니즘은 매우 다른 특성을 지니게 된다. 이러한 규정상의 어려움에도 불구하고 우리는 그 사상적 내용물을 검색하면서 이 세 가지 의미에 따른 유사한 흐름들을 포스트모더니즘으로 정리할 수 있다(신승환, 2009).

모던의 조건The Postmodern Condition, 1979』 전반을 통해 제시한, 불안정성, 비연속성, 불확정성, 모순, 파국, 갈등, 비통약성, 그리고 차이 혹은 불일치 등으로 요약될 수 있는 포스트모더니즘의 특성과 오히려 맞아떨어진다고 볼 수 있을 것이다서상문·장사형, 2006, 재인용.

포스트모더니즘의 철학적 사유체계는 우선 니체Friedrich Wilhelm Nietsch, 1844~1900에 대한 재조명에서 시작된다. 니체 사상에서의 허무주의는 이제까지의 가치를 파기하고 뒤집음에 머무르지 않고 그것을 새로운 가치로 설정하고자 하는 움직임으로 이해된다. 새로운 사유를 산출하기 위해서는 이전의 것과 대결을 벌여야 할 뿐 아니라 그것을 넘어서기 위한 출발점이 되어야 한다는 것이다. 이러한 니체의 사유체계는 근대성을 단순히 비판하기만 하는 것이 아니라 새로운 출발을 위해 극복하고 보완하고자 하는 사유를 내포하는 포스트모더니즘과 맥을 같이한다. 여기에 포스트모더니즘에 대한 니체 사상의 의미가 자리한다.

니체 철학의 포스트모던 사유체계는 하이데거Martin Heideger, 1889~1976의 실존주의를 거치게 된다. 하이데거의 철학적 사유를 포스트모더니즘과 연관시켜 이해할 수 있는 가장 중요한 관점은 전통 형이상학에 대한 비판과 극복의 사유이다. 니체가 훼손된 그리스의 비극정신을 회복해야 한다고 생각했다면, 하이데거는 근대철학에 대한 비판에서 출발한 형이상학의 극복이라는 이름으로 말할 수 있다. 하이데거는 근대철학이 존재론을 인식론으로 전환시킴으로써 존재의 의미를 망각하였다고 규정한다. 존재의 자리에 근대의 이성, 합리성, 자연과학이 그 자리를 차지했다는 의미다. 근대철학에 대한 하이데거의 비판과 분석의 핵심은 전통적 주체-객체의 이분법적 도식이다.

즉, 전통 형이상학에 대한 해체를 의미한다. 이런 점에서 하이데거의 철학은 이성중심주의에 대한 비판과 보완을 강조한 포스트모더니즘 사상의 원류로 제시된다. 그의 사상을 근대 극복의 사유로 해석하는 작업이 포스트모더니즘의 근거가 된다는 것이다.

하이데거의 철학적 논거를 이어간 것이 데리다Jacque Derrida, 1930~2004와 푸코Michel Foucault, 1926~1984를 비롯한 후기구조주의Post-structuralism의 물결이다. 이들 후기구조주의의 특성은 계몽주의 이래의 이성중심주의에 대한 비판과 서구 형이상학 체계에 대한 해체이며, 하이데거의 존재론과 언어분석철학을 근대의 해체작업을 위한 두 원천으로 이해한다. 이들 사상들은 로고스 중심주의에 대한 비판과 메타 담론meta-narrative에 대한 비판이라는 공유된 관점을 지닌다는 점에서 탈형이상적 사유라는 공통된 맥락으로 설정된다.

• 포스트모던 지식론

포스트모더니즘은 진리의 유일성을 전제하는 모더니즘 지식체계와 데카르트 이후 오늘날까지 서양사상의 주된 흐름을 규정해 온 근대 이성중심의 자아에 대한 해체로부터 시작된다.

우선 모더니즘 지식체계에 대한 해체를 의미하는 포스트모던 지식관에 대해 살펴보자.

포스트모더니즘은 주체의 인식에 의해서 파악될 수 있는 객관적 실재로서의 지식관으로 특징지어지는 모더니즘을 비판하고 보편적인 지식체계가 아니라 특수성과 맥락성에 의존하는 개별 지식들과 그 차이에 주목한다. 이로써 지식구조의 전체성과 완결성을 전제로 한 유일한 합리성, 도덕성, 지배적인 이론으로서의 거대서사meta-narrative를 거부하고 절대적·보편적 진리에 대한 해체를 시도한다. 포스트모던 관점에서 볼 때, 모든 삶의 형식을 총괄하는 보편적 진리는 없으며 진리 또는 지식은 특정 맥락 안에서 구성된 것들로 항상 상황과 맥락에 의존적이므로 상이하고 다양하다. 단일한 규칙과 보편적 메타언어는 존재할 수 없으며, 진리와 지식은 역사적·사회적 상황에 따라 결정된다는 점에서 우연적이며 가변적이고 잠정적이다.

근대 모더니즘이 지식론의 영역에서 실증적 지식에 근기를 둔 것이라면 포스트모더니즘은 해석학적 지식에 의존한다Lyotard, 1984. 실증적 지식이란 근대과학을 형성시킨 과학적 지식의 원형으로, 지식의 정당성이 종래의 내재적 완결성을 주장한 과학의 자체적 논리에 의해 확보되는 과학적 지식을 의미한다.

포스트모더니즘 지식관을 대변하는 해석학적 지식interpretative knowledge이란 리오타르가 주장하는 서사적 지식을 지칭하는 것으로, 지식이 해석학적 견지에 설 때 '사실fact'은 없고 '해석interpretation'만이 존재하게 된다. 해석은 결론이 아니라 다른 해석을 향한 출발일 뿐이다. 이러한 해석학적 원리의 저변에는 보편적 이성에 대한 강한 거부가 자리 잡고 있다. 리오타르는 지식의 가치판단 기준이 기존 사회관습과의 일치 여부, 즉 다른 영역의 지식과 가지는 관계성을 통해 지지됨으로써 비로소 정당화되어 사회적 합의로서 기능하는 '서사적 지식narrative knowledge'의 구성 과정을 보여 준다. 이와 같이 지식구조의 전체성과 완결성을 전제로 개별적인 특수성에 대해 무시하였던 모더니즘 지식관을 비판하게 된다. 이로써 포스트모더니즘은 보편적 이성에 대한 강한 거부를 바탕으로 근대지식의 객관성, 절대성, 전체성, 단일성을 비판하면서 상대성, 다원성으로서의 진리를 상정하게 된다.

푸코Michel Foucault, 1924~1984는 지식, 언어, 권력의 관계를 드러냄으로써 그 시대를 이끄는 가치나 담론은 절대적인 진리가 아니라 당대 사회구성원들에 의해 묵시적으로 합의된 하나의 잠정적 진리에 불가한 것임을 보여 줌으로써 이성과 관념의 보편타당성을 부정하였다Foucault, 1965. 즉, 지식은 본질적으로 내재된 절대적 진리가 아니라 세상을 이해하고 바라보는 다양한 관점들의 협상 속에서 합의된 하나의 해석일 뿐이다. 근대 모더니즘적 관점에서 객관적인 실재로 여겨지는 지식이 푸코에게 있어서는 구체적인 담론적 실천discourse practice에 의해 생산되는 것으로 파악되는 것이다. 이러한 담론적 실천을 통한 지식구성의 이면에는 선택과 배제의 논리가 작동하고 있으며 바로 이곳이 지식에 대하여 권력이 개입하게 되는 지점이기도 하다.

포스트모던 입장에서 볼 때 결국 지식은 특정한 사회 문화적 맥락에 의존함으로써 제한적인 성격을 지니게 되며 진리와 가치 또한 절대성에서 벗어나 서로 경쟁하는 주장들을 가진 상호주관성inter-subjectivity을 지니는 불특정적인 지식의 체계인 것이다Bagnal, 1998.

• 포스트모던 인간

객관적 세계에 대한 신념과 동일성의 논리에 중독된 근대 모더니즘 시대에서 당연시되는 통일되고 정체된 인간주체관은 포스트모던 철학에 의해 그 보편타당한 가치의 유효성에 대해 비판받게 된다.

포스트모더니즘은 데카르트 이후 오늘날까지 서양사상의 주된 흐름을 규정해 온 모더니즘의 시대정신인 이성적 자아에 대한 해체로부터 시작된다.

플라톤 이래의 이성, 로고스주의의 전통은 근대에 이르러 이성의 신화화를 통해 가장 강조된다. 포스트모더니즘은 협의의 근대 이성적 자아를 해체하고 통합된 인격체이며 유기체로서의 넓은 의미로 로고스적 인간관을 제시한다. 이런 점에서 포스트모던 주체는 말씀으로서의 로고스적 인간을 규명한 아리스토텔레스 인간관으로의 환원을 의미한다고 볼 수 있을 것이다.

이성주체에 대한 해체와 함께 포스트모던 주체의 또 다른 특성으로 보편성·객관성에 근거한 동일성의 주체가 아니라 매순간 차이를 생성하는 개별적 주체이다.

추상적이고 본질적이고 정상화된 과정을 거치면서 역사와 사회적 맥락 밖에 존재하는 고정된 정체성을 지닌 존재, 즉 보편적 인간Man이 근대 모더니즘의 중심에 있다면, 포스트모던 관점에서 개인man은 탈중심화되고, 개인별 주체는 언어적 구조들과 관계들의 총체 속에서 용해된다Gergen, 1992.

포스트모더니즘은 언어 이론과 예술철학을 통하여 동일성이라는 특징을 지닌 근대사유로부터 탈출하고자 한다. 예술과 언어에 의해 드러나는 차이와 생성의 힘은 다원성으로 이해되는 포스트모더니즘 사유를 설명하기에 충분하기 때문이다.

미학의 극복 혹은 형이상학의 극복으로 이해되는 포스트모던 예술철학은 이성 주변에 자리한 미학을 의미와 차이를 드러내는 생성의 탈미학으로 정립한다. 차이의 사고, 즉 존재론적 차이를 드러내는 탈미학의 사유체계가 곧 포스트모더니즘이다. 탈미학적 사유는 전통미학aesthetic의 주체-객체의 이분법적 도식에 의한 형이상학구조를 해체한다.

데리다Jacque Derrida, 1930~2004는 소쉬르가 주장한 하나의 기표가 하나의 기의와 만나서 언어의 의미를 생산한다는 주장에 이의를 제기한다. 구조주의 언어학자인 소쉬르는 단어의 의미는 기표와 기의의 상관관계에 의해 결정되는 것이 아니라 언어체계 내에서 차이를 통해 생성된다고 설명한다. 그러나 데리다에 있어 단어의 의미는 하나의 기표와 기의의 만남을 통해 생겨나는 절대적 의미가 아니라 시간과 공간 속에서 끝없이 지연되는 차연을 통해 다양한 의미 생성이 가능한 것이다. 이러한 데리다의 입장은 의미의 보편성을 전제하는 모더니즘적 사고가 허구임을 드러내고, 고정된 현존으로서의 동일성을 지닌 근대주체를 해체한다.

지식과 인간에 대한 포스트모던 철학적 사고의 틀은 18세기 계몽주의 이후 서구의 합리주의를 되돌아보며 이성중심의 모더니즘 시각을 비판하면서 포스트모더니즘이라는 새로운 패러다임의 성립에 있어서 가장 근본적이고 중추적 역할을 하게 된다.

새로운 패러다임으로서의 포스트모던 교육

세계의 존재론적 차이를 부정하고 실체론적으로 이해하는 근대의 동일성과 일원성을 넘어 다원성을 창출하는 것, 이것이 바로 포스트모더니즘의 과제이다. 이는 교육에 있어 패러다임의 전환을 이끌며 다양한 교육현상으로 구체화된다.

첫째, 지식의 본질에 대한 포스트모더니즘적 관점은 모더니즘 교육에서 절대적 가치로 인식한 교과서 내용의 진리성이나 보편타당성에 대해 비판할 뿐 아니라, "무엇을 가르쳐야 할 것인가?" 하는 교육내용의 문제에서부터 "어떻게 가르칠 것인가?" 하는 교육 방법에 이르기까지 새로운 관점을 제시하고 있다.

우선 "무엇을 가르칠 것인가?" 하는 교육 내용에 있어서, 포스트모더니즘 교육은 분절된 학과의 전문적 접근보다는 자연스런 삶과 일상의 경험, 생활세계life-world를 중심으로 이루어지는 통합성으로서의 교육을 지향한다. 즉, 우리의 세계체험이 통합적이듯, 교육은 인간과 인간의 삶에 실존적으로 근거한 교육 원리인 통합성을 바탕으로 이루어져야 한다는 것이다. 따라서 교육 활동과 학습도 단절되고 독립된 영역으로 구분되는 것이 아니라 하나의 연속된 흐름으로 이해하는 것이다서상문 · 장사형, 2006.

둘째, 인간주체에 대한 인식과 인간에 대한 폭넓은 이해를 바탕으로 통합된 인격체, 유기체로서의 인간관을 제시하는 포스트모던 관점에서 볼 때 교육은 이성중심교육, 지식중심의 근대교육을 비판하고 인간 내면의 가치에 중점을 둔 인성교육을 지향하여야 한다.

인간을 통합체적 유기체로 본 아리스토텔레스의 인간관을 회복하고자 하는 넓은 의미에서의 로고스적 인간을 지향하는 포스트모던 인간관은 모던 교육이 인간의 앎, 가치, 판단과 같은 인간의 실존적, 초형이상학적meta-metaphysic 가치를 간과하고 있음을 비판하고, 지식만이 아니라 인간 내면의 가치를 존중하는 통합적 인간 양성, 즉 전인whole person 교육을 목표로 제시하게 된다. 이런 점에서 포스트모던 교육은 교육에 있어서의 인간성 회복 운동, 즉 휴머니즘 운동이라 볼 수 있을 것이다.

또한 IQIntelligence Quotient로 대변되던 인간의 능력에서 벗어나 다양한 능력들을 교육의 중심에 끌어옴으로써 이성중심의 근대교육에서 벗어나 정서감성, 창의성 교육을 강조하게 된다.[55)]

이는 지식을 접할 수 있는 방법도 제한적이었고 지식의 양도 많지 않았던 모더니즘 사회와는 달리 소프트웨어의 발달과 인터넷의 발달로 인한 지식정보화 사회로서의 특성을 지니는 포스트모더니즘 사회에서는 단순한 암기에서 벗어나 입수한 정보들을 효율적으로 처리 분배하고 자기 나름대로 독창적 방법으로 활용할 수 있는 창의적 능력이 요구되기 때문이다. 포스트모던 교육에서는 아동들로 하여금 기존의 문화를 재발견하고 재창조하며 자기 자신의 삶을 스스로 행복하게 할 줄 아는 능력을 길러 주어야 할 것이다.

요컨대, 포스트모던 교육은 모더니즘의 편협한 인간관의 한계를 극복하고, 독특성을 지닌 귀한 존재로서 개개인의 개성과 자율성 및 다양성이 존중되는 교육을 지향한다.

셋째, 다원화로 대변되는 포스트모더니즘 사회에서는 보편성, 통일성으로 대변되는 모더니즘 사회에서 소외되었던 타자의 문제에 관심을 가지게 된다. 타자의 문제에 대한 관심은 모더니즘 사회 속에서의 단절된 개별성과 폐쇄성으로서의 자아로부터 벗어나 나 외의 다른 무한한 존재 가능성에 대하여 자기를 완전히 개방하는 자세이다(서상문·장사형, 2006). 이와 더불어 포스트모던 교육에서는 대부분의 평균적 아이들을 위한 교육에만 치중해 온 모더니즘 교육의 양상에서 벗어나 지금까지 소외되었던 교육 문제에 대한 관심으로 이어진다. 문화나 성별, 장애유무와 관계없이 똑같은 기회를 부여하고자 하는 반 편견 교육이나 평균보다 뛰어난 영재들에 대한 교육이 그 대표적 예이다.

---

55) EQ(Emotional Intelligence Quotient, 정서지능지수), 혹은 SQ(Social Intelligence Quotient, 사회성 지능지수 혹은 Spirituel Intelligence Quotient, 영적 지능지수), MQ(Moral Intelligence Quotient, 도덕지능지수), EQ(Ethical Intelligence Quotient, 윤리지능지수), LQ(Leadership Intelligence Quotient, 지도력지능지수) 등은 인간능력에 대한 다양한 관점을 대변하고 있다.

장애아 통합교육은 장애를 가진 유아와 비장애 유아가 같은 교육환경에서 함께 교육받는 것을 의미한다. 이는 유아들로 하여금 장애 유무로 인해 가지게 되는 편견을 없앨 수 있게 하여 서로를 이해하고 편견 없이 상호 협조하는 공동체 의식을 함양시킬 수 있는 좋은 교육환경으로 인식된다. 또한 장애아 통합교육은 무조건 똑같은 교육을 받는 것이 교육에 있어서의 평등권이라 인식하여 서로 다른 능력과 적성을 가진 아이들에게도 똑같은 교육을 실시하였던 모더니즘적 교육양상에서 벗어나 다른 교육적 서비스를 필요로 하는 아이들에게 그에 맞는 개별화된 교육을 지향하는 포스트모던 교육의 한 양상이라 볼 수 있을 것이다.

다문화교육multicultural education의 개념은 1975년 샌프란시스코San Francisco에서 '교육에서 다문화주의의 정의를 위해'라는 주제하에 있었던 미국 인류학 학술대회에서 처음 제기된 후 교육에 적용되기 시작하였다. 최근에 와서 다문화주의 교육의 개념은 서로 다른 문화 간 대립의 차원이 아니라, 다양한 문화적 요인을 흡수하거나 수용을 의미하는 우호적 차원으로 관점변화의 양상을 보이고 있다. 따라서 다문화주의 교육은 다른 문화에 대한 이해와 수용의 차원뿐 아니라 자신의 문화적 특성을 이해함으로써 자신의 문화에 대한 정체성을 확립하게 하여 타 문화에 대한 개방적 태도를 잃지 않게 교육하는 것이다.

결국 다문화교육, 장애아 통합교육, 양성평등교육 등은 궁극적으로 나와 타인을 포함한 모든 개별적 자아가 다름을 실천적으로 인정하고 수용하는 태도를 길러 주고자 하는 포스트모더니즘 관점을 반영한 교육현상이라 할 수 있을 것이다.

탈주체로서의 포스트모던 주체

하나의 통일적인 원리로 세계를 설명하려는 근대와는 달리 포스트모더니즘은 세계의 다원성에 초점을 두고 현상학적 세계, 즉 생활세계의 다원적 성격을 드러내는데, 포스트모더니즘이 추구하는 세계의 다원성과 불가분의 관계를 갖는 것이 바로 주체에 대한 새로운 이해이다.

근대는 인간중심적인 사고가 극에 달해서 자연과 세계를 인간의 의지에 종속시키려는 경향이 두드러진 시기이다. 자연을 과학화해 세계를 과학의 대상 중 하나로 환원하고자 한 근대 과학적 사고는 자연을 정복하려는 인간의지의 표출이자 인간중심적 사고의 정형이다. 이로써 근대는 인간주체에 과도한 자율성과 의미를 부여한다.

반면 포스트모더니즘은 근본적으로 주체에 근거해 세계를 이해하려는 주체중심적 사고를 넘어서 세계가 주체에 선행한다는 탈주체적 성격을 지향한다박인철, 1990.

근대가 이성적 주체의 자기동일성과 통일성을 근거로 세계의 통일성과 질서를 합리적으로 설명하려 했다면, 포스트모더니즘은 주체의 다원성과 개방성, 한마디로 표현하면 '탈주체성de subjectivity'을 토대로 세계의 복합성과 다원성을 설명하고자 한 것이다.

▌현상학에서 출발하는 탈주체

탈주체화의 경향은 현상학phenomenology에서 시작된다. 현상학이 궁극적으로 의존하는 것은 바로 인간의 주관적 체험이다.

후설 현상학이 완전한 주관주의 철학과 구별되는 이유는 인간의 내적 주관적 체험을 불러일으키는 것이 인간 자신이 아니고 외부로부터 오는 것으로 본다는 점이다. 체험 자체에만 주목하는 것이 아니라 체험을 불러일으킨 외적 배경까지 고려한다는 의미다. 다시 말해 현상은 근본적으로 주관을 전제로 하지만 현상을 가능케 하는 외적 존재 혹은 외적 배경으로서의 타자가 모두 전제되는 것이라는 의미에서 후설의 현상학은 주관주의와 객관주의의 중간에 놓여 있다고 볼 수 있다.

현상학에서 모든 대상 내지 존재는 하나의 현상phenomenon으로 주어진다. 현상이란 본래 '나에게 나타나는 것'이라는 의미를 지니고 있다. 그런데 이 현상이라는 개념 속에는 현상을 가능케 하는 외적 존재 혹은 외적 배경과 현상이 나타나기 위한 장소라는 두 가지 요소가 섞여 있다. 이는 인간이 결코 현상 자체를 의지적으로 나타나게 할 수 없다는 뜻이다. 현상은 철저히 나의 의지와는 무관하게 외부로부터 나에게 현출되는 하나의 수동적 체험인 것이다. 그리고 현상은 이를 받아들이는 장소로서 주관 혹은 주체를 필요로 한다. 이렇게 현상을 가능케 하는 외적 존재 혹은 외적 배경으로서의 타자가 전제되어 있다는 점에서 후설의 현상학은 완전한 주관주의 철학과는 구별된다.

후설 현상학이 완전한 주관주의 철학과 구별되는 또 다른 이유는 후설에 있어 의식과 세계는 상호성의 관계를 전제로 한다는 점이다. 후설은 생활세계를 통해 근대적 주체중심주의에 의해 망각된 타자성을 그대로 인정함으로써 의식-세계 사이의 상호주관적 관계를 복원하려는 시도를 수행한다.

후설의 생활세계는 나의 의식과 상관없이 존재한다고 가정되는 자아 밖의 모든 사물의 총체가 아니라, 인간의식이 세계에 의미를 부여함으로써 형성된 세계, 즉 인간주체의 의식의 지향성intentionalitat[56)] 으로 말미암아 구성되는 선술어적 세계이다.

그럼에도 불구하고 후설 현상학이 주관주의로 부각되는 이유는 후설이 순수의식, 선험적 의식이라는 주체의 자아에 지나치게 절대성을 부여하고 있다는 점 때문일 것이다. 이러한 주관성에 대한 지나친 강조 때문에 후설의 현상학은 데카르트적 관념론의 유아론적 한계를 벗어나지 못한다는 비판을 받기도 한다.

그러나 후설 현상학에서의 주체는 그 자체만의 독립성과 절대성을 주장하기보다는 항상 객체, 즉 세계와의 상관성 속에서 그 존재의미를 가지며 부단히 세계와 상호작용하여 영향을 받는 존재라는 점에서 근대적 주체와는 구별된다. 데카르트나 칸트의 주체가 순수한 주체로서 세계와 구별되는 고립된 주체라면, 후설 현상학에서 주체는 세계에 대하여 닫혀 있거나 세계와 대립된 존재가 아니라 생활세계 지평 내에서 더불어 존재하는 주체이다. 즉, 주체와 세계가 지평 속에서 서로 뿌리 깊게 얽혀 있으며, 이로써 세계는 주체가 객관적으로 대상화하여 볼 수 있는 성질의 것이 아니다. 이는 곧 탈주체화의 시작이다.

후설 현상학의 탈주체적인 사고는 하이데거Martin Heideger, 1889~1976에

---

56) 후설에 의하면 지향성이란 나의 의식대상이 무엇이든 나에 의해 의도된, 구성된, 지향적인 어떤 것임을 의미한다. 우리의 원초적 지각은 차별화되지 않은 세계들로 이루어져 있지만 우리들에게 지각된 대상들이란 결국 하나의 의식의 흐름에 속하는 부분들로서, 주체인 우리가 그것을 지향함으로써 구성해 낸 것이다(이화도, 2008).

의해 잘 표현된다박인철, 1990. 그에 따르면 '세계는 우리 앞에 놓여 있는 직관의 대상이 아니다. 세계는 탄생과 죽음, 축복과 저주의 궤도 속에 우리가 존재하는 한 우리가 이 속에 머물러야 할 언제나 비대상적인 것'이다Heideger, 2003. 즉, 세계를 보다 원초적이고 진실되게 체험하기 위해서는 세계를 인간의 관점에서 이성적으로 개념화해서 볼 것이 아니라 '세계가 그 스스로의 모습을 드러내는 순간'을 포착해야 한다는 것이다. 의지나 의식으로 세계를 바라보면 이는 대상화된 세계일 뿐 그 자체는 아니라는 의미다. 인간이 수동적 체험의 순간에 자신도 모르게 내맡겨지는 비의지의 상태에서 세계의 진실된 모습을 볼 수 있게 된다는 것이다. 이때 주체는 다만 세계의 드러남과 열림을 받아들이고 목격하는 하나의 방관자일 뿐이다. 이로써 주체중심적인 사고는 철저히 해체된다.

하이데거의 탈주체적인 사고가 가장 극명하게 드러나는 것이 그의 예술론이다. 하이데거의 예술론에서 주목할 것은 진리의 중심에 인간적 주체가 있는 것이 아니라 인간은 다만 이 진리사건에 우연히 참여하고 있을 뿐이라는 점이다박인철, 1990. 인간은 세계의 존재 의미를 구성하는 하나의 요소일 뿐 그 자체가 중심이 되지 못함을 하이데거는 강조하고 있다.

세계를 제대로 보기 위해서는 현상학적 태도를 취해야 한다는 점에서 후설과 입장을 같이 하는 메를로 퐁티Maurice Merleau-ponty, 1908~1961의 경우는 주체의 의지적 결단을 강조하고 주체의 합리성을 강조한 후설과는 달리 주체의 비의지성과 감수성을 강조한 점에서 구별된다. 메를로 퐁티는 기본적으로 나와 사물 간의 상호융합성을 전제로 양자 간의 상호작용을 주장함으로써 주체중심의 원근법적 지각론을 무너뜨린다박인철, 1990.

> 나는 나 자신이 사물들에 의해 보이고 있음을 느끼며 나의 능동성은 동등하게 수동성이다. … 따라서 보는 자와 보이는 것은 서로 상호작용을 하며 우리는 어느 것이 보는 것이고 보이는 것인지 더 이상 모른다.
> 『보이는 것과 보이지 않는 것Le visible et l' Invisible』

메를로 퐁티와 하이데거는 탈주체적 경향을 보인다는 점에서 포스트모더니즘적인 경향에 나름대로 편승하고 있다고 볼 수 있다. 그러나 메를로 퐁티와 하이데거의 현상학적 탈주체성은 주체의 의미를 그대로 인정하면서 이를 객관과의 상호관계 속에서 보려고 한 점에서 탈주체적이면서도 주체 자체를 부정하는 해체주의적인 경향의 다른 포스트모더니즘 철학과는 차이를 보인다박인철, 1990. 메를로 퐁티와 하이데거의 탈주체성은 주체의 해체라기보다는 주체성의 유보 내지 무력화의 의미를 지닌다고 볼 수 있다. 이것이 현상학의 기본 입장이다.

현상학적 탈주체와 윤리

현상학적 탈주체성의 한계는 주체의 자율성과 능동성이 부인되어 자신의 행동에 대해 책임을 질 수 있는 전통적 주체의 의미가 부정됨으로써 윤리성이 상실된다는 점이다.

현상학적 탈주체성의 경향을 유지하면서도 주체의 윤리성을 잃지 않으려는 시도를 한 철학자가 레비나스Emmanuel Levinas, 1906~1995이다. 이른바 타자의 철학으로 불리는 그의 철학은 철저히 탈주체성을 견지하면서도 주체의 윤리 문제를 전면에 내세운 독특한 이론체계를 선보인다. 탈주체성을 윤리와 결부시킨 점이 레비나스가 다른 현상학자들과 구별되는 점이다.

레비나스는 모든 것을 동일성으로 환원하는 근대 동일성 철학의 바탕에는 이성주의로 특징지어지는 주체중심적 사고가 깔려 있다고 보고, 이를 극복하기 위해서 주체중심성을 벗어나 타자중심의 철학으로 전환해야 한다고 보았다. 레비나스의 타자는 '낯섦'의 의미를 지니는 일체의 이질적인 것을 말한다. 그는 타자성他者性, altérité을 동일적인 주체의 세계로 포괄할 수 없는 영원히 이질적이고 초월적인 것으로 하나의 절대적 초월성을 지니는 것이라 보았다. 타자에게 절내성이 부여된다는 것은 곧 자기동일적 주체에게는 상대적으로 그 권한이 인정되지 않는다는 의미다. 이로써 주체와 타자의 관계가 근대와는 반대로 타자에게 주도권이 주어지는 비대칭적인 관계로 규정된다. 이는 주체의 관점에서 타자가 규정되는 것이 아니라 타자의 관점에서 주체가 규정된다는 것을 의미한다. 주체인 나는 속수무책으로 타자에 의해 지배받고 영향을 받을 수밖에 없는 연약한 수동적 초월인 것이다. 이러한 비대칭적 주체와 타자관계에서 개별적 주체가 새로운 윤리적 주체로 거듭나게 되는 것은 타자에 대한 책임의식이다.

레비나스의 현상학적 관점에서 볼 때 타자와의 만남은 주체로 하여금 '타자에 대한 책임을 느끼게 되는 계기'가 된다. 고통에 찬 타자를 본 순간 나는 자신도 모르게 타자에 대한 보호의식과 책임감을 느끼게 된다는 것이다. 이는 칸트가 말한 이성적 판단에 따른 책임의식이 아니라 타자로부터 촉발된 것으로 나의 의지와는 무관하다는 점에서 원초적이고 본능적인 책임의식이다.

이처럼 레비나스의 철학은 후설이나 메를로 퐁티처럼 탈주체적이라는 점에서는 공통점을 지님에도 불구하고 새로운 주체의 윤리성을 제시한 점에서 포스트모던 철학에 새로운 방향을 제시한다.

▌상호주관성으로서의 탈주체

상호주관성이란 타자가 배제된 순수한 근대주체에서 벗어나 나와 타자 간의 관계성에 근거한 역동적 주체로 패러다임이 전환됨을 의미한다. 이는 주체로서의 자아긍정과 주체로서의 타자긍정을 바탕으로 나와 타자 간의 관계성을 강조하는 주체 개념이며, 타자가 배제된 순수한 근대주체에서 벗어나 타자와의 상호작용의 기회 속에서 구성되는 실재McNamee, 1996로서의 인간주체, 즉 상호주체inter-subject의 가능성을 제시한다.

상호주관성inter-subjectivity으로서의 주체에 대한 자각은 후설 현상학에서 시작된다. 후설은 근대적 주체중심주의에 의해 망각된 타자성을 인정함으로써 주체-타자 사이의 상호주관적 관계를 복원하려는 시도를 수행한다.

근대적 주체중심철학의 시작인 데카르트의 "나는 사유한다. 고로 나는 존재한다Cogito ergo sum."는 원리에 따르면, 사유의 주체인 정신적 자아는 인식의 주체가 되고, 사유의 대상이 되는 일체의 경험적 존재들은 언제나 주체에 의해 규명되는 수동적이고 비주체적인 존재이다. 데카르트는 주체의 자유와 자율성은 어떤 타자에 의해서도 침해받지 않는 것으로 하기 위해 나 밖에 있는 모든 타자를 물질로 환원시켜야만 했다. 사유의 대상으로서 타자는 언제나 주체에 의해 규정되어야 할 대상일 뿐 결코 주체를 규정하는 또 다른 주체로 인정되지 않는 점에서, 근대주체는 철저히 홀로주체solo-subject이다.

반면 후설의 주체는 그 자체만의 독립성과 절대성을 주장하기보다는 항상 객체, 즉 세계와의 상관성 속에서 그 존재 의미를 가지며 부단히 세계와 상호작용하고 영향을 주고받는 존재라는 점에서 상호주체이다. 레비나스 역시 '동일적 주체 안의 타자로서의 주관성'이라는 새로운 주체 개념을 제시한다. 이때 타자는 나와 대립되는 분리된 존재가 아니라 상호 교류하는 존재로 공통의 의미지평을 공유하고 있는 구체적 타자이다. 내가 타자이고, 타자는 내 안의 또 다른 세계이다.

주체-타자 사이의 상호주관적 관계를 복원하려는 시도는 포스트모던 철학으로 이어진다. 데리다는 자기동일성이나 자기 현존성 안에 흔적으로 유령처럼 존재하면서 끝없이 차연différance을 형성하는 타자성을 드러냄으로써 근대적 주체가 전유해 온 방식인 주체중심에서 벗어나 타자를 복권시키는 탈주체중심의 철학적 관점을 제시한다. 이런 점에서 데리다의 주체 역시 타자가 배제된 순수한 기의로서 고정된 의미를 지닌 주체가 아니라 타자와의 상호관계 속에서 끝없이 새롭게 구성되는 역동적 상호주체이다.

들뢰즈G. Deleuze는 동일성으로 존재한 본질적 의미가 그 자체로 비본질적인, 아무것도 아닌 어떤 것과의 상호적 관계의 과정을 통해 새로운 의미로 재구성되고 창조되는 과정을 보여 준다. 이 과정은 사물 고유의 동일성으로서의 본질과 의미가 있는 것이 아니며, 주체가 아닌 어떤 것으로서의 타자의 힘을 전제하고 있음을 드러낸다. 즉, 사물 고유의 본질적 의미는 타자와의 관계 속에서 새롭게 정의되고 변화된다는 의미다. 들뢰즈의 주체는 재현의 동일성에 의해 설명되는 주체가 아니라 타자에 의해 즉자적 차이를 생성하는 '분열된 주체'인 것이다.

물론 들뢰즈 철학에서 타자의 개념이 구체적으로 드러나지는 않는다. 그럼에도 불구하고 들뢰즈의 사유는 인간존재가 동일성으로서의 본질과 의미를 지니는 존재가 아니라, 타자들과 무한한 관련을 맺으면서 진화하는 과정에서 차이가 존재하며 이러한 차이가 반복되면서 생성이 이루어지는 존재임을 보여 준다.

이때 주체와 타자는 각자의 동일성을 지닌 분리 가능한 존재가 아니라 주체와 대상이 서로 무수히 접속하고 관계를 맺으며 수많은 차이와 특이점singularité을 생성해 내는 과정에서 드러나는 역동적 주체이다. 이런 점에서 들뢰즈의 주체는 보편적으로 규정된 본질에 갇혀 있지 않고 타자와의 관계를 통해 새롭게 생성되는 상호주체inter-subject이다.

포스트모던 철학에서의 주체 담론들은 주체로서의 자아긍정과 주체로서의 타자긍정에 근거하여 인간주체의 자각이 타자와의 관계를 통해 이루어지는 것임을 보여 준다. 매순간 어떤 동일성으로도 드러나지 않은 영역에서 차이를 드러내는 생성의 존재, 차연의 존재로서의 주체에 대한 이해이다. 이는 보편적이고 객관적인 내적 정체성을 정립하기 위해 동일한 방식으로 성장해 가는 주체가 아니라 타자와의 관계 속에서 끝없이 변화, 생성, 발전하는 상호주체에 대한 자각이다. 요컨대, 포스트모던 주체는 세계 안에서 자기 자신을 성취하고 기투하는projetant 존재이면서, 세계 안의 타자에 의해 영향을 받는 피투被投되는 존재이다. 내가 타자이고 타자가 나인 세계, 색즉시공 공즉시색色卽是空 空是卽色의 세계, 이것이 상호주관성의 세계이다. 상호주체에 대한 포스트모던 자각은 현대인들의 실존적 조건에 결여되어 있는 상호주관성을 드러냄으로써 새로운 교육 담론의 가능성을 시사한다.

▌수동성으로서의 탈주체

19세기 말 인간과학은 인간주체의 주관성의 조건, 주체가 된다는 것에 의미를 부여함으로써 언어활동의 주체, 생산의 주체, 생명의 힘을 과시하는 능동적 주체로서의 인간주체 개념을 정립한다. 인간의 주체성, 능동성에 대한 강조를 통해 자율적 주체로서 인간이 형성되는 시기이다.

자율적 주체, 능동적 주체로서의 인간에 대한 근대적 환상은 20세기 초 욕망에 지배되는 인간존재를 드러냄으로써 자유로운 자아, 능동적 자아로서의 인간주체를 거부한 프로이트Sigmund Freud, 1856~1939에 의해 비판된다.

알튀세르Louis Althusser, 1918~1990 역시 호명interpretation이라는 개념을 사용하여 능동적 주체로서의 인간한계를 드러낸다. 그에 의하면 이데올로기 안에서 작동하는 큰 주체Subject가 개개인을 주체subject로서 호명하며, 주체subject는 이에 대답하고 그에 따름으로써 개개인이 주체화subjectification된다고 파악한다.

자율적 주체, 능동적 주체로서의 인간에 대한 근대적 환상은 인간주체가 겉으로는 자율적 주체로서 드러나지만 실지로는 무의식, 언어, 권력 등 다양한 규율의 틀 속에 순종하는 수동적 인간의 모습이었음을 드러낸 포스트모던 주체 담론에 의해 해체되기 시작한다.

절대적이고 자율적 존재로서의 근대주체를 해체한 포스트모던 주체 담론의 흐름을 살펴보면 다음과 같다.

첫째, 무의식적 구조적 법칙에 종속되는 주체를 통한 인간의 심층적 종속성에 대한 자각이다.

라캉J. Lacan에 의하면 인간주체는 무의식의 구조나 법칙의 규율을 따르는 주체이며, 언어의 구조나 법칙에 따르는 언어적 주체이다. 무의식의 구조가 인간의식의 자유로운 행위를 미리 결정하고 제약한다는 말이다. 언어의 주체이지만 실제로는 그가 만든 법칙이 아니라 중심기표절대적 법칙과 문법, 음운, 화의, 음성학 등 구조에 의해 말하여지는 언어의 질서에 예속된 주체이다. 이때 의미의 주체, 사유의 주체는 기표에 의해 대리되지만 존재의 주체는 흔적이 됨으로써 사라진다. 의미의 주체는 의식의 영역이지만 존재의 주체는 의식으로 규정할 수 없는 무의식의 영역에 자리하기 때문이다. 라캉은 의식주체의 심연에 놓인 무의식에 주목하면서, "나는 생각한다. 고로 나는 존재한다Cogito ergo sum."라는 명제를 통한 존재와 사유의 일치를 말하는 데카르트적 주체를 부정하고 무의식적 인간주체의 수동성을 드러낸다.

들뢰즈G. Deleuze는 우리가 개념화하는 지성과 판단하는 이성은 아직 도래하지 않은 미래에 대해 아무런 영향력을 행사하지 못함을 보여줌으로써 우리의 실존에 지성적, 이성적인 인식 능력이 동일화, 획일화할 수 없는 무의식적 지평이 있음을 보여 준다. 들뢰즈에 의하면 우리는 능동적 행동을 하거나 무언가를 의식적으로 표상하기 이전에 이미 유기체 차원에서 수축을 통해 차이를 만들어 낸다는 것이다. 이것은 우리의 인식이 대상을 동일성의 법칙으로 질서 짓고 의식적으로 파악하기 이전에 수동적 차원에서 이루어지는 차이들이다. 그는 의식의 능동성뿐 아니라 수동성이 이미 존재함을 드러내고자 한 것이다. 들뢰즈는 칸트가 인식 능력의 능동성만을 강조할 뿐 능동적 인식 능력 이전의 감성차원에서 작용하는 수동성, 즉 무의식의 영역을 무시했다는 문제의식에서 출발하여 우리의 실존에 능동적인 인식 능력이 동일화할 수 없는 지평으로서의 무의식을 드러냄으로써 칸트가 완성하지 못한 인간행동의 수동성을 치밀하게 논증함으로써 능동적 이성주체로서의 근대적 주체를 해체한다.

둘째, 역사 산물로서의 주체를 통한 인간의 심층적 종속성에 대한 자각이다.

자율적 주체에 대한 해체는 언어를 만들어 내거나 표현하는 주체가 아니라 이미 존재하는 언표적 장 속에서 어떤 자리를 잡음으로써 주체가 되는 푸코의 언표적 주체로 드러난다.

푸코M. Foucault는 『말과 사물Les mots et les choses, 1966』을 통해 단어들과 사물들 간의 관계를 자의적으로 이해하면서 언어를 지배할 수 있는 능동적 주체를 해체하고 담론 속에서 어느 한 위치에 자리 잡음으로써 기능하는 종속적 인간주체를 드러낸다.

또한 그는 근대적 주체가 어떠한 과정을 통하여 자율적 주체로 구성되는지, 그리고 자율적 주체로 정립하기 위해 작동되는 기구와 장치는 어떠한 것인지를 역사적으로 탐구함으로써 인간주체가 어떻게 이질적인 것에 의해 서서히 구축되었는지를 포착하려 하였다. 특히 권력-지식의 치밀한 관계망을 통해 구축되는 주체의 종속성을 드러낸다. 결국 푸코에 있어 인간은 지식이나 담론에 의해 형성되는 수동적 주체이다.

포스트모던 차이 담론과 교육

포스트모더니즘은 모더니즘의 거시적이며 전체적인 메타 담론에 저항하여 소서사와 다양한 언어게임의 활용을 인정하고, 단일성과 통일성의 논리에서 벗어나 하나의 상황에서 다양한 경우의 수를 허용하며 주체와 객체의 차이를 인정하는 담론들을 제시한다. 이러한 포스트모더니즘의 특성을 하나로 수렴해 보면 바로 차이에 대한 강조, 다름에 대한 이해일 것이다.

인간 이성이라는 보편적이고 객관화된 틀로부터 누수되고 소외된 것들에 주목하면서 동일성의 논리와 이성의 틀로 인간의 삶을 규정하고자 한 근대 모더니즘을 '차이'의 논리로 극복하고자 하였다. 데리다와 들뢰즈로 대표되는 포스트모던 차이 담론은 다양성과 차이를 지닌 인간존재에 대한 이해와 함께 인간의 개별성individualité과 고유성singularité의 가치를 드러냄으로써 인간과 세계에 대한 새로운 사유의 길을 열어 주고 있다.

▌모더니티 해체로서의 차이 담론

세상의 모든 존재를 다른 것과 구별되는 절대적인 차이를 지니면서 무한한 잠재성을 가지고 있는 다양체로 보는 포스트모던 차이 담론은 동일성의 논리에 근거하여 추상적이고 본질적이고 정상화된 과정을 거치면서 역사와 사회적 맥락 밖에 존재하는 고정된 정체성을 지닌 존재로 보는 근대 모더니즘 인간관을 해체한다. 또한 모든 패러다임의 상황에 보편적 기준으로 적용될 수 있는 일종의 거대서사meta narrative 속에 존재하는 차이를 드러냄으로써 모든 형태의 지식들이 특정한 중심들, 기원들 위에 근거하는 것으로 본 서구의 형이상학 la métaphysique de la présence을 해체한다.

포스트모던 차이 담론의 대표적 철학자인 데리다는 근대 모더니즘의 이성중심 인간관이 드러낸 보편성·객관성이라는 규격화된 틀을 해체하고 차연의 존재로서 개별성의 가치를 인정할 것을 제안한다.

데리다J. Derrida는 차연 개념을 통해 형식주의적이고 관념주의적인 가정들로부터 나오는 실체realité, 동일성identité, 개념concept 등 형이상학적 원리를 비판하고, 다양성과 차이를 지닌 인간존재에 대한 새로운 시각을 가능하게 하였다.

차이difference의 데리다식 버전인 차연différance[57]의 개념은 공간적 구별이나 다른 것과의 관계를 의미하는 프랑스어 'différence'와 시간적으로 미루어지는 것을 의미하는 프랑스어 'deféral'의 의미를 결합한 복합어로서, 차이의 개념에 시간의 개념이 도입되어 현존의 상태로 주어지지 않고 흔적을 남기며 연기되고 지연됨으로써 역사 속에서 끝없이 미끄러지며 끝없이 유보됨을 의미한다. 이 개념은 자기동일적 현전을 더 이상 절대적 모형으로 여기지 않고 다양성을 바탕으로 한 인간존재의 특수성을 인정하는 의미를 지닌다이화도, 2010.

데리다의 철학적 사유의 특성을 드러내는 차연différance이라는 용어는 동일성으로서의 주체에 환원되지 않고 그것을 넘어 '흔적trace'으로 존재하는 주체 내부의 이질성을 드러냄으로써 서구의 형이상학이 전제하여 온 자기동일적 인간주체가 허구임을 폭로한다. 인간 개개인

---

57) 차연의 개념은 차이(différence)라는 단어와 발음은 같지만 'e'를 'a'로 바꾸어 만들어 낸 데리다의 신조어이다. 차이를 의미하는 불어표현인 'différence'와 차연을 의미하는 데리다의 표현인 'différance'는 철자상으로 'e'와 'a'의 차이가 있을 뿐 발음상으로는 구별되지 않는다.

의 존재는 선결된 의미를 지니는 존재가 아니라 역사시간 속에서 끝없이 그 존재의 의미가 지연·유보됨으로써 변화하는 존재, 차연의 존재라는 의미다.

데리다는 텍스트주의를 통해 보편적 이해의 가능성을 부인한다. 그에 의하면 텍스트는 씨실과 날실의 반복된 직물 짜기를 반복하며 이루어진 것으로 통일적 의미를 가지는 대신에 의미를 산종dissemination 한다. 즉, 하나의 텍스트 속에서 어느 한 요소의 의미는 그 텍스트 내의 다른 요소들과 서로 연결되어 영향을 받기 때문에 모든 존재 각각의 고유한 본질적인 의미는 없는 셈이다. 해석의 차이로 인한 다의성의 가능성을 인정하는 것이다. 이는 근대 모더니즘의 보편적 지식구조에 대한 해체를 의미한다.

근대 모더니즘은 모든 패러다임의 상황에 보편적 기준으로 적용될 수 있는 하나의 언어, 즉 일종의 거대서사meta-narrative이자 메타언어로서 지식의 존재를 신뢰한다. 이는 진리에 이르는 유일한 통로를 인정하며, 역사적·상황적 차이를 넘어선 공통의 합리적 지식의 존재를 인정하는 것이다정석환, 2007. 데리다는 차이 담론을 통해 하나의 규정화된 메타 담론으로서의 지식을 거부한다.

들뢰즈G. Deleuze는 모태로서의 차이를 의미하는 '차이 그 자체différence en elle-même'의 개념을 통해 동일성에 근거한 근대 주체중심철학의 보편성, 객관성이라는 규격화된 틀을 해체하고 개별적 존재라는 가치를 인정할 것을 제안한다.

들뢰즈는 개념적으로 드러내는 차이와는 달리 개념으로 드러날 수 없는 그 자체의 차이를 '차이 그 자체différence en elle-même'라는 용어를 사용하여 구별한다.

이 개념은 들뢰즈 차이철학의 핵심개념으로, 어떠한 동일성으로도 아직 규정되지 않은 존재 그 자체, 즉 본성적 차이의 영역을 말한다. 차이를 동반한 반복, 이것이 바로 생성-되기devenir가 이루어지는 차이 그 자체의 영역이다. 들뢰즈는 모든 사물의 본질은 이미 주어진 것이 아니라 벡터-장에서 우발적으로 발생하는 특이점의 지점으로부터 시작됨을 보여 준다. 그에 의하면, 모든 존재 각각은 이미 규정된 고유하고 본질적인essential 의미를 가지는 것이 아니라 벡터-장에서 우발적으로 발생하는 차이의 반복을 통해 끝없이 변화하는 생성devenir의 존재이다.

이는 이 세상에 존재하는 모든 것은 똑같은 것이 하나도 없으며 존재하는 모든 사물은 '차이 그 자체'를 지니고 있음을 의미한다. 세상에 존재하는 모든 것이 '차이 그 자체'를 지니고 있음을 인정함은 모든 것에 대해 그 자체로서의 가치를 인정하고 존중해야 하는 당위성을 제공한다.

다름에 대한 이해는 같은 사물, 상황이라도 각각 자신의 삶의 맥락, 경험 속에서 다르게 표상이 가능함을 보여 준다. 다른 표상은 다른 해석을 의미한다. 어떤 하나의 실재realité가 있는 것이 아니라 여러 관점에서의 실재들realités이 존재하는 것이다. 이는 하나의 대상, 실재realité에 대한 의미의 다의성, 해석의 다양성이 존재함을 인정하는 것으로 다양한 맥락 속의 주체들이 자신의 경험을 중심으로 한 다양한 의미창조의 가능성을 인정하는 것이다. 결국 포스트모던 관점에서는 확실성에 대한 외부적인 입장도 없으며, 진리, 지식, 윤리를 위한 기초를 제공할 수 있는 역사나 사회 바깥에 존재하는 보편적인 이해도 없다. 대신 세상과 그것에 대한 우리의 지식이 사회적으로 구성된 것으로 이해된다. 지식은 더 이상 전달이나 표상이 아닌 해석의 문제인 것이다.

▌차이 담론과 다문화multi-culture[58)]

다문화multi-culture는 최근 우리 사회의 거대한 변화를 규정하는 핵심 키워드라 할 수 있다. 절대성의 시각이나 사상을 거부하고 세계에 대한 다의적 해석들이 동일한 중요성을 인정받으며 공존하는 포스트모던사회는 문화에 있어서도 주류 혹은 비주류의 서열이 아닌 모든 문화가 동등한 가치로 양립될 수 있음을 강조하게 된다. 이와 함께 문화적 다양성을 다름 혹은 차이로 수용하면서, 다문화사회로의 진입을 더욱 가속화하고 있다.

다문화가 제기하는 가장 큰 문제들 중 하나는 차이를 다문화사회 체계 안에서 어떻게 자리매김해야 할 것인가 하는 문제이다. 이에 대한 답은 차이의 공존을 지향하는 포스트모던 차이 담론에서 찾을 수 있을 것이다.

차이의 절대적 인정에 근거한 다문화는 정치적으로는 서구중심의 동화주의melting pot에 대한 저항으로, 사회적으로는 현실적으로 존재하는 다양성에 대한 인정이며, 이론적으로는 동일성이 지닌 폭력성에 대한 반성적 성찰을 통해 당위성을 인정받고 있다정미라, 2008. 이는 근대 모더니즘 정신 속에서 동일성identity이 가져온 차이와 특수성에 대한 억압을 발견하고정미라, 2008, 동일성이 지닌 폭력성을 돌아봄으로써

58) 다문화란 용어는 흔히 다문화주의라는 용어로 혼용되어 쓰이기도 하지만 본 저서에서는 '다문화주의'가 동화주의 정책에 대한 비판으로 제기된 다문화의 공존을 의미하는 대안적 정책으로서의 의미로 축소, 혼동되어 이해될 것을 피하기 위하여 '다문화'라는 용어를 사용하기로 한다.

차이를 존중하여 공존을 지향하는 포스트모던 차이 담론과 그 맥을 같이한다. 결국 다문화는 차이와 다원성으로서의 문화와 인간본질에 대한 현대철학의 관점이 포스트모던 사유체제 안에서 새롭게 부각되고 해석된 것으로 볼 수 있다신승환, 2009.

다문화의 최대 문제 중 하나인 차이의 문제를 해결할 방안을 포스트모던 차이 담론에서 찾을 수 있다면, 그 근거가 무엇인지 살펴보도록 하자.

첫째, 다문화를 이해하기 위해서는 다양성의 존중, 차이의 인정을 강조하는 다양성으로서 문화의 본질에 대한 개념적 이해가 필요하기 때문이다.

문화란 무엇인가? 문화란 한 사회의 구성원들이 가지고 있는 가치, 태도, 규범 및 행동양식, 즉 한 사회 내에서 그 구성원들 간에 상호 공유되는 모든 구체적 삶의 방식으로 학습된 생활양식이라고 정의할 수 있다. 인간은 태어나면서 자신이 속한 사회의 문화를 접하면서 그 사회의 가치체계, 일반적 견해, 고정관념 등을 내면화하며 그 사회의 구성원으로 길러진다. 이는 문화가 가진 존재론적 기능으로, 이러한 문화의 개념 속에는 정체성의 문제가 포함되어 있다장한업 역, 2009.

그러나 인간은 태어나면서부터 이질적이고 다원적인 문화 환경 속에 살면서 문화적으로 다양한 집단 속에서 사회화되는 과정에서 각기 다른 정체성을 형성하며 살아가게 된다. 따라서 문화의 개념 속에는 한 사회의 구성원들 사이에서 공유되고 학습된 가치, 태도, 규범 및 행동양식의 정체성identity의 문제와 다양성diversity의 문제를 함께 내포하고 있다. 다시 말해 문화가 가진 존재론적 기능으로서 정체성의 문제는 다양한 문화 속에서의 다양한 정체성의 공존을 통해 차이difference의 문제를 내포하고 있다. 특히 현대사회에서 개인은 한 가지 문화나 집단 속에 속하는 것이 아니라 동시에 여러 문화와 집단에 속하기도 하고, 규범과 참조기준이 다른 다양한 하위문화를 향유한다. 따라서 개인의 정체성은 단 하나의 문화 속에서 만들어 갈 수 없다. 보편성과 차이로서의 문화의 본질에 대한 이러한 이해는 이 세상에 존재하는 어떤 문화도 같은 문화가 존재하지 않으며, 각각의 문화는 그 나름의 동등한 가치를 지님을 인정함으로써 다양한 문화가 공존하는 다문화사회에 대한 이해를 이끌고 있다. 또한 문화적 다양성에 긍정적 의미를 부여함으로써 문화적 편견과 차별을 생산하는 해석, 소통 등 상징적 체계의 사회적 패턴 자체를 변화시키기 위한 전략transformative strategy; 김영옥, 2005, 재인용으로서 다문화 담론에 대한 이해지평을 확대시켜 줄 가능성을 제공한다.

둘째, 다문화를 이해하기 위해서는 차이와 다양성으로서의 인간본질에 대한 이해가 필요하기 때문이다.

포스트모던 차이철학은 모든 문화와 개인을 하나의 문화적 동일성에 근거한 고정된 정체성으로 파악하기보다는 시간 속에서역사 속에서 끝없이 미끄러져 지나가면서 '차연différance'을 형성하게 되는 것임을 보여 준다. 이로써 차이에 대한 관용의 시선이 필요함을 시사한다.

또한 포스트모던 차이 담론은 서로 다른 관점들을 수렴하고 통합하면서 제3의 새로운 관점이 창조된다고 보아 차이가 갖는 긍정적 의미와 기능을 강조한다Anzaldua, 1987, 2005, 재인용. 이로써 하나의 특정한 관점으로 인간과 세상을 보려하기보다는 세상을 이해하고 해석하는 다양한 관점들을 인정하고 수용할 것을 제안한다. 서로 다른 관점들은 갈등을 유발하기 쉽지만 이들을 통하여 우리는 배타적이고 독단적인 관점에서 벗어나 자신을 비판적으로 성찰하며 기존의 관점을 재해석, 재구성하면서 새로운 시각을 창조할 수 있기 때문이다. 이런 점에서 볼 때 인간존재가 하나의 문화 틀로 특징지어지고 규정될 수 없는 다양한 실체들의 조합이며 역사 속에서 끊임없이 변화하는 것임을 인정하는 포스트모던 차이 담론은 다문화 담론에서 지향하는 다름, 차이에 대한 인정의 당위성을 제시하면서, 다문화가 인간에 대한 휴머니즘으로 귀착될 근거를 제공한다(박민정, 2005).

▌다름에 대한 가치 인정과 관용으로서의 교육

포스트모던 차이 담론은 모더니즘 가치에서 강조하는 동일성을 바탕으로 한 인간이해의 규격화된 틀을 해체함으로써 인간존재의 다양성이라는 가치를 드러내게 한다. 이와 더불어 다양한 의미창조의 가능성과 해석의 차이에 대한 이해와 함께 교육현장에서 이루어지는 다양한 표현의 가능성과 그것에 대한 가치인정 및 관용의 필요성을 제안한다.

교육에 있어서 차이를 바라보는 시각은 차이를 지닌 개별 학습자에 대한 이해에서 출발한다. 포스트모던 차이 담론은 동일화 철학에 의해 정당화된 지식을 매개로 이루어지는 근대 모더니즘 교육을 비판하면서 적극적 의미창조의 과정을 통해 새로운 지식을 형성해 가는 학습주체의 능동적 역할을 강조한다. 다원적이고 맥락적인 앎의 방식을 통해 인간주체와의 관계 속에서 지식이 구성됨을 전제하는 지식관에 근거한다면, 교육은 학습자의 적극적 참여를 통해 끊임없이 새로운 것을 구성하고 창조해 가는 과정이다. 개별 학습자로서의 인간존재는 모두 특별한 개성을 지니며 다양한 변인들 때문에 출발점도 천차만별이다. 즉, 차이는 분명 실재한다.

차이를 바람직한 것으로 인정하는 것, 차이를 그대로 관용해 주는 것, 원래부터 다름에 대해 인내하고 인정해 주는 것, 이것이 차이에 대한 포스트모던 교육의 자세이다. 다양한 생각, 다양한 해석의 가능성을 인정함은 개개인 생각의 가치를 존중하는 것이며 이것은 바로 창의성의 출발이다.

다름에 대한 가치인정과 관용의 필요성을 제안하는 포스트모던 차이 담론에 근거한다면, 우리는 포스트모던 교육의 전망을 차이에 대한 인정과 수용에서 출발하여야 할 것이다. 차이를 인정해 주는 관용과 배려의 교육은 하나의 대상실재에 대한 의미의 다의성, 해석의 다양성이 존재함을 인정하는 것으로 다양한 관점, 다양한 생각, 남들과는 다른 자신만의 생각이 가진 가치를 존중하고 격려하는 교육이다. 비록 학습자가 교사의 의도와 다른 생각, 다른 행동결과를 보인다 할지라도 학습자의 다양성을 존중하고 교사의 기준으로 학습자의 차이를 비판하지 않는 것이 포스트모던 교육의 핵심이다정석환, 2007.

다름 속에서 새로움이 나올 수 있음을 인정하고, 다양한 생각, 남들과는 다른 자신만의 생각들의 가치를 존중하고 격려하는 교사의 열린 마음, 인식 전환이 필요한 시점이다. 이와 더불어 차이를 용감하게 대면하고 적극적으로 사유하며 실험함으로써 교육을 통해 창조적 삶을 이끌어 나가고자 하는 태도를 길러 줄 수 있어야 할 것이다. 따라서 교육은 다양한 맥락 속의 주체들이 서로 다른 관점들을 발견하고 공유하며 그 속에서 자신의 경험을 만들어 가는 삶과 관계를 공유하는 소통의 장, 논쟁의 장, 의미창조의 장이 되어야 할 것이다.

상호문화성inter-culturalité과 다문화교육

다문화multi-culture는 최근 우리 사회의 거대한 변화를 규정하는 핵심 키워드라 할 수 있다. 그러나 다문화에 대한 개념적 이해의 부족으로 인해 다문화교육의 유형이나 관점에 대한 합의를 만들지 못하고 있는 실정이다정희태, 2008. 따라서 다문화교육의 의미나 성격 또는 그 목적을 어떻게 규정해야 하는가 하는 근본적 문제에 대한 논의가 시급한 실정이다.

다문화교육의 구체적 실행을 위한 목표나 지향점에 대한 근본적 논의는 다문화에 대한 철학적·비판적 성찰이 전제되지 않는 한 그 방향성을 찾기가 힘들다. 이런 점에서 다문화 담론의 인문학적 의미를 고찰하는 것이 필요하다. 이는 다문화사회로의 패러다임의 변화가 단순히 외국인 인구의 증가라는 현상만이 아니라 다양성과 차이, 소수에 대한 배려와 이해를 추구하는 포스트모던 담론이 문화적 다원주의를 바탕으로 한 새로운 사회적 패러다임으로서 다문화 담론을 이끌고 있음을 의미한다. 다문화현상은 다양성과 차이를 인정하는 포스트모던 담론과 함께 근대성의 위기를 보여 주는 강력한 지표로서 드러난 셈이다Andrea, 1997.

▌상호문화inter-culture, 상호문화성inter-culturalité

상호문화inter-culture란, 소수문화는 주류문화에 흡수되어야 한다는 논리를 가진 '동화주의melting pot'에 대한 성찰과 반성에서 출발하여, 다양한 문화 상호 간의 이해와 존중, 대화와 신뢰를 바탕으로 한 문화적 다원주의를 지향하는 다문화 담론의 새로운 방향이다. 이는 단순히 다양한 문화의 공존으로서의 다문화주의multi culturalism가 아니라 문화 상호 간의 이해와 존중, 대화와 신뢰를 바탕으로 한 상호주관성inter-subjectivity으로서의 다문화적 정체성을 수립하는 것을 의미한다. 단순히 여러 문화의 공존 및 집합체로서의 다문화주의에서 벗어나 두 문화 간의 관계를 중시하는 상호주관성inter-subjectivity으로서의 다문화적 정체성을 수립하는 것, 이것이 바로 상호문화성inter-culturalité이다.

상호문화성inter-culturalité이란 사이에 놓여 있는 상태 또는 성질을 나타내는 상호성interiorité의 의미를 강조하는 것으로, 개인이나 문화는 분리되고 정태적인 속성을 지닌 객관적인 어떤 것이 아니라 역동적 관계에 의해 이루어짐을 전제한다.

상호문화성에 대한 논의는 최근 들어 국내에서도 활발하게 이루어지고 있는데, 문화 간 다양성을 인정하면서도 동시에 공통성을 지향함으로써 결국 문화적 융합을 통한 공통된 문화의 창출이 논의의 핵심적 바탕을 이룬다. 이런 의미에서 상호문화inter-culture의 개념은 몇 개의 소수집단의 단위문화가 주류사회의 단위문화를 배경으로 점점이 박혀 있는 모자이크가 아니라 다양한 구성요소들이 상호공존하며 각자의 색깔과 냄새 그리고 고유의 개별성을 그대로 유지하면서도 서로 조화되어 또 다른 통합성을 이루어 내는 이른바 샐러드 그릇salad bowl으로 비유되기도 한다Steven, 2000.

상호주관성에 근거한 다문화적 정체성, 즉 상호문화성inter-culturalité의 의미는 자기 문화와 타문화 사이에 놓여 있는 빈틈, 중간에 있는 공간, 그 사이에서 작용하는 관점과 전망을 다루는 대화와 소통으로서의 상호문화적 만남을 강조한다. 단순히 타문화를 인정하는 것만이 아니라 그것을 넘어 개인, 문화, 정체성들 간의 관계 설정 및 상호작용을 강조한다는 의미다. 이는 개인이나 문화는 분리된 정태적 속성을 지닌 객관적인 어떤 것이 아니라 역동적 관계에 의해 이루어짐을 전제한다.

따라서 상호문화성에서 우리가 관심을 가져야 할 것은 객관적 실제로서의 문화나 개인이 아니라 역동성이다. 이런 의미에서 상호문화성의 의미는 서술의 차원이 아닌 행동, 실행의 차원에 더 비중을 두는 실천적 의미를 지닌다고 볼 수 있다.

▌상호문화성inter-culturalité에 관한 현상학적 이해

상호문화성inter-culturalité에 관한 논의는 철학계에서도 활발하게 이루어지고 있는데, 대부분의 철학연구들이 후설 현상학에서 논의된 선험적 상호주관성의 연장선에서 타자와 이방문화의 문제를 다루고 있다. 물론 후설 현상학에서 상호문화성이라고 주제화된 표현은 찾을 수 없지만박인철, 2010, 생활세계 이론과 같이 상호주체성과 관련한 풍부한 주제들을 다루고 있다는 점에서 후설의 현상학은 문화 간 상호적 관계를 강조하는 상호문화성에 대한 철학적 논의에서 활발히 다루어지고 있다.

문화에 있어서의 주관적 경험, 상호작용, 상호성, 역동성 등의 개념은 상호문화, 상호문화성에 대한 철학적 이해로부터 가능하다. 상호문화성은 주체나만큼이나 대상너에 대해서 많은 질문을 던진다. 타인너은 주체와 대립되는 분리된 어떤 것이 아니라 교류하는 존재로 끊임없이 주체의 의미구성에 영향을 미친다. 즉, 나는 즉자이며 대자이고 타인 역시 즉자이며 곧 대자이다. 나와 너는 끊임없이 관계를 맺고 있다는 것이다. 이런 철학적이고 사회학적인 입장은 모든 행위가 그것이 인식적이든 관계적이든 정의적이든, 실제적이든, 상징적이든, 문화적이든 간에 상호작용의 조직망 속에서 이루어진다는 점에서 출발한다장한업 역, 2009.

후설E. Husserl에 의하면 모든 대상은 의식과의 상관관계에 의해서만 타당성을 획득하기에 의식에 의해 구성되지 않은 세계는 괄호 안에 묶여 아무런 존재 의미가 없는 것이다. 따라서 세계는 단순히 외적 사물의 총체가 아니라 자아 의식의 지향성에 의해 구성된 의미세계인 것이다. 인간 의식의 지향성을 바탕으로 주체와 객체로서의 대상인 타자가 공존하는 세계, 이것이 생활세계이다. 따라서 후설에 있어 '생활세계'는 바로 상호주관성의 세계이다.

상호문화성에 대한 현상학적 논의는 결국 타문화가 자신의 문화와 아무런 관련이 없는 타자가 아니라 자신의 문화와 상호적인 관계 속에 있을 뿐 아니라 이러한 관계를 통해 공통의 의미지평을 공유하고 있는 구체적 타자임에 근거한다. 다시 말해 타문화는 단순히 우리에게 마주하여 있는 단순한 객관이 아니라 바로 우리 자신을 형성하는 데 기여하는 점에서 구성적이며, 새로운 초문화적 정체성을 창조해 낼 수 있는 뿌리임을 이해하는 것이다.

상호문화성inter-culturalité의 개념에서 중요한 것은 타인이나 자신의 특성이 아니라 타인과 자신 간의 역동적 관계이다. 상호문화성 개념은 모든 문화들이 서로 만나고, 사귀고, 섞이면서 이슥고 만들어 내는 초문화적 정체성transcultural identity, Datta, 2005을 추구하는 것으로 두 문화 간의 상호적 관계와 소통을 강조한다. 이때 각각의 문화는 주체로서 참여하게 된다. 이를 통해 각 문화는 단순한 주관성의 차원을 넘어 보편성을 지향하는 성격을 지니게 되는 것이다. 이는 문화culture란 선험적으로 주어지는 것이 아니라 타인과의 관계 속에서 서서히 구성된다는 것에서 출발한다. 어떤 사회든 역사를 통해 독립적으로 존재하는 문화란 없으며, 모든 문화는 정도의 차이는 있을지언정 다양한 문화들의 복합체이며 혼합체라는 의미다. 따라서 우리가 관심을 가져야 할 것은 객관적 실제로서의 문화가 아니라 다른 문화와의 관계맺음을 통해 변화하는 역동적 문화이다. 이런 의미에서 우리가 문화를 이해한다는 것은 지식을 축적하는 것이 아니라 인간 간의 상호인정, 소통, 대화를 실행하는 것이다. 결국 우리에게 필요한 것은 타자성을 있는 그대로 인정하고 환대함으로써 문화 간, 집단 간 연대를 추구하는 새로운 소통과 수렴의 노력이다.

타자성을 있는 그대로 인정하고, 환대하는 타자를 위한 책임은 포스트모던 도덕성의 주요한 특성이다. "도덕적 입장을 취한다는 것은 타자에 대해 책임을 진다는 것을 의미한다. 말하자면 우리는 불가피하게 실존적으로 도덕적 존재이다. 우리는 타자의 도전, 즉 타자에 대한 책임이라는 도전에 직면Bauman, 1993한다."

레비나스Emmanuel Levinas, 1906~1995는 타자윤리학을 통해 타자성을 인정하고 환대해야 함을 우리에게 호소한다. 그에 의하면, 타자와의 만남은 주체로 하여금 타자에 대한 책임을 느끼게 되는 계기가 된다.

타자의 위상을 새롭게 정립한 레비나스의 관점은 다문화사회에서 필요한 것이 타자로서의 그들에 대해 우리들의 시각에서 판단하고 동화하려고만 하는 것이 아니라 그들의 타자성을 인정하고 환대함으로써 우리 자신도 향유적 자아에서 윤리적 자아로 옮겨갈 수 있음을 강조한다. 우리에게 그들이 타자인 것처럼 그들에게 우리도 타자이다. 우리에게 그들이 낯선 것처럼 그들에게 우리도 낯선 존재이다. 이는 우리들의 자아중심적 관점에서 투영한 타인의 모습, 타집단을 수용할 것이 아니라 있는 그대로 타인의 모습을 수용하면서 그들과 대화하는 것이 필요함을 시사한다최성환, 2010. 결국 다문화사회에서 필요한 것은 서로 다른 문화 간, 집단 간 연대를 추구하는 새로운 소통과 수렴의 노력일 것이다.

상호문화성에 근거한 다문화교육은 타인 혹은 다른 문화를 주체로서 인식하고 우리 사회 안에 자리 잡고 있는 가름과 나눔의 편견이나 불관용으로부터 벗어나 다름을 차이로 이해하고 수용하는 인성교육의 측면에서 폭넓게 탐구되어야 할 것이다.

▌상호문화교육inter-cultural education의 가능성

다문화교육의 접근방안에 관한 최근의 동향을 살펴보면, 유럽을 중심으로 문화와 문화 사이의 상호작용 또는 교류와 접촉을 강조하는 상호문화교육inter-cultural education 혹은 간문화교육이라는 용어가 자주 등장한다. 독일과 프랑스에서는 1980년대 중반부터 상호문화적 대화나 이해, 문화적 상대성 원칙, 문화의 특수성 존중 등 상호문화적 접근을 강조하면서 상호문화이해교육이라는 관점에서 폭넓게 논의되고 있다. 이와 더불어 최근에는 유럽을 중심으로 다문화교육이라는 용어보다는 상호문화교육이라는 용어가 자주 언급되고 있다.

상호문화교육inter cultural education은 타문화에 대한 편견과 고정관념을 줄이고 서로 다른 문화집단에 속한 사람들과 평등하게 공존할 수 있도록 하는 것으로, 문화의 차이와 다름을 존중하는 사회적 인식전환을 통해 사회 문화적 통합을 이루고자 하는 시민교육으로서의 의미를 지닌다고 볼 수 있을 것이다오영훈, 2009.

또한 문화적 다양성에 대한 수용과 인정, 인간에 대한 이해와 존중을 바탕으로 지적, 태도적, 가치적 측면에서 문화 간 소통과 관계 능력으로서의 상호문화역량을 기르는 교육으로 이해될 수 있다. 결국, 상호문화역량inter-cultural competence이란 편견 없는 포용성, 관용, 열린 마음, 간문화적 능력들의 요소가 강조된 문화 간 소통 능력을 의미하는 것으로, 다문화적 역량multi-cultural competence[59] 개념에서 비롯된 것이다. 이는 다른 문화적 정체성을 보이는 사람들과 섬세하게 교류하는 능력, 간문화적 행위능력의 개발을 위한 전제가 되는 능력으로 결국 상호문화교육을 통해 길러야 할 역량인 것이다.

그렇다면, 상호문화역량을 기르기 위해 다문화교육에서 강조되어야 할 핵심가치가 무엇인지 살펴보도록 하자.

첫째, 상호문화역량을 기르기 위해서는 문화가 지니는 다양성과 차이를 이해하는 다문화적 지식multi-cultural knowledge이 필요하다.

상호문화성에 근거한 다문화교육은 단순히 주류문화에 속한 사람들이 소수문화의 사람들에게 베푸는 지원이나 도움으로 이해하기보다는 두 문화적 실체 간의 동등성을 근거로 한 관계 설정이 무엇보다 필요하다. 이를 위해서는 각각의 문화가 가지는 정체성에 대한 인정과 동등한 가치에 대한 이해가 요구된다.

문화가 가지는 동등한 가치에 대한 이해를 위해서는 문화의 개념 속에 포함된 정체성에 대한 이해가 필요하다.

---

59) 다문화적 역량이란 다양성의 인정과 존중, 타문화 유형에 대한 더 많은 이해, 모든 문화를 가진 개인존중, 다양한 문화집단의 경험과 사람들 사이에서 긍정적이고 생산적인 상호작용을 가능하게 하는 능력을 말한다.

일반적으로 문화란 한 사회의 구성원들이 가지고 있는 가치, 태도, 규범 및 행동양식, 즉 한 사회 내에서 그 구성원들 간에 상호 공유되는 모든 구체적 삶의 방식이다. 한 사회의 구성원들은 자신이 속한 사회의 가치체계, 일반적 견해, 고정관념 등을 내면화시키면서 그 사회의 구성원으로 길러지게 되기 때문에 공통된 생활양식으로서의 문화를 지니게 된다는 의미다. 이것이 바로 문화가 지니는 존재론적 기능의 보편적 정체성이다.

그러나 서로 다른 사회의 공통된 생활양식으로서의 문화란 다양할 수밖에 없다. 같은 사회 속에서도 이질적이고 다원화된 문화적 환경 속에 살면서 각기 다른 정체성을 형성하기도 한다. 한 개인도 한 가지 문화나 집단 속에 속하는 것이 아니라 동시에 여러 문화와 집단에 속하기도 하고, 규범과 참조기준이 다른 다양한 하위문화를 향유한다는 점에서 문화가 가진 다양성으로서의 정체성은 더욱 명확해진다. 결국 문화의 개념 속에는 공통된 생활양식으로서의 보편성, 동일성identité의 문제와 함께 차이difference의 문제가 내포되어 있다.

이처럼 한 사회의 구성원들이 가지고 있는 가치, 태도, 규범 및 행동양식을 의미하는 문화는 시대적·공간적으로 다양한 삶의 조건들이 존재하는 한 차이가 존재할 수밖에 없는 것이다. 이러한 의미에서 상호문화성에 근거한 다문화교육은 다양한 삶의 방식으로서 문화가 지니는 다양성과 차이를 이해시키는 내용을 핵심가치로 포함하여야 할 것이다. 다양성과 차이로서의 문화에 대한 본질적 이해를 통해, 각각의 문화는 그 나름의 가치를 지님을 이해하게 되고, 이로써 문화 간 다양성을 인정하고 수용할 수 있는 인식과 태도의 전환이 가능해질 수 있기 때문이다.

그러나 문화가 지니는 다양성과 차이를 이해하기 위해서는 단순히 문화적 차이만을 강조하는 교육으로는 불가능하다. 문화적 차이만을 강조하는 다문화교육 프로그램은 관광객의 시선에 그치는 여행자 교육 과정tourist curriculum이라 불리며 다음과 같이 비판된다.

> 이것은 문화 사이의 이국적 차이점을 강조하면서 다른 문화 사람의 실제 생활 속에서 드러나는 일상적인 문제와 경험을 다루는 대신에 축제의 표면적인 측면과 오락의 유형을 다루기 때문이다. 아동들은 다른 문화를 잠깐 방문하고 다시 그들의 일상적인 교실로 돌아온다. 그것은 다만 다른 문화 사람들이 하는 것이라는 인상만 줄 뿐 상호 간의 의사소통을 통한 진정한 이해에는 실패한 것이다.
>
> 『반편견 교육Anti-bias Curriculum』

다문화교육이 단지 다양한 문화를 소개하고 체험해 보는 일회성 프로젝트 수업의 형식으로 그칠 경우, 학습자의 일시적 흥미를 불러일으키는 데는 효과적일지 모르나 관광객과 같이 피상적으로 타민족과 문화를 학습하게 됨으로써 진정한 다문화적 이해로 나아가는 목표를 실현하는 데는 장애가 될 수 있다는 지적이다John & Derman-sparks, 1992. 또한 민족 간의 이국적인 차이를 강조하는 과정에서 피상적인 다양성만을 부각시킴으로써 다양한 집단의 사례적 경험을 소외시킬 우려가 있으며 특정 집단에 대한 편견과 정형성을 강화시킬 우려가 있음이 지적되고 있다Perez, 1994; 김학희, 2010, 재인용.

따라서 각각의 문화가 가지는 주체성을 인정하면서 소통하는 가운데 초문화적 정체성을 형성하고자 하는 상호문화성에 기반한 다문화교육에서는 한 사회의 구성원들 사이에서 공유되고 학습된 가치,

태도, 규범 및 행동양식으로서 문화가 지니는 보편적 정체성에 대한 이해와 함께 문화가 지니는 다양성과 차이를 이해하는 것이 필요할 것이다. 이것이 바로 다문화적 지식multi-cultural knowledge이다. 서로 다른 음들이 조화를 이루면서 함께 소리를 낼 때 아름다운 곡이 완성되듯이 각각의 문화는 개별주체로서 제3의 아름다운 문화를 만들어 낼 수 있음을 알아가며 다양한 문화의 공유적 체험을 쌓아 가는 다문화 교육을 지향하여야 할 때이다. 이와 함께 다양성이란 극복해야 할 어려움이 아니라 사회의 긍정적 측면으로 볼 수 있는 융통성 있는 인식, 관점의 변화가 필요하다. 이러한 인식전환을 통해 문화 간 소통을 통한 공존 및 상생을 지향하는 다문화사회가 가능해질 것이기 때문이다. 이는 문화에 대한 고정된 시각과 태도를 넘어선 패러다임의 전환을 의미한다. 이런 의미에서 상호문화성에 근거한 다문화교육은 '다양한 문화에 대한 내용, 개념, 패러다임에 대한 재해석의 과정을 포함하는 '관점전환교육'으로 이해될 수 있을 것이다김정원, 2006; 김학희, 2010, 재인용.

특히 유아기는 많은 것을 정형화하고 분류하는 경향이 생기면서 고정관념이 형성되는 시기이다. 하나의 범주로 보기 위해 공통적이라고 여겨지는 속성에 주의를 기울이는 경향이 있기 때문이다. 이러한 편견이나 고정관념의 형성이 유아기에 시작된다고 본다면 피부색이나 언어, 생활습관 등의 다름과 차이를 관대하게 수용할 수 있는 가치교육, 이해교육으로서의 유아기 다문화교육은 더욱 강조되어야 할 당위성을 지니게 된다.

둘째, 상호문화역량을 기르기 위해 상호소통할 수 있는 사회적 의사소통 능력으로서의 다문화적 태도multi-cultural attitude가 필요하다.

상호문화성에 근거한 다문화교육은 문화 간 차이를 차별이나 편견으로서가 아니라 그 자체를 인정하고 수용할 수 있는 다문화적 감수성과 함께 삶에 대한 성찰과 관용의 정신을 바탕으로 타 문화 구성원들과 서로 소통하는 사회적 의사소통 능력으로서의 다문화적 태도multi-cultural attitude를 기르는 내용이 핵심가치로 포함되어야 한다는 것이다.

다문화적 태도란 문화의 상이성에 대한 존중을 바탕으로 타문화 구성원들과 상호 소통할 수 있는 사회적 의사소통 능력, 정서적 태도 등을 포함하는 다원적인 개념으로, 상호문화성에 대한 이해에서 출발한다고 볼 수 있을 것이다. 이는 타인존중, 협동, 사회적 기술, 수용적 태도 등 다른 문화집단의 구성원과 긍정적 상호작용을 할 수 있는 대인관계 능력을 의미한다는 점에서 상호문화역량[60]이라 불린다.

상호문화역량intercultural competence이란 다름에 대한 이해와 서로 다른 문화집단들에 대해 소통할 수 있는 사회적 의사소통 능력, 정서적 태도 등을 포함하는 능력으로, 다원화되는 현대사회 속에서 융통성 있게 변화할 수 있는 자기조형력을 가진 인간에게 필요한 능력이라 할 것이다. 따라서 다름을 이해하고 수용하고 상호공존하기 위해 필요한 상호문화능력intercultural competence을 기르기 위해서는 배려와 공정의

60) 독일의 다문화교육 이론가인 메이어(Meyer, 2007)는 다문화교육의 목표를 '상호문화능력'의 개발로 정의하고, 다문화에 관한 기초지식 습득, 다문화 가치관 형성, 다문화 지식과 가치관 적용방법의 터득 등 세 가지를 상호문화능력의 구성요소로 보았다. 이와 함께 민족, 인종, 종교, 역사, 문화에 대한 기초지식과 사회정의, 민주주의, 평등과 같은 다문화적 가치관을 형성할 수 있도록 하고, 다문화적 맥락에서 갈등을 이해하고 승화시켜 주체적으로 적용할 수 있는 능력을 습득하도록 하는 것이 다문화교육의 기본 원리임을 강조하였다.

태도를 갖게 하는 다문화적 태도교육과 함께 다른 문화집단의 구성원과 긍정적 상호작용을 할 수 있는 대인관계 능력을 기르는 실천적 교육 내용이 다문화교육 속에 포함되어야 할 것이다.

다문화적 태도교육을 위한 실제적 실행으로는 편견과 관련된 자료를 조사하고, 다른 사람에 대한 존경과 공감의 본보기를 제공하고 관용을 길러 주며, 다른 문화에 속한 아이들과 함께 어울리고 일할 수 있는 기회를 제공하는 것 등이 포함된다. 또한 다양한 생활세계를 가진 사람들과 만나는 경험을 통해 나와 다른 사람들이 친구가 될 수 있음을 몸으로 체험하게 됨으로써 다름에 대한 편견 축소와 개방적 태도, 상호존중에 기여할 수 있을 것이다. 이러한 태도교육은 하나의 특별한 프로그램이 아니라 전반적인 교육 과정과 연계되어 자연스레 익힐 수 있는 가치 지향적 교육이 되어야 할 것이다. 나아가 다양성이 삶을 더욱 풍부하게 할 수 있음을 경험할 수 있는 다문화적 감수성을 기르는 교육 내용이 포함되어야 할 것이다.

셋째, 상호문화역량을 기르기 위해서는 배려와 수용의 윤리적 태도로서의 다문화적 인성multi-cultural personality이 필요하다.

상호문화성은 자연스러운 문화의 공존만으로 성립되는 것이 아니라 다른 문화에 대한 개방적 태도와 이질성을 있는 그대로 받아들이겠다는 포용적 태도를 요구한다. 한마디로 윤리성이 전제되어야 한다.

자신과 타인혹은 타문화과의 역동적 관계를 중시하는 상호문화 담론에서 타자에 대한 인간존중의 윤리적 문제는 중요한 의미를 지닌다. 인간의 윤리성은 타자가 누구이든 조건 없이 받아들이고 환대하며 관용하고 존중하는 가운데 시작된다. 이는 보편성을 근거로 한 판단이나 편견보다는 타자로서의 독특성을 인정하고 그들의 호소에 진지하게 응답해야 한다는 윤리적 차원의 문제이다.

이런 점에서 볼 때, 상호문화성에 근거한 다문화교육에서는 인간 존중의 기본 정신에 입각하여 타문화의 독특성을 인정하고 수용하는 배려와 윤리적 태도인 다문화적 인성multi-cultural personality의 내용이 핵심 가치로 심도 있게 다루어져야 할 것이다.

배려와 윤리적 태도로서의 다문화적 인성은 교사에게도 요구된다. 교사들이 어떤 인식을 가지고 어떤 태도를 가지느냐 하는 것은 다문화교육에 있어 매우 중요한 의미를 지니기 때문이다. 다문화에 대한 교사들의 편견 없는 이해는 성공적인 다문화교육의 핵심요소일 것이다안병환, 2009. 무엇보다 타자가 누구이든 조건 없이 받아들이는 타자에 대한 관용과 존중의 윤리가 교사에게 요구된다. 이와 같은 타자성의 윤리를 갖춘 교사는 타자인 다문화 가정의 자녀들을 자기중심적 관점에서 판단하지 않고, 내가 가진 편견으로 그들을 바라보지 않으며, 그들의 어려움에 적절히 응답할 수 있는 전문가적 순발력을 지니며 그들을 자신의 인생에서 주체로 설 수 있도록 돕는 교사일 것이다. 이를 위해서는 다문화 가정 자녀를 개별적 존재로 바라보는 시선이 필요하다. 나의 경험으로부터 유추될 수 있는 자아중심적 타자인식에서 벗어나 다문화 가정 자녀들이 가지는 타자로서의 독특성을 인정하고 그들을 개별적 존재로 바라보는 교사의 태도가 필요한 시점이다.

다문화 가정의 자녀들을 단지 '다문화 가정 자녀'라는 보편적 표상으로만 바라보게 되면 그들 각각이 가지는 독특한 개성이나 차이는 묻혀 버리고 개별적 존재로서 그들의 가치는 소멸되고 만다. 이 세상에 존재하는 다양한 준거는 인간의 다양성을 담아내기에는 한계가 있기 때문이다. 교사는 그들 각각의 존재의 차이에 주목하면서 그들의 개별성을 인정하고자 노력하여야 할 것이다. 이와 더불어 우리가 시행하는 다문화정책이나 교육 프로그램들이 그들의 개별적 가치와 잠재성을 '다문화 가정 자녀'라는 틀 속에 가둠으로써 오히려 편견을 조장한 것은 아닌지 돌아봄직하다. '다문화 가정 자녀'라는 편견이나 표상에서 벗어나 개별적 존재로서의 그들을 바라보고자 하는 열린 마음과 열린 태도, 이것이 타자성의 윤리를 지닌 교사의 태도이다. 이런 점에서 인간존엄성에 대한 인식을 바탕으로 교육실천자로서 교사의 관점 변화와 다문화적 감수성을 증진시킬 수 있는 교사교육이 심도 있게 논의되어야 할 것이다.

지금까지 살펴본 바와 같이 상호문화교육inter-cultural education은 다름을 편견이 아닌 차이로 이해하고 추론하고 판단할 수 있는 다문화적 지식과 사회적 의사소통 능력, 정서적 태도를 기르는 다문화적 태도, 그리고 공생과 나눔의 관계로서 타자에 대한 이해를 이끌 수 있는 다문화적 인성을 갖춘 인재 양성을 지향하는 교육이다. 이러한 상호문화교육의 바탕에는 표상적 사유에 대한 반발과 그러한 사유에 의해 억압된 차이를 자유롭게 해방시키고자 한 포스트모던 철학의 가치들이 깔려 있음을 알 수 있다. 이처럼 이 세상에 존재하는 것은 제각기 다른 색을 지닌 개별적 존재이며 어떠한 준거성별, 문화, 장애유무 등에 의하여도 차별받지 않아야 한다는 인간존중에 근거하고 있다는 점에서 상호문화교육은 다문화교육의 새로운 가능성으로서 그 정당성을 부여받고 있다.

이러한 의미에서 다문화교육은 단순히 다양성에 대한 수용인정을 넘어 태도적, 윤리적 측면에까지 문화 간 소통과 관계 능력을 가진 인재 양성을 기본으로 폭넓게 이해되고 실행되어야 할 것이다. 이것이 상호문화성에 근거한 다문화교육이다. 이와 더불어 현재 시행되고 있는 다문화교육 정책이나 교육 프로그램이 인간 본질에 대한 이해와 휴머니즘에 근거한 다문화교육의 진정한 의미를 잘 실현하고 있는지에 대해 돌아보는 것이 필요할 것이다.

단순히 다양성에 대한 수용인정을 넘어 태도적, 윤리적 측면에서 문화 간 소통과 관계 능력을 가진 인재를 양성하는 것을 기본으로 하는 다문화교육, 즉 상호문화성에 근거한 다문화교육을 통해 진정한 의미에서의 사회통합과 참된 의미의 사람을 만들어 가는, 제 뜻을 펼치는 교육의 역할을 기대해 본다.

제6장

유아교육 담론에 대한 포스트모던 해체

포스트모더니즘은 인간과 세계에 대한 새로운 관점을 제공함으로써 사회 전반에 있어서 패러다임의 전환을 이끌고 있다. 교육 영역에서도 지금까지 소외되었던 문제에 대한 관심을 이끌며 새로운 교육 패러다임의 가능성을 제시하고 있다. 이성적 주체의 자기 동일성과 통일성을 근거로 세계의 통일성과 질서를 합리적으로 설명하려 했던 근대 모더니즘 철학에 근거한 교육 담론에 대한 포스트모던 해체의 가능성이다.

주체의 다원성과 개방성, 한마디로 표현하면 '탈주체성'을 토대로 세계의 복합성과 다원성을 설명하고자 하는 포스트모던 사유의 삶의 불확정성과 다양성, 비합리성 등에 대한 성찰에 기초하여, 지금까지 유아교육 분야에서 그 정당성을 인정받고 있는 유아교육 담론들의 진리성을 재고하고 재개념화의 가능성에 대해 살펴보자.

포스트모더니즘과 유아교육 재개념화

거대담론에 대한 회의로부터 시작되는 포스트모던 철학에 기초하여 보편성과 합리성의 과학적 아동관에 근거한 근대적 유아교육 이론을 해체하고 대안적 관점을 모색하기 위한 유아교육 재개념화의 노력들이 시도되고 있다.

이들은 거대담론에 대한 회의로부터 시작되는 포스트모던 철학이 지닌 삶의 불확정성과 다양성, 비합리성 등에 대한 성찰에 기초하여 유아교육, 아동, 아동기에 대한 근대적 관점을 비판하고, 유아교육 현실에 대한 대안적 관점을 모색하기 위하여 재개념화를 시도한다. 『유아교육 이론 해체하기Deconstructing early childhood education, Canella, 1997』와 『발달심리학 해체하기Deconstructing developmental psychology, Burman, 1995』는 유아교육 이론에 대한 포스트모던 해체의 대표적 예이다. 또한 일련의 연구들Dahlberg & Moss, 2004; Dahlberg, Moss, & Pence, 1999은 발달심리학에서의 개념과 분류가 유아와 유아기에 대한 이미지 구성과 유아교육적 실천에 있어 지배적 역할을 해 왔음을 비판하고, 관계와 소통, 윤리로서의 포스트모던 유아교육의 방향을 제시하고 있다.

지금까지 심리학 이론들은 보편적 존재로서의 아동이해뿐 아니라 유아교육 분야의 교육적 실천과 목표설정에 있어 지배적 역할을 수행하여 왔다. 1920년대의 행동주의 심리학이나 1930년대 프로이트 이론, 1950년대의 성숙 이론이 제시한 규준적 아동심리학이나 20세기 후반에 성행한 피아제 관점 등이다유혜령 외 역, 2002. 더욱이 심리학이라는 과학을 통해 우리는 아동의 성장과 능력 개발에 있어 중요한 특성들을 이론적으로 구성해 내고 관찰하며 측정할 수 있었다. 이처럼 유아교육 분야에서의 심리학적 관점의 우세한 경향 때문에 미국유아교육협회는The National Association for the Educational Young Children에서는 1987년 『출생에서 8세까지의 아동을 위한 발달적으로 적합한 유아교육 실제』라는 교육지침서를 출판하였다. 이로써 미국 전역에 있는 유아교육기관에서는 이 내용을 교수지침으로 삼아 활용하였다. 발달에 적합한 실제, 즉 DAPDevelopmentally Appropriate Practice는 근대 유아교육의 실천원리가 된 셈이다.

그러나 진리의 상대성과 맥락 의존성을 주장하는 후기구조주의자들에게 있어 보편적인 인간발달단계란 존재하지 않으며, 모든 인간에게 적용될 수 있는 진리란 존재하지 않는다. 이와 함께 최근의 유아교육학자들은 거대담론에 대한 회의로부터 시작되는 포스트모던 철학이 가진 삶의 불확정성과 다양성, 비합리성 등에 대한 성찰에 기초하여 유아교육 이론을 해체하고 재개념화를 향한 노력을 시작한다.

이로써 타자가 주체의 의미구성에 영향을 미치지 않는다고 보았던 근대 자율적 아동관이나, 보편적이고 객관적인 내적 정체성을 정립하기 위해 동일한 방식으로 성장해 가는 동일적 주체로서의 근대적 아동관은 해체된다. 구성주의자들은 아동이라는 개념이 보편적으로 통용될 수 있는 진리가 아니라 언어를 통해 창조된 하나의 범주로 보았다. 즉, 아동이라는 개념 자체가 독립적 현실이 아닌 사회적 창조이며, 특정한 시간과 맥락 속에서 인간에 의해 창조된 것으로 해석할 수 있다는 것이다유혜령 외, 2002.

포스트모던 프로젝트의 관점에서는 어떤 절대적 지식도, 절대적 실제도 없다. 대신에 세상과 그것에 대한 우리의 지식은 사회적으로 구성된 것으로 이해된다. 여기서 세상은 인간과 분리되지 않고 인간 공동체의 한 부분으로서 그 공동체 사람들과의 상호작용과 참여를 통해 이해되고 구성된다. 즉, 생활세계로서 상호주관성inter-subjectivity의 세계이다. 인간자아 역시 자율적이고 동일적인 인간주체는 존재하지 않으며 관계적·역사적으로 구성되는 자아이다. 이러한 인간과 삶에 대한 포스트모던 성찰은 아동 혹은 아동기, 그리고 유아교육에 대한 새로운 이해방식을 제공한다. 이와 함께 지금까지 발달심리학이 제공한 아동, 아동기에 대한 거대담론이나 유아교육기관의 질을 규정짓는 평가기준에서 벗어나 구체적 경험과 맥락이 고려되는 탈맥락으로서의 유아교육 담론에 대한 가능성을 제안한다. 인간발달을 각 문화와 계층, 성, 역사에 관계없이 동일한 현상의 일반적 모형으로 제시하는 발달심리학에서 놓친 차이의 문제를 유아교육의 실제에 적용하고자 하는 노력들이 필요한 시점이다. 새로운 담론에 근거한 유아교육 재개념화의 노력들은 기존의 유아교육 담론에 대한 단순한 비판에 머무르는 것이 아니라 포스트모던 시대에 부합되는 새로운 유아교육의 대안적 담론을 찾고자 한다는 점에서 탈구축déconstruction의 의미를 지닌다고 볼 수 있을 것이다.

모던 아동, 포스트모던 아동

근대성이라 불리는 모더니티modernity는 인간이성의 힘과 객관적이고 경험적인 과학의 영향에 의해 보편성, 합리성을 추구해 온 역사적 시기인 근대를 지배했던 핵심가치들을 말한다.

절대적이고 보편적인 진리로 구성된 세계와 보편적이며 가치중립적인 인간본성을 추구한 근대는 일반적이고 탈맥락화된 합리성이라는 보편적 정전Mouffe, 1996으로 구성된 질서 있는 세계를 추구하였으며, 무엇보다 이성이 우선하는 합리적 개인을 세상의 중심주체로 보았던 시기이다.

객관적 세계에 대한 신념과 동일성의 논리에 중독된 근대시기에 인간은 추상적이고 본질적이고 정상화된 과정을 거치면서 역사와 사회적 맥락 밖에서 고정된 정체성을 지닌 채 존재하였다. 이와 더불어 아동 역시 개인의 맥락과는 상관없이 하나의 길 혹은 성숙maturation으로 향해 가는 생물학적으로 정해진 순서에 의해 변화하는 보편적 존재로 이해된다. 이처럼 자연적 성숙의 과정을 거치는 탈맥락화된 개인Vadeboncoeur, 1997으로서의 아동과 아동기에 대한 근대적 의미구성에 큰 영향을 준 것이 바로 발달심리학이다.

발달심리학은 과학과 진리, 객관성의 철학을 가진 전형적인 근대적 학문으로Burman, 1994, 인간존재에 대한 생물학적 인식이 지배권을 가지게 되는 데 큰 역할을 한다. 이와 더불어 발달심리학의 연구들은 문화의 영향력과 아동 스스로의 작용은 무시한 채, 하나의 길 혹은 성숙의 과정을 거치는 과학적 아동관의 구성원리를 제공하고 유아교육 담론의 형성에도 지배적인 영향을 주게 된다.

아동발달, 발달단계와 같이 우리가 아동에 대해 이야기할 때 사용하는 개념들과 범주들이 대부분 발달심리학이 제공한 개념들이다. 이러한 개념들은 아동에 대한 표준화된 기준을 형성하는 데 원리로 작용되고, 이로써 이 기준에 맞는 아동은 우월한 존재로, 그렇지 못한 아동들은 비정상적인 아동으로 판단되어 주변인의 위치에 서게 되었다. 결국, 성숙maturation이란 개념은 자연적 사실로 위장되어 있지만 특정한 가치를 담은 인위적인 표준으로서, 아동들을 매일같이 규제하는 데 이용되고 있었던 것이다유혜령 외 역, 2002.

이러한 근대적 아동관에 따르면, 아동의 문화적 맥락이나 아동 개인의 능동성은 외면되고, 아동은 자신이 처한 맥락과는 상관없이 자연적이고 자동적 과정을 거치면서 발달해 가는 탈맥락화된 개인으로 평가절하된다. 나아가 인간이 생물학적으로 예정된 과정을 밟아 가는 존재로 파악되면서 인간 삶의 불확실한 면은 그 가치를 인정받지 못하게 되었던 것이다.

하나의 통일적인 원리로 세계를 설명하려는 근대와는 달리 '탈주체성'을 토대로 세계의 복합성과 다원성을 설명하고자 한 포스트모던 사유에 비추어 볼 때, 아동은 더 이상 통일되고 정체된 주체, 고정된 본질을 가진 주체가 아니다. 또한 아동들은 자신의 정체성과 삶의 방식뿐 아니라 세계와 지식에 대해 자기 나름의 관점을 형성하고 만들어 가려는 요구가 커지고 있는 사태에 직면하게 된다. 이러한 포스트모더니티 조건 속에서 아동, 아동기의 의미는 새롭게 구성된다.

첫째, 포스트모던 아동postmodern child은 고정된 정체성을 지닌 존재가 아니라 세상과의 관계 속에서 변화하는 역동적 생성becoming의 존재이다.

근대 모더니티 아동이 추상적이고 본질적이고 정상화되는 과정을 거치면서 역사와 사회적 맥락과는 관계없이 고정된 정체성을 지닌 존재로 이해된다면, 포스트모던 아동은 무한한 잠재성을 지닌 미완성[61]의 존재이며, 언제나 세상에 대해 능동적이면서도 세상의 영향을

61) 미성숙한 존재로서의 포스트모던 아동관은 듀이의 아동관과 동일한 개념으로 이해될 수 있다. 듀이에 있어 미성숙이란 성장하려는 힘이나 능력을 뜻하는 성장가능성의 의미이며, 이는 일반적으로 무언가 결여된 상태를 뜻하는 미성숙의 의미와는 구별된다.

받는 수동적인 존재이며, 끝없는 차이를 창조해 내는 생성becoming의 존재인 것이다.

보편적으로 규정된 본질에 갇혀 있지 않고 어떤 변화의 가능성에도 개방되어 있는 포스트모던 아동의 의미는 포스트모던 담론들에 의해 규명된다.

데리다J. Derrida는 절대적 의미의 선험적 기의가 없듯이, 고정된 절대적 자아란 있을 수 없다고 본다. 이러한 데리다의 관점에 의하면, 아동child은 보편적이고 객관적인 내적 정체성을 정립하기 위해 동일한 방식으로 성장해 가는 존재가 아니라, 시간과 공간 속에서 그 의미가 지연되어 해체되고 재구성되는 비동일적 주체이다. 다시 말해 변화, 생성, 발전하는 차연différance의 존재로서의 아동이다.

들뢰즈J. Derrida는 차이 그 자체différence en elle-même 개념을 통해 이 세상 모든 존재는 무한한 잠재성을 지닌 다양체라는 점을 드러낸다. 세상 만물은 궁극적이고 고정된 정체성을 획득해 나가는 것이 아니라 잠정적인 정체성을 가질 뿐이다Usher & Edwards, 1994. 다시 말해 아동은 차이 속에서 변화하는 생성의 존재인 것이다.

라캉J. Lacan 역시 인간주체는 통합되고 일관된 의식적 존재가 아니라 끊임없는 결핍과 욕망의 존재이며, 선험적이고 자족적인 주체가 아니라 사회 문화적 상징체계에 의해 끊임없이 구성되는 과정 속의 존재전경갑, 1993임을 보여 준다. 다시 말해 아동은 어떤 존재이며 어떤 존재이어야 하는지 영원히 확립될 수 없는 가능성의 존재인 것이다.

또한 듀이는 아동을 사회적 능력, 즉 사회적 상호작용을 할 수 있는 능력을 천부적으로 가진 존재로 보았다(강정순 외, 2006).

둘째, 포스트모던 아동postmodern child은 세상 혹은 타자와 관계를 맺음으로써 다양한 차이들을 생성해 내는 상호주체inter-subject이다.

근대 모더니티 아동이 주체의 의미구성에 영향을 미치지 않는 비주체적인 사물로서만 타자를 인정했다는 점에서 홀로주체solo-subject라면, 포스트모던 아동은 나와 타자 간의 대등한 관계 맺음 속에서 나와 타자 모두의 주체성이 인정되는 상호주체inter-subject이다.

주체의 자율성을 확보하는 데 열중한 나머지 타자에 대한 수동성과 의존성을 인정하려 하지 않았던 근대주체는 포스트모던 철학자들에 의해 탈중심화된 자아, 즉 능동적이면서 동시에 타자에 의해 영향을 받는 수동적인 주체로 패러다임의 전환을 이룬다.

메를로 퐁티M. Merleau-Ponty는 대자對自, l'être pour soi[62]로서 스스로를 기투企投하며 자기의 세계를 스스로 만들어 나가는 능동적 존재l'être이면서, 즉자卽自, l'être en soi로서 던져지는 수동적 존재이기도 하다는 인간의 양면적 속성을 드러낸다. 이는 세계에 영향을 주기도 하고 그 속에서 의미를 발견하기도 하는 세계에의 존재l'être-au-monde인 아동에 대한 자각을 의미한다. 결국 포스트모던 아동child은 세계와 지식에 대해 자기 나름의 관점을 형성하고 만들어 가는 능동적 존재이면서도 세계 안의 타자에 의해 영향을 받는 수동적 존재이다. 타자에 의존하지 않고서는 스스로를 정립할 수 없다는 의미다.

데리다J. Derrida는 모든 것을 주체로 환원함으로써 타자가 배제되거나, 타자를 주체의 틀 속에 있는 한 부분으로 포섭하는 근대 모더니티를 비판하고, 유령처럼 남아 주체와의 상호 얽힘 속에서 새로운

---

62) 즉자(卽自, l'être en soi, 그냥 있는 자)와 대자(對自, l'être pour soi, 대면하고 있는 자)의 개념은 후설이 처음 사용한 개념을 사르트르가 사용하였다. 즉자는 수동적이며 사물적인 것을 의미하며 대자는 능동적이면서 인격적, 주체적인 존재를 의미한다.

차연을 형성해 가는 또 하나의 주체로서 타자의 의미를 찾는다. 데리다의 주체는 자신의 한가운데 자신이 규정할 수 없는 타자를 가지고 있는 셈이다. 즉, 타자는 단순히 외부에 존재하는 것이 아니라 이미 주체의 내부에 들어와 있다. 결국 포스트모던 아동postmodern child은 세상 혹은 타자와 관계를 맺음으로써 다양한 차이들을 생성해 내는 상호주체inter-subject인 것이다.

상호주체로서의 아동에 대한 포스트모던 사유는 근대 유아교육 담론에서 지식구성이나 학습 과정에서의 학습주체인 아동이 가지는 능동성에 대한 지나친 강조를 비판하고 주체의 능동성을 강조하면서 외면된 타자의 역할에 대해 주목할 것을 제안한다. 이 관점에 의하면 교사는 아동이 주변세계를 탐색하고 해석할 수 있도록 하고, 유아들에게 학습과 지식구성의 책임을 부여하는 의미 있는 타자인 것이다. 또한 아동의 자아형성 과정에서 타자의 역할에 대한 이해의 필요성을 제안한다.

심리학에서는 아동의 주체형성 과정을 자연적 발달을 통해 이루어지는 것으로 본다. 대표적으로 에릭슨Erik Erikson, 1902~1994은 인간의 자율성이 만 1~3세에 사회 속에서 형성됨을 설명한다. 칸트I. Kant에 있어 인간자율성은 인간이성의 선험성을 전제한다. 에릭슨의 자율성과 칸트의 자율성은 역사적 개연성과 맥락 속에서의 구성에 의한 한계를 간과했다는 점이 포스트모던 관점에서 비판될 여지가 충분하다. 아동의 자율성은 사회적 관계 속에서 타자의 주체성이 함께 인정된다는 전제하에서만 그 정당성을 가지게 된다는 의미다. 아동의 자아개념 구성과 자율성에 대한 다양한 가능성을 열어 두는 융통성 있는 접근과 이해가 필요하다.

지금까지 살펴본 것처럼 탈중심화된 자아, 즉 능동적이면서 동시에 타자에 의해 영향을 받는 수동적인 주체로 패러다임의 전환을 이룬 포스트모더니즘은 새로운 시대적 맥락에 근거한 새로운 아동관을 제안한다. 요컨대 포스트모던 아동은 세상과의 관계 속에서 변화하는 역동적 생성becoming의 존재이면서, 세상 혹은 타자와 관계를 맺음으로써 다양한 차이들을 생성해 내는 상호주체이다.

아동중심교육에 대한 포스트모던 해체

인간주체에 대한 새로운 해석을 가능하게 하는 포스트모던 철학적 담론을 근거로 현대 유아교육에서 정당성을 부여받고 있는 아동중심교육을 비판적으로 고찰하고, 작금의 유아교육 현상에 근거하여 새로운 가능성과 지평을 열어 줄 수 있는 대안적 관점에 대해 논의해 보자.

인식주체로서 실존적 가치를 지닌 능동적 학습자로서의 유아에 대한 인식과 함께 유아교육 담론 속에 등장한 아동중심교육은 현대 유아교육에서 그 정당성을 부여받고 있다.

아동중심교육은 이미 유아교육현장에서 실현되고 있으며 실제로 많은 교사들이 아동중심교육의 실현을 위해 노력하고 있는 실정이다. 그럼에도 불구하고 아동중심교육의 실현을 위해 노력하고 있는 많은 교사들이 실제로 '아동중심'교육이란 무엇이며 그 속에서 교사의 역할은 무엇인가에 대해 혼란과 갈등을 겪고 있다. 교사들이 생각하는 아동중심교육이란 무엇인지, 그리고 그들이 이해하는 교사의 역할이 무엇인지 살펴보자. 한 연구정선아, 2004에 의하면, 아동중심교육이란 교사의 주도적 역할을 강조하는 교사중심교육과 달리 유아의 능동적 참여를 강조하는 교육으로, 아동중심교육의 실현을 위해서 교사의 역할은 없어져야 하는 것이 아닌가 하는 오해가 교사들에게 실재하고 있음을 보여 준다. 아동중심교육에 대한 재개념화의 필요성이 드러나는 대목이다.

• **아동중심, 아동중심교육**child-centered education**의 의미**

'아동중심'이라는 용어는 유아교육에서 교육 과정을 논하는 주요한 용어로서, 아동의 흥미를 중심으로 한 학습, 학습의 내용을 결정하는 데 있어 유아의 참여, 유아의 발달단계의 중요성, 유아 개인의 잠재력 발달의 중요성을 강조하는 교육으로 이해되고 있다정선아, 2004; 이화도, 2010, 재인용.

이는 아동, 혹은 아동기의 의미가 시대에 따라 다른 의미를 지니며 변화해 왔음을 보여 준다. 그러나 전통적으로 유아교육은 아동의 흥미에 따라 필요한 지식과 규범을 가르치는 것으로 이해되어 왔다. 아동의 흥미와 요구는 유아교육의 질을 높이는 데 절대적 요소로 작용한다는 의미다. 이는 '아동중심'의 의미가 이미 유아교육의 본질 속에 내포되어 있음을 의미한다.

아동 혹은 아동기의 중요성에 대한 인식은 인간에 대한 자각과 인간적 가치가 존중되면서 아동기에 대한 관심이 생겨난 르네상스 시대로 거슬러 올라간다. 오랜 역사 속에서 인간 개인은 항상 살아 숨쉬고 있었지만 개인에 대한 관심과 배려가 시작된 것은 중세 신의 자리에 인간의 존엄성을 대치시켜 놓고 전체와 집단에 의해 상처받은 개인의 존재성을 인정하기 시작한 르네상스 시대부터이며, 이 시기는 인격체로서의 아동의 위상이 새롭게 정립된 시기이다. 이때부터 단순히 어리석고 미성숙한 존재로 통제와 엄격한 훈육의 대상이 되던 아동은 무한한 잠재력을 가진 인간으로 인식되기 시작한다.

이러한 아동에 대한 자각은 루소Jean-Jacques Rousseau, 1712~1778에 이르러 꽃을 피우게 된다. 루소는 아동기가 가지는 고유한 특성을 아는 것이 그들의 성장을 돕는 데 가장 중요한 일이라 보고, 성인과 다른 아동기 고유의 특성에 대해 인식을 갖기 시작한다. 그는 이성보다는 자연에 관심을 지닌 영국 경험론의 영향을 받아, 아동의 자연적 발달 단계에 맞는 교육을 강조하고, 아동의 천성을 개발하는 데 초점을 둔 자연주의 교육naturalistic education론을 주장한다.

이런 점에서 볼 때, 루소에게 있어 아동중심교육의 의미는 '아동의 발달단계에 맞는 교육'이다. 이와 더불어 루소는 아동의 본성, 자발성, 흥미 등을 교육의 가장 중요한 요소로 간주하고 아동을 주체로 확고히 인정함으로써 현대의 아동중심교육에 기여한다.

루소 이후 아동중심사상은 듀이John Dewey, 1859~1952에 이르러 실증적 과학주의와 결부하였고 아동의 발달에 대한 객관적·합리적 관점에 근거한 교육으로 그 의미가 전환되면서 새로운 국면을 맞는다. 듀이에 의하면 아동의 발달적 힘은 심리적·생물학적 힘에 의한 것으로 이것이 아동의 성장growth과 발달development의 요소로 작용한다는 것이다. 즉, 이런 점에서 볼 때, 듀이에게 있어 아동중심교육은 경험형성 과정에서 '아동의 능동적 참여와 아동의 내면적 생물학적 요소를 강조하는 교육'을 의미한다.

이러한 듀이의 관점에 비추어 볼 때 아동중심교육은 아동의 자발적이고 자연적 욕구를 이끌어 낼 수 있는 방향으로 설정되어야 한다. 유아들을 위한 교육 활동은 궁극적으로 유아의 성장과 관련되기 때문에 교육 과정의 구성은 유아의 특성과 요구를 반영하여야 한다는 것이다. 그렇지 않으면 교육의 효율성을 기대할 수 없기 때문이다.

이는 유아를 존중하고 개별성을 인정하며 유아의 흥미와 관심에 따라 활동하도록 돕는 현대 유아중심교육의 실천을 표방하고 있다고 볼 수 있을 것이다.

발달심리학의 발달과 함께 아동중심교육은 '아동의 발달적 요구와 원리에 기초를 둔 교육'의 의미를 지니게 된다. 아동교육이 아동에 대한 객관적 이해에서 출발해야 된다는 생각은 홀Granville Stanley Hall, 1844~1924의 영향이다. 아동기는 성인과 다른 고유한 특성을 지닌 시기이므로 그들의 발달적 요구나 단계를 이해하지 못하면 정상적 발달을 방해한다는 인식이다. 홀은 아동연구운동을 주도하면서 아동중심학교child-centered school이라는 말을 처음 사용하게 된다. 이로부터 아동중심교육은 아동의 발달적 측면을 고려하는 교육으로 이해되기 시작한다. '아동의 발달적 원리에 적합한 교육', 이것이 DAPDevelopmentally Appropriate Practice이다.

DAP는 1986년 미국유아교육협회NAEYC가 제시한 것으로, 아동발달에 근거하여 유아교육 내용과 교수 방법을 결정하고 실천하여야 한다는 것이다. 즉, 유아교육 과정 구성이나 운영은 아동의 발달원리에 맞게 선정되고 조직되어야 한다는 것이다. 이는 유아교육의 실제적 지침으로서뿐 아니라 유아교육의 질을 평가하는 기준으로 활용되고 있다.

지금까지 살펴본 바와 같이 아동중심의 의미는 시대에 따라 다른 의미를 지니며 변화해 왔음을 알 수 있다. 이러한 의미변화를 종합하여 아동중심교육child-centered education을 다시 정리해 보자김규수, 1997.

첫째, 아동이 주도하는 교육이다. 이는 문제해결 과정에서 아동의 자발적 참여와 능동적 구성활동을 강조하는 교육을 말한다.

둘째, 아동의 흥미와 요구를 존중하는 교육이다. 아동의 흥미에서 출발했을 때 그 경험은 교육적 의미를 지닐 수 있기 때문이다.

셋째, 개방적이며 통합적인 환경 속에서 이루어지는 교육이다. 이는 유아와 환경 간의 상호작용이 이루어지는 열린 공간으로서의 교육을 말한다. 아동은 환경과의 상호작용 속에서 새로운 지식을 구성하고 발달해 가기 때문이다.

넷째, 개인차가 존중되는 교육이다. 이는 아동의 발달적 개인차를 고려한 교육을 말한다. 아동 간의 개인차를 인정하는 다양성과 융통성이 보장되는 환경 속에서 유아의 발달은 극대화되기 때문이다.

다섯째, 교사의 중재활동이 중요시되는 교육이다. 이는 아동의 자발적 참여와 능동성을 강조하는 교육이 아동중심교육이지만 이때 교사의 역할이 배제되어서는 안 된다는 의미이다. 아동중심교육에서 교사는 지시하고 주도하고 평가하는 주체가 아니라, 아동의 주체적 활동을 중재하고 안내하며 촉진하는 역할을 하는 것이다. 따라서 아동중심교육에서 교사의 역할은 없어지는 것이 아니라 지식의 공동구성자, 공동학습자가 되어 참여하는 것이다.

결국 아동중심교육에서 교사의 역할은 없어져야 하는 것이 아닌가 하는 교사들의 오해는 교사의 역할에 대한 인식부족 때문인 것으로 볼 수 있다. 아동의 능동성을 강조하지만 그렇다고 교사의 역할이 배제되는 것이 아니라 교사가 지식의 공동구성자, 공동학습자로 참여하여야 한다는 것인데, 유아주체의 능동성만을 강조하는 교육이 아니라 유아, 교사 모두 서로의 주체성을 인정하고 존중하는 교육으로서의 아동중심교육에 대한 교사의 이해가 필요한 시점이다.

▌상호주관성inter-subjectivité에 근거한 아동중심교육의 이해와 가능성

자율적 근대주체는 그동안 교육에서 상대적으로 소외되었던 인식주체, 학습주체에 대한 새로운 이해와 함께 아동을 모든 경험세계의 중심에 있는 주체로 봄으로써 아동중심교육이 유아교육의 담론 속에 등장하게 되는 계기를 제공한다. 이와 함께 교사가 주도권을 가지는 교사중심교육과 달리 아동을 모든 경험세계의 중심에 있는 주체로 봄으로써 학습에서의 주도권이 모두 아동에게 쏠리는 교육이 아동중심교육이라는 오해를 가져온다. 그러나 아동중심교육은 이미 살펴본 바와 같이 아동의 자발적 참여와 능동적 역할만이 아니라 교사의 중재활동이 중요시되는 교육이다. 아동의 능동성만을 강조하는 교육이 아니라 아동/유아와 교사 모두 서로의 주체성을 인정하고 존중하는 가운데서 이루어지는 교육이라는 의미다. 이를 전제한다면, 아동중심교육에 대한 논의는 교육의 주체가 누구인가 하는 문제보다는 교육의 두 주체인 교사-아동/유아 간의 관계성 문제에서부터 시작되어야 할 것이다. 아동중심교육에 대한 간주관성 혹은 상호주관성에 근거한 이해와 방향 설정의 가능성이다.

상호주관성inter-subjectivité은 후설E. Husserl이 선험적 자아에 의존하고 있는 자신의 초기현상학에 있었던 유아론적 한계를 극복하기 위하여 생활세계의 공유성을 설명하기 위해 도입한 개념으로, 나만의 주관이 아니라 나와 동등한 의식을 가진 타자와의 상호관계에 의한 주체성의 확립을 의미한다김병길·김신욱, 2002. 근대주체철학의 구조가 주체-객체s-o 구조라면, 상호주관성의 구조는 주체-주체s-s의 관계로 규정된다.

주체-객체s-o 구조로서의 근대주체는 데카르트의 이성cogito주체에서부터 시작된다. 데카르트는 인간주체의 자율성을 표현하기 위해 주체를 '존재하기 위해 어떤 타자에게도 의존하지 않는 존재자'인 실체 realité로 규정하고, 주체의 자율성을 어떤 타자에 의해서도 침해받지 않도록 하기 위해 주체 밖의 모든 타자를 물질로 환원시켜야만 했다. 그에게 있어 인간주체는 타자의 주체를 인정하지 않은 점에서 개별적이고 독립적이며, 폐쇄적이고 고립적이고 유아독존적인 실체, 즉 홀로주체solo-subject이다.

칸트의 주체 역시 타자의 주체를 인정하지 않은 점에서 주체-객체s-o 구조의 홀로주체이다. 칸트의 인식론에 의하면 지식은 주변의 대상이 주는 자극이 주체에게 수동적으로 인식되는 것이 아니고 선험적인 이성의 능력에 의해 능동적으로 구성konstruktion된다는 것이다. 이로써 인식이 대상을 따르는 것이 아니라 대상이 인식을 따른다는 주체중심의 인식론으로 패러다임의 코페르니쿠스적 전환을 이끌게 된다. 칸트가 강조한 것은 인간 정신의 능동적인 주체성이다. 그럼에도 불구하고 칸트 역시 대상으로서의 세계, 즉 타자의 주체성을 적극적으로 인정하지 못한 점에서 한계를 드러낸다.

데카르트의 이성주체, 칸트의 인식주체에 의하면, 아동은 독자적이고 자율적인 법칙을 가진 삶의 주체이며, 지식구성의 주체이다. 이는 교육에서 상대적으로 소외되었던 인식주체, 학습주체로서의 아동 역할에 대한 강조와 함께 아동의 능동성, 자율성을 강조하는 아동중심교육에 이론적 근거를 제공하게 된다. 그러나 타자의 주체를 인정하지 않은 점에서 근대교육에서는 타자의 역할이 외면된다. 이와 더불어 아동중심교육에서도 아동의 능동성, 자율성에 대한 지나친 강조로 말미암아 또 다른 교육주체, 즉 타자로서의 교사의 역할을 소홀하게 다룬다는 오해를 가져오게 된다. 그러나 주지하듯이, 아동중심교육은 아동의 자발적 참여와 능동적 역할만이 아니라 교사의 중재활동이 중요시되는 교육이다. 아동의 능동성을 강조하지만 그렇다고 교사의 역할이 배제되는 것이 아니라 공동의 역할로 참여하는 교육이라는 의미다. 결국 아동중심교육에서 교사와 아동/유아의 관계는 주체-객체s-o 구조가 아니라 주체-주체s-s의 관계로 규정되어야 한다. 이것이 상호주관성inter-subjectivity의 구조에 근거한 아동중심교육의 이해와 가능성이다.

상호주관성에 근거한 아동중심교육이 어떤 의미로 재구성될 수 있을지 논의해 보자.

상호주관성은 포스트모던 철학에서 제기한 새로운 주체 담론에서 비롯된다. 포스트모던 주체는 타자와의 관계 맺음을 통해 생성되는 현존재이다. 이때 타자는 나와 분리된 타자가 아니라 타자와의 상호관계 속에서 의미를 공유하는 상호주체inter-subject이다.

데리다는 그동안 외면되었던 타자들의 목소리에 주목하고 타자가 배제된 순수한 기의로서의 주체가 아니라, 나와 타자의 관계성에 근거한 상호주체 개념을 정립한다. 푸코 역시 인간은 단순히 즉자卽自, l'être en soi로서 던져져 있기만 한 것이 아니라 대자對自, l'être pour soi로서 타자에 대한 상호주관적 관계를 지님을 드러낸다. 이러한 상호주관성에 근거할 때, 교사와 유아의 관계는 어느 누구도 서로의 주체성을 내어놓지 않는 상호주체적 관계, 즉 대자對自, l'être pour soi, 대면하고 있는 자와 대자對自, l'être pour soi, 대면하고 있는 자의 관계가 정립되어야 한다. 교사와 유아가 상호 간의 소통을 받아들이는 자발적이고 적극적 관계 속에서 이루어진 경험은 유아에게 의미 있는 경험이 되며, 이는 교사에게도 마찬가지이다. 이때 교사는 일방적으로 평가하는 주체 대신 아동의 주체적 활동을 중재하고, 안내하고 촉진하는 주체이자 공동 학습자 co-learner이다. 이런 관점에서 볼 때, 현대 유아교육 담론은 타자가 배제된 순수한 동일체로서의 근대주체, 즉 주체-객체s-o 구조를 반영한 아동중심교육에서 벗어나 타자와의 관계를 통해 형성되는 상호주체로서의 인간이해를 바탕으로 주체-주체s-s 구조를 반영한 아동중심교육의 의미구성에 주목하여야 할 것이다.

첫째, 상호주관성에 근거한 아동중심교육이란 교사와 아동/유아가 모두 타자를 향하여 개방된 존재로서 어느 누구도 서로의 주체성을 내어놓지 않는 상호주체적 관계를 전제하는 교육이다.

상호주관성에 근거한 아동중심교육에서는 비주체적인 그 어떤 것도 규정規定하지 않는다. 교사와 아동/유아의 관계는 주체-주체s-s 구조로서 각각 자신의 주체성 안에 머물면서 어느 누구도 서로의 주체성을 내어놓지 않는 상호주체적 관계가 정립되어야 한다는 것이다이화도, 2010.

인간의 주체성 자각은 동전의 양면인 타자 의식화, 즉 타자와의 관계를 통해 이루어진다. 자아는 타자의 흔적이며 타자는 자아의 연장이므로 인간주체에 있어 자아긍정의 필수적인 요소는 주체로서의 타자긍정이다. 다시 말해 자아와 타자는 기계적으로 서로 대립되거나 상반되는 관계가 아니라 유기적으로 서로 얽혀 있는 관계이다. 즉, 나와 너는 인간적으로 동일한 개체로서 상호적이며, 따라서 이 둘 사이에는 어느 한쪽이 지배적이거나 주종적인 차별이 존재하지 않는다는 의미다.

부버M. Buber에 의하면 교육적 관계는 어떤 대화적인 것이다(함희주, 2000). 이는 교사와 학습자, 교사와 아동/유아 간 단절된 나와 너의 관계를 넘어 이루어지는 상호적 관계를 의미한다. 부버의 논제 안에서 볼 때, 교사와 유아는 단순히 가르치고 배우는 관계에서 벗어나 나와 너의 주관이 존중되는 상호적 관계가 세워져야 한다는 것이다. 교사와 아동/유아 간 상호주관성에 대한 인정을 통해 유아의 학습 경험은 주체적 의미부여 과정을 동반하는 의식적 경험이 되고 교사 역시 공동학습자로서 배움이 실현될 것이다. 이것이 바로 상호주관성에 근거한 아동중심교육이다.

아동중심교육에서는 당연히 학습에 대한 절대적 주인의식을 지니고 자율적으로 학습을 추구해 나가는 적극적 학습자로서 아동/유아의 주체성이 강조된다. 그러나 진정한 의미에서의 아동중심교육은 아동의 능동성에 대한 강조에 의해 타자로서의 교사, 맥락으로서 또래들의 주체적 역할을 외면하지 않는 교육이다. 이런 의미에서 볼 때 공동학습자로서 교사, 맥락으로서의 교사, 타자로서의 교사에 대한 이해를 바탕으로 이루어지는 상호주관성에 근거한 아동중심교육에 대한 이해는 현대 유아교육의 방향 설정에 중요한 시사점을 제공한다고 할 것이다.

둘째, 상호주관성에 근거한 아동중심교육이란 교육주체 간의 역동적이고 살아 있는 소통과 통교의 과정을 통해 공유된 이해에 이르는 교육이다.

상호주관성은 일반적으로 많은 문헌들에서 사회적 맥락으로서의 활동에 참여하여 공동의 이해 수준에 도달하는 것을 의미하기도 한다Tudge, 1992. 이는 문제해결 과정에서 상호작용하는 둘 또는 그 이상의 사람들 간의 공유된 이해를 뜻한다. 사회적 상호작용에서 중요한 것은 참여한 사람들이 공동으로 문제를 해결하는 것인데, 이 과정에서 가장 중요한 것이 그들 사이의 상호주관성 형성이다Tudge & Rogoff, 1989. 이런 의미에서 볼 때, 상호주관성에 근거한 아동중심교육은 서로 다른 이해 수준을 가진 교사와 아동/유아, 그리고 유아와 유아가 상호통교의 과정을 통해 자신의 관점을 조정하고 협상하여 공동이해 수준에 도달하고, 공동의 의미를 창출하는 과정인 것이다황윤세, 2008.

사람들 간의 공유된 이해를 뜻하는 상호주관성의 획득과 관련하여 후설은 감정이입공감, empathy을 통해 상호주관성이 가능하다고 보았다. 타자와 경험을 공유하고 공동체 의식을 갖기 위해서는 타자에 대한 감정이입이 요구된다는 의미다. 감정이입이란 나 자신의 이해 방식을 떠나 타자의 위치에서 타자의 가치나 관점을 느끼는 것으로정정희·배재정, 2003, 후설E. Husserl은 "타자인 너는 감정이입에 의해 나의 세계로 들어온다."라고 보았던 것이다. 감정이입은 후설에게 있어 타자에로의 이해를 가능하게 하는 유일한 의식작용이며 상호주관성으로의 이행을 가능케 한다.

비고츠키Levy Vygotsky, 1896~1936는 상호주관성의 획득과 관련하여 성인 혹은 상대적 유능아 또래와의 협력을 강조한다황윤세, 2008. 사회적 구성주의 이론가인 비고츠키Vygotsky, 1978는 그의 중요한 개념 중 하나인 근접발달 지대와 비계설정이 주체들 간의 공동의 이해를 요구하는 협상의 과정이라 보았으며, 이 과정에서 상호주관성이 획득된다고 본다.

요약컨대, 상호주관성inter-subjectivité은 사회적 맥락으로서의 활동을 통하여 상호작용하는 사람들 간의 공유된 이해에 이르는 것을 의미하며, 타인과의 지속적인 지식교환과 협상을 통해 어느 하나의 관점으로부터 다른 관점으로 변화하는 것이므로 역동적인 과정이다Rommetveit, 1979. 이러한 점에서 볼 때, 상호주관성에 근거한 아동중심교육은 유아 개인의 내면적 힘이나 능력보다는 교육 실제에서 이루어지는 교육주체들 간의 역동적이고 살아 있는 소통과 통교의 과정에 주목해야 할 것이다. 교사-아동/유아 혹은 유아-유아 간 관계와 소통을 통해 형성된 상호주관성은 공동의 이해를 구성하는 것을 가능하게 해 주기 때문이다.

셋째, 상호주관성에 근거한 아동중심교육은 유아-유아, 유아-교사 간 배려와 상호존중에 근거한 인격적 만남이 이루어지는 교육이다. 상호주관성이 주체-객체s-o 구조에서 벗어나 주체와 타자 어느 누구도 서로의 주체성을 내어놓지 않는 주체-주체s-s 구조의 상호주체inter-subject를 의미하는 것이라면, 상호주관성의 문제는 타자를 어떻게 인격적 존재로 파악할 수 있는가 하는 문제, 곧 타자를 인격적 존재로 구성함을 일컫는다김병욱·김신일, 2002.

타자와의 인격적 만남은 타자의 다름을 인정하고, 내 입장에서가 아니라 그들 자신의 입장과 경험을 그대로 인정하고 받아들이는 태도가 요구된다. 이는 타자로서의 독특성을 인정하고, 보살핌과 배려의 윤리의식에 입각하여 타자를 수용하며 타자에게 선을 행하고 타자를 위해 책임지는 행위를 하고자 하는 윤리적 차원의 문제이다이화도, 2011. 타자성을 인정함은 자신의 관점에서 그들을 바라보는 것이 아니라 그들의 다름에 대해 수용하고 그의 호소에 귀 기울이고 보살피고자 하는 윤리성을 의미한다. 이러한 관점에서 볼 때, 상호주관성에 근거한 아동중심교육은 타자를 주체와 동일화시키는 갈등과 대립이 아니라 타자와 함께 더불어 살아가기 위한 타자에 대한 배려와 윤리적 실천에 주목해야 할 것이다.

우리라는 존재는 열린 의미의 세계 속에서 의미화를 이루어 가는 상호주관적 존재이다. 세계는 불일치와 투쟁의 장소이고 항상 다시 형성하는 중재이며 언제나 숨겨진 진리이다. 따라서 세계는 나와 타인의 중재의 지평이고 궁극적으로 진리의 지평이며, 사람들이 다른 모든 사람들과 더불어 서로 이해하고 이해될 수 있는 장소이다. 상호주관성은 각각의 주체가 자신의 주체영역 속에서 폐쇄되는 것을 지양하고 주체들 간의 관계를 중시하는 것으로 주관주의나 객관주의에 사로잡혀 있는 현대인들의 삶의 방식이나 사고방식이 수반하는 소통의 단절과 이에 따른 마음의 병에 접근하는 중요한 통로 역할을 할 수 있을 것이다Abdallah-Pretceille et Porcher, 1986, 1996b. 이는 고정된 자기 삶의 공간이라는 의미를 벗어나 새로운 사회로 이동하는 노마드Nomad[63]적 공간에서의 노마드 인으로서 현대인의 삶에 있어 필수적인 과제라 할 것이다.

이런 의미에서 현대교육적 사유는 교사와 유아가 상호주체로서 소통하고 통교함으로써 새로운 의미를 생성해 가는 상호주관성에 근거한 교육의 장에 시선을 두어야 할 것이다. 타자를 주체의 영역에 포섭하는 근대 주체중심철학에 근거한 아동중심교육을 넘어 배려와 상호존중의 교육, 곧 상호주관성에 근거한 아동중심교육에 대한 심도 있는 논의가 필요한 시점이다.

---

63) 들뢰즈 철학에서 강조하는 노마디즘 사상을 의미하는 것으로 모든 구속을 벗어나 자유롭게 이동하는 사유를 일컫는 말이다.

피아제 이론에 대한 포스트모던 해체

피아제Jean Piaget, 1896~1980 이론은 인간의 지식구성 과정, 즉 앎이 어떻게 형성되는가를 설명한 이론으로 유아기 인지발달에 대한 이해와 교수-학습 방법에 이르기까지 유아교육 전반에 걸쳐 큰 영향을 준 이론이다. 피아제의 주 관심사는 지식의 형성 과정, 즉 "인간의 인지능력, 사고 능력이 어떻게 발달해 가는가?"라는 인식론의 문제였다. 전통적으로 인식론이란 지식의 범위, 성질, 근원 등을 탐구하는 철학의 한 분야로 철학자들은 그들의 내성과 사변을 토대로 이 문제를 탐구하였다장상호, 1996. 피아제는 기존의 인식론과는 달리 생물학적 연구방법과 논리 수학적 방법을 적용하여 지식형성 과정을 탐구함으로써 자신만의 독특한 발생론적 인식론genetic epistemology을 구성하게 된다.

피아제 발생론적 인식론에 의하면 지식은 발견되는 것이 아니라 인간의 이성이 경험에 의미를 부여함으로써 구성construction된다. 즉, 지식을 개인의 능동적 구성의 결과로 본 것이다. 피아제 이론을 구성주의 이론으로 보는 이유가 바로 이것이다. 이러한 피아제의 관점은 수동적으로 반응하는 존재로서가 아니라 앎을 통해 변형을 생성하는 능동적 인식주체, 배움의 주체로서의 아동에 대한 인식전환과 함께 아동중심교육, 구성주의 교육에 이론적 근거를 제공한다.

지금까지 살펴보았듯이, 피아제 이론이 유아들의 앎의 과정이나 인지구조에 대한 이해를 이끌고 교육에 있어 새로운 패러다임의 전환을 가져온 것에는 이론異論의 여지가 없다. 또한 피아제 이론이 유아에 대한 이해나 교수-학습 방법 등 유아교육의 학문적 영역과 실제에 모두 중요한 영향을 미치고 있음을 부정할 수 없다. 그러나 인간지식의 정점을 논리적·수학적 지식으로 대변되는 이성적 능력으로 보고, 모든 정신활동의 발달이 서로 상이한 종류의 인지구조를 가지며 일련의 규칙적인 단계를 거친다고 보았던 피아제의 관점은 이성중심의 자아에 대한 강조와 누구에게나 통용되는 하나의 정해진 보편적인 원리로서의 거대담론을 전제한 근대 모더니즘의 한계를 드러낸다. 이로써 피아제 이론은 유일한 합리성, 도덕성, 지배적인 이론으로서의 거대서사를 거부하고 절대적이며 보편적인 진리에 대한 해체를 시도하였던 포스트모던 철학에 의해 비판받을 여지를 제공한다. 발달심리학과 구성주의로서의 피아제 이론에 대한 포스트모던 해체의 가능성이다.

누구에게나 통용되는 하나의 정해진 보편된 원리는 포스트모던 시대에 더 이상 존재하지 않는다. 인간을 대상으로 하는 교육에서는 더더욱 그러하다. 따라서 오랫동안 유아기 사고 능력, 인지 능력에 대한 이해와 교육현장에서 유아를 이해하는 중요한 지표로서 사용되는 피아제 이론이 유아를 이해하는 절대적 기준이나 법칙이 되어 무비판적으로 적용되기보다는 새로운 패러다임 속에서 비판적으로 고찰해 볼 필요가 있을 것이다.

칸트, 플라톤, 그리고 피아제

전통적으로 지식의 근원에 관해 철학에서는 두 가지 대립된 가설이 있어 왔는데 그 하나는 지식의 근원을 선험적인à priori 것으로 보는 데카르트Rene Descartes, 1596~1650식의 합리주의 관점이고, 다른 하나는 인간은 아무 관념도 없는 백지상태tabula rasa로 태어나며 오감을 통해 외부세계를 경험함으로써 그것이 그대로 지식으로 형성된다고 보았던 로크John Locke, 1632~1704로 대변되는 경험주의 관점이다.

피아제의 발생적 인식론은 지식의 본질을 선험적으로 보는 전통적 합리주의의 관점과 달리 그 구성 과정을 발생적으로 형성되는 것이라 파악한다. 지식을 개인의 능동적 구성의 결과로 본다는 측면에서 피아제 관점은 칸트의 입장과 유사하다. 그러나 지식의 구성 과정을 발생학적génétical으로 형성된다고 파악하고 이를 구체적 발달의 제 단계들 속에서 보여 준다는 점에서는 칸트 인식론과는 구별된다. 또한 피아제의 발생적 인식론génétical epistémologie은 단순히 외부환경으로부터 얻어지는 것이 아니라 인식주체의 능동적 활동에 의해 구성되는 것으로 봄으로써 경험론이 갖는 한계를 함께 극복하고자 하였다. 이러한 맥락에서 피아제의 발생적 인식론은 칸트의 입장과 유사하다.

칸트Immanuel Kant, 1724~1804는 지식의 근원을 선험적인à priori 것으로 보는 데카르트식의 합리주의 관점과 감각적 경험을 인식의 원천적인 소재로 보는 경험론적 관점을 종합하여 새로운 인식론을 제시하였다. 그에 의하면 인간의 감각적 경험을 통해 들어온 정보는 시간과 공간, 인과개념 등 선험적인 범주에 의해 여과되고 재구성됨으로써 객관적이고 보편타당한 진리가 구성된다는 것이다. 이러한 칸트의 견해는 인식의 본질을 대상의 재현representation으로 보았던 객관적 인식론에서 선험적 이성의 능력에 의한 능동적 구성construct으로 본 주관적 인식론으로 패러다임의 전환을 이끌게 된다.

인간 지식의 근원, 즉 앎의 본질에 대한 인식론적 논의는 인식주체의 역할과 대상으로서의 세계의 본질에 관한 것이었다. 인간 인식의 비중을 객관이나 대상에 두는 것이 대상중심의 객관적 인식론이라면, 인식주체의 주관성에 비중을 두는 것이 주관적 인식론, 즉 상대주의 인식론의 입장이다. 칸트로부터 시작되는 구성주의 인식론은 인식주체의 선험적·이성적 능력에 의해 능동적으로 구성되는 지식 구성 과정을 보여 줌으로써 대상이 아닌 인식주체에 비중을 두는 상대주의 인식론으로의 전환을 이끌게 된다.

지식구성 과정에 있어 능동적 주체에 대한 자각은 인식주체가 환경과의 상호작용을 통해 대상을 조작함으로써 구성하는 피아제 이론에서도 잘 드러난다.

피아제에 의하면 인간은 인지구조schema를 균형 있는 상태로 유지하고자 하는 유기체적 성향인 평형화equilibration의 성향을 지닌다. 평형화equilibration란 새로운 정보가 기존의 인지구조에 동화되지 못하는 인지적 불균형상태를 해소하려는 경향을 이르는 것으로, 피아제는 동화assimmilation와 조절accomodation이라는 적응adaptation 과정을 통해 이를 수 있음을 보여 준다. 이 적응 과정에서 강조되는 것이 바로 인식주체의 능동적 의미부여 과정인 자기조절self-regulation 과정이다. 피아제는 경험을 통해 얻은 외부의 지식을 의식의 과정에 의해 내적인 것으로 내면화하는 능동적 의미부여 과정을 반성적 추상abstraction refléchissante[64) 혹은 구성적 추상Kamii & Devries, 1988이라 부른다. 피아제 인식론에서 강조하는 의식의 능동적 구성으로서의 지식형성 과정이 바로 이것이다. 다시 말해 의식의 능동적 탐구 과정으로서 구성construct이란 이미 알고 있는 지식에 기초하여 새로운 경험들을 일관성 있게 통합하고

64) 피아제(Piaget, 1977)는 추상을 경험적 추상(abstraction empirique)과 반성적 추상(abstraction refléchissante)으로 구분하였다.

의미 있는 관계체계를 점진적으로 형성해 가는 정신적인 구조화를 의미한다. 피아제 이론을 구성주의로 보는 것도 바로 능동적 구성으로서의 지식형성 과정을 설명한 점 때문이다.

피아제 이론에서 강조한 인식주체의 능동성은, 이데아를 발견하고 상기想起하는 일인 인식 과정 속에서 자신의 사고 안에 희미하고 어렴풋하게 있는 그 무엇을 명확히 드러내고 알아가는 능동적인 탐구의 과정을 강조한 플라톤의 사상과도 그 맥을 같이한다.

플라톤Plato, BC 427~BC 347은 인식의 메커니즘을 설명하기 위해 상기想起설Anamnesis을 사용한다. 그에 있어서 인식이란 전혀 새로운 것에 대해 아는 것이 아니고 이미 '이데아계'에 존재하면서 본래 우리가 가지고 있던 지식을 상기해 내는 것이다. 이데아의 세계란 감각으로 지각되지 않고 사유로만 파악할 수 있는 세계를 의미한다. 이처럼 물리적 세계 또는 외부환경이 그냥 주어진다는 사실만으로는 거기에서 아무런 진리를 얻을 수 없으며 인간의 인식이 능동적으로 의미를 구성하는 과정이 있음을 보여 준 플라톤의 관점은 지식구성 과정에서 인식주체의 적극적인 탐구 과정을 강조하였기에 구성주의적 관점에서 재해석될 수 있는 가능성을 시사한다.

▌유아, 유아기에 대한 피아제Piaget 관점 해체하기

피아제 인식론은 생물학적으로 미성숙한 유기체가 환경에 적응하며 성숙한 유기체로 발전해 가는 것과 마찬가지로 인간의 지적 능력도 미성숙단계에서 점차 진보progress해 나갈 것이라는 발생적 인식론의 가정에서 출발한다. 이러한 가정에 비추어 보면 유아의 지식과 행동은 '덜 만족한 상태'로서 미성숙한 단계이며 결손이 있다는 것을 의미한다. 이러한 피아제의 관점은 인간 능력을 합리성의 관점으로만 바라본다는 점에서 한계를 드러내면서 유아기 사고에 대한 새로운 이해의 가능성을 시사한다.

• 유아기 자아중심성egocentrism에 대하여

피아제 이론에서 규명한 유아기 사고의 특성은 자아중심성ego-centrism이다. 이는 그의 세 산 실험Three mountains experiment을 통해 잘 드러난다.

> 색깔, 크기, 모양이 상이한 세 개의 산 모형을 만들어 탁자 위에 올려놓고 유아로 하여금 탁자 주위를 한 바퀴 돌아보게 한 다음 한 의자에 인형을 앉히고 또 다른 의자에 유아를 앉게 한다. 몇 개의 산 모형 사진을 제시하고서 유아로 하여금 자신이 본 것을 나타내는 사진과 인형이 본 것을 나타내는 사진을 선택하게 한다.
>
> 『아동의 공간지각The Child' s Conception of Space』

이 실험을 통해 피아제는 유아가 자신이 본 것과 마찬가지로 인형도 동일하게 볼 것으로 생각한다는 것을 증명해 보이면서 유아기 사고가 자아중심적 사고의 특성을 지닌다는 자신의 견해를 정당화하고자 하였다.

그러나 유아기 사고의 특성인 자아중심성에 대한 피아제의 견해는 최근 여러 심리학 연구들Borke, 1975; Dunn, 1988; Shartz & Gelman, 1973에 의해 다음과 같은 이유로 많은 비판을 받았다.

첫째, 피아제의 세 산 실험은 서로 다른 방향의 공간에서 일정한 장면을 시각화하는 유아의 능력을 공간적 인지 능력에 초점을 맞추고 있다는 것이다.

세 산 실험에서 피아제가 지적한 유아기 사고의 자아중심성이란 자신의 조망perspective과 다른 사람의 조망perspective을 구별하지 못하는 것을 의미한다. 그러나 사고에 있어 자아중심성은 세 산 실험에서 설명하는 공간적 조망수용 능력에만 국한된 것이 아니므로 유아의 공간지각 능력에서 보이는 자아중심적 경향을 사고 전체에 대한 자아중심성으로 볼 수 있는 논리적 근거가 부족하다는 것이다이은주, 2009.

둘째, 피아제의 세 산 실험에서 사용한 과제들이 유아들이 처리하기에는 너무 복잡하고 어려운 과제이기 때문에 유아의 조망수용능력perspective-taking ability을 정확하게 이해하기 어렵다는 점이다. 피아제가 사용한 과제들이 유아들이 처리하기에는 너무 복잡하여 실제로 유아가 타인의 조망을 정확하게 이해할 수 있는 조작 능력을 가지고 있으면서도 공간조망수용 능력에 있어 자아중심적 사고의 특성으로 이해된다는 것이다.

예를 들어, 한 실험Borke, 1975에서 피아제가 세 산 모형으로 한 실험을 작은 호수와 장난감 배, 집과 소와 말 등 유아들에게 친숙한 대상물을 사용하여 자연적 상황에서 제시한 결과 3~4세 유아의 79~93%까지 자신과 다른 위치에서의 조망을 정확하게 이해할 수 있었다는 연구 결과가 있었다. 이는 유아에게 좀 덜 복잡한 과제를 제시하였을 때 3~4세 유아도 타인의 조망을 충분히 이해할 수 있음을 보여준다. 이러한 연구결과들은 피아제가 제시한 자아중심적 사고특성의 연령이 훨씬 낮게 조정되어야 하며 따라서 논리적 사고도 과제의 친숙도나 난이도에 따라 훨씬 일찍 시작될 수 있음을 암시한다.

피아제가 강조한 유아기 자아중심성egocentrism은 상호주관성 현상학적 관점에서도 비판적 고찰이 가능하다.

후설Edmund Husserl, 1859~1938은 생활세계 개념을 통해 인간에게 있어 완전한 의미에서의 자아중심적 주관은 불가능하며 그 속에는 이미 익명적인 상호주관성inter-subjectivity이 내재되어 있음을 설명한다. 후설의 '생활세계'는 '나'에서 출발하기 때문에 일차적으로 주관적이지만 '너'를 인정한다는 점에서 유아론적 의미의 주관주의가 아니며이화도, 2010, 주체인 나와 객체인 세상이 함께 공존하는 상호주관성의 세계인 것이다. 따라서 인간주체는 데카르트나 칸트 철학에서처럼 순수한 주체로서 각각 고립되어 있는 것이 아니라 타자대상와의 관계를 통해 생생하고 원초적인 생활세계 안에서 상호주관성inter-subjectivité에 근거한 변증법적인 합일을 이루고 있다는 것이다.

메를로 퐁티Maurice Merleau-ponty, 1908~1961는 『지각의 현상학Phénomenologie de la perception, 1975』에서 인간의 지각perception은 절대적 관점이 아니라 조망적 관점에서 이루어진다고 보았다. 한 대상에 집중할 때 그 대상 주변의 다른 대상들을 상황으로 가진다는 의미다. 이러한 관점에서 볼 때 맥락과 상황에 의존하지 않는 탈맥락적decontextualisation 사고를 합리성으로 보고 이를 인간의식의 지향점으로서 본 피아제의 관점은 비판될 여지가 충분하다고 할 것이다. 최재식1996[65]은 이러한 메를로 퐁티의 관점을 들어 피아제의 자아중심적 주관에 관해 다음과 같이 비판적 관점으로 논하고 있다.

---

65) 최재식(1996). 피아제의 발생적 인식론과 메를로 퐁티의 현상학. 철학과 현상학 연구, 8, 321-347.

메를로 퐁티에 의하면 이미 우리의 판단은 어려서부터 하나의 특정한 상황에 편입되어 있고 그 속에 빠져 있기 때문에 주변의 상황의 여건에 전혀 무관하게 절대적 관점을 지니는 완전한 자아중심성의 사고는 불가능하다고 본다. 이는 관점이 상황에 의존함을 의미한다. 즉, 우리가 보는 대상은 지평 없이는 주어지지 않고 지평은 그 바라보는 대상이 있을 때만 가능하다. 따라서 완전히 상황에서 자유로울 수 있는 사고가 가능할 것인가 하는 문제이다. 개인들은 서로 연결되어 있고 서로에 행동을 하며 함께 행동한다. 여기서 나와 너의 관점들은 서로 얽혀 있다. 이렇게 우리가 처음부터 그 속에 빠져 있는 그런 익명적인 집합성을 메를로 퐁티는 일종의 잠재적 사회성으로 규정한다.

『피아제의 발생적 인식론과 메를로 퐁티의 현상학』

메를로 퐁티의 관점은 이미 상황에 의존한 사고를 함으로써 익명의 사회적 존재로 사고에 영향을 받고 있음을 보여 주어 세계를 구성하는 순수자아의 일방적인 주체성을 부정하는 유아기 사고의 자아중심성에 대한 비판적 관점의 근거를 제공한다.

• 유아기 지각 우위적 사고에 대하여

피아제 이론에서 보여 준 유아기 사고의 특성 중 하나는 지각perception에 의한 사고이다. 유아기 지각 우위적 사고의 특성이 잘 드러나는 것은 피아제의 보존실험이다.

1단계에서는 유아에게 모양과 크기가 같은 두 개의 컵 A, B에 같은 양의 액체가 들어 있는 것을 보여 준다. 2단계에서는 유아가 보는 앞에서 B에 들어 있던 액체를 모양이 완전히 다른 C컵에 따른다. 3단계에서는 유아에게 A컵에 들어 있는 액체의 양과 C컵에 들어 있는 액체의 양이 같은지, 다르다면 어느 컵에 더 많은 액체가 들어 있는지를 물어본다.

위의 실험에서 피아제는 유아들이 보존conservation에 실패한 이유를 유아기 사고의 특성인 지각적 판단에 기인한 것으로 보았다. 유아의 지각 우위적 사고특성은 피아제에게 있어서는 합리성의 결여를 의미하며 궁극적으로는 이성적 사고 능력으로 대체되어야 할 인식 능력이다. 이성에 의한 합리적인 논리를 강조한 피아제는 유아기 지각 우위의 사고를 비논리성, 비합리성으로 보았던 것이다. 이러한 피아제의 관점은 지각적 사고에 가치를 부여한 현상학적 관점에서 분명 비판의 소지가 있을 것이다.

후설은 생활세계를 통해 모든 능동적인 의식적 작용에 앞서는 원초적인 지각의 세계에 가치를 부여한다.

후설의 생활세계는 인간주체의 의식의 지향성에 의해 구성되는 선술어적이고 선논리적인 세계이다. 의식에 의해 옷이 입혀지기 전의 세계인 생활세계는 후설에게 있어서는 객관적이고 과학적인 진리세계의 근본 토양이며 그 구체적인 보편성 속에서 과학적 세계를 포괄하는 것이다.

지각에 의해 체험된 논리에 대하여 가치를 부여하는 것은 메를로퐁티의 지각 현상학에서도 찾을 수 있다. 메를로 퐁티는 1945년 『지각의 현상학Phénomenologie de la perception』에서 지각perception은 생물의 감각, 기계적인 원리에 의한 인식이 아니라 몸을 통한 지각임을 설명한다. 이는 후설이 이야기하는 순수의식에 의한 지각과는 달리 인간의 육체, 즉 '몸corps'을 통해 이루어지는 지각으로, 그 속에는 존재 자체에 대한 현상학적 직관과 같은 인간의 전의식적인 정신활동이 동반된다. 이때 몸은 생각이 육화된, 정신이 깃든 몸corps이다. 몸corps은 지각의 주체이며, 세계와 소통되는 통로이다. 몸을 통해 세상을 지각하고 이해하고, 몸이 존재함으로써 세상이 존재한다. 결국 현존재l'être는 몸을 통해 지각하며 몸을 통해 세계에의 존재l'être-au-monde가 되는 것이다.

지각에 의해 체험된 논리에 대해 새로운 가치를 부여한 현상학적 사유는 유아기 지각 우위의 사고에 대한 재해석과 새로운 가치 부여의 가능성을 드러낸다.

물론 피아제가 논리적 사고 능력으로서 조작operation 능력의 출발이 감각운동기를 거쳐 나타난다고 본 점은 그가 인간 사고에 있어 지각의 중요성을 전적으로 간과한 것이 아님을 보여 준다. 감각으로부터 얻어지는 경험은 인식을 위한 동기를 일으키는 촉매의 역할을 한다고 본 플라톤의 관점[66]처럼, 피아제 역시 논리적 지식의 출발은 지각perception임을 인정한 셈이다.

그러나 피아제는 지각에 의한 사고단계인 감각운동기sensori-motor stage를 시간적으로 임시적이고 또 반드시 극복되어야 할 단계로 정의한 점에서, 지각에 의해 구성된 세계가 그 나름의 존재론적인 의미와 구조를 갖고 있다고 본 메를로 퐁티의 관점과는 본질적 차이를 지닌다고 볼 수 있을 것이다최정실, 1997.

따라서 지각경험에 내재해 있는 자발성과 창조성에 관심을 두지 않았던 피아제 이론에 대한 비판적 논의와 함께 유아의 즉각적인 감각적 지각 속에 작용하는 구체적인 육체성과 이미지 구성 및 감성이

66) 이미 언급하였듯이, 플라톤에 있어 인간의 인식은 새로운 것에 대해 아는 것이 아니고 감각을 통해 지각되지 않는 초감각세계인 '이데아의 세계'에 존재하면서 본래 우리가 가지고 있던 지식을 상기해 내는 것이다. 따라서 '현상계'에 발을 디디고 사는 인간은 자신의 철학적 사유를 통해 희미한 기억을 상기해 냄으로써 본래의 진리세계를 회상하여 인식에 이를 수 있음을 의미한다. 이때 감각으로부터 얻어지는 경험은 감각적 경험 자체가 인식의 기초가 되는 것은 아니지만 인식(회상)을 위한 동기를 일으키는 촉매의 역할을 하므로 인식의 출발점으로 본다. 즉, 감각적 지각없이 인식은 출발되지 못한다.

갖는 교육학적 함의를 탐구하는 노력이 요구된다고 할 것이다.

▌이성적 사유에 한정된 피아제Piaget 이론 비판하기

인간합리성의 근원을 논리적·이성적 사유에 한정한 피아제 이론은 근대 이성중심의 자아에 대한 해체로 시작된 포스트모던 관점에서 다음과 같이 비판될 수 있을 것이다.

첫째, 피아제 이론이 인간지식의 정점을 논리적·수학적 지식으로 대변되는 이성적 능력으로 본 점이다.

피아제 이론의 주된 관심은 아동이 일련의 체계화된 단계를 거쳐 인간지식의 정점으로서 형식적 사고 능력을 완성해 가는 과정이다. 그에 의하면 지식은 불완전한 사고단계인 감각운동기에서 벗어나 완전한 사고단계인 형식적 조작기에 도달함으로 완성된다고 보았다. 이는 생물학적으로 미성숙한 유기체가 환경에 적응하며 성숙한 유기체로 발전해 가는 것과 마찬가지로 인간의 지적 능력도 미성숙한 단계에서 점차 발전해 가는 진보progress에 대한 믿음에서 기인한 것으로 볼 수 있다.

인지발달을 일직선상의 발달로 보는 진보progress 관점에서 본다면 유아기 사고는 성인의 사고보다 미성숙하고 부족한 것으로 이해된다. 이는 유아의 지식과 행동은 '덜 만족된 인식의 상태'임을 의미하며, 논리적 합리성의 관점에서 볼 때 결손을 의미한다. 이러한 피아제의 관점에 비추어 본다면 유아의 합리성은 더 높은 인식의 상태로 나타나는 논리·수학적 방향으로 설정된 어른들의 합리성에 의해 구축되고 교정되어야 한다. 왜냐하면 유아의 합리성은 어른들의 합리성에 비해 덜 만족스럽고 더 낮은 인식의 단계이기 때문이다최재식, 1996. 피아제가 유아기를 인간의 논리성을 의미하는 조작operation 능력이 나타나기 전을 의미하는 전조작기pre-operation stage로 부르는 것도 이러한 이성 우위의 합리주의적 근거와 무관하지 않을 것이다.

유아기 사고의 특성을 합리성에 근거하여 어른들의 사고에 비해 미성숙한 것으로만 보는 피아제 관점은 선험적으로 주어지는 인간의 순수이성을 부정하고 인간이성이 가지는 가변성, 불완전성, 잠정성을 드러낸 포스트모더니즘에 의해 비판된다.

몸을 통해 지각된 세계가 모든 합리성, 가치, 존재의 기반이 된다고 보는 포스트모던 담론은 의식 이전에 존재하는 지각의 근원성을 드러낸다. 포스트모던 철학에서 전제한 지각의 근원성은 사물, 진리, 가치들이 우리의 의식에 구성될 때 바로 그 시점에서 우리에게 근원적으로 존재하는 것이 지각이라는 것이다. 곧, 지각은 막 태어나는 로고스Merleau-Ponty, 1945; 최정실, 1994, 재인용이다. 칸트가 인식 능력의 능동성만을 강조할 뿐 능동적 인식 능력 이전의 감성차원에서 작용하는 수동성, 즉 무의식의 영역을 무시했다는 문제의식에서 출발하여 지각의 근원성을 강조한 포스트모던 담론은 유아기 지각에 의한 사고를 비논리성·비합리성으로 보는 피아제 이론의 한계를 극복할 수 있는 근거를 제공한다.

둘째, 피아제 이론이 인식주체와 인식대상을 이분법적 구도하에서 이해한 점이다.

피아제 인식론의 현상학적 한계는 인식주체와 인식대상으로서의 객관적 실재를 이원적으로 구별하고 인식주체와 대상 간의 관계를 상호 외적 관계로 파악하려 한 점이다. 이는 상호주관성 현상학과 포스트모던 철학에 의해 비판된다.

후설Edmund Hussserl, 1859~1938은 생활세계를 통해 인식주체와 인식대상으로서의 세계, 즉 타자가 함께 공존하는 상호주관성의 세계를 드러낸다. 그에게 있어서는 대상도 없고 세계도 없고 역사도 없는 순수한 주체란 존재할 수 없으며 마찬가지로 주체로부터 벗어난 순수한 객관적 세상도 존재하지 않는다. 나와 대상으로서의 타자와의 상호주관성 관계에 대한 후설의 자각은 인식주체와 대상을 이분법적 구도하에서 이해한 피아제 이론에 대해 비판적 해체의 이론적 근거를 제공한다.

이러한 구도에 대한 해체는 포스트모던 철학에서도 두드러진다. 데리다는 차연différance 개념을 통해 주체 내부의 이질성을 지닌 타자를 드러냄으로써 인식주체와 대상 간에 존재하는 상호주관성의 관계를 드러낸다. 이는 주체와 대상 간의 무수한 접속과 관계 맺음을 통해 차이를 생성하는 과정에서 드러나는 역동적, 상호주체를 설명한 들뢰즈의 사유에서 잘 드러난다. 인식주체와 인식대상으로서의 객관적 실재 간의 관계를 상호주관성inter-subjectivité에 의해 파악한 포스트모던 담론은 인식주체의 능동성을 강조함으로써 대상인 세계의 주체적 역할을 간과한 피아제 이론을 비판하고 주체와 대상이 관계를 맺음으로써 다양한 차이들을 생성해 내는 새로운 담론의 가능성을 제시한다. 피아제 구성주의에 대한 해체로부터 시작되는 탈구성주의post-constructivism의 가능성이다.

▌피아제 이론 해체와 현대 유아교육

피아제 이론에 대한 포스트모던적 해체를 통해 유아, 유아기의 의미에 대한 새로운 이해의 가능성을 살펴보고 이를 중심으로 현대 유아교육 담론 재개념화의 방향에 대해 논의해 보도록 하자.

첫째, 피아제 이론에 대한 포스트모던 해체를 통해 살펴볼 때, 현대 유아교육 담론은 유아기 사고의 고유성에 대한 가치인정에 주목하여야 할 것이다.

피아제 이론은 생물학적으로 미성숙한 유기체가 환경에 적응하며 성숙한 유기체로 발전해 가는 것과 마찬가지로 인간의 지적 능력도 환경에 적응하여 발전해 갈 것이라는 가정에서 시작된다. 이러한 피아제 이론의 진보적 인간발달에 대한 기본 가정에 동의한다면 유아의 사고 능력은 어른에 비해 미성숙한 것으로 정의될 수밖에 없다. 피아제 관점에서 비합리적이고 비논리적으로 규명한 유아기의 경험 방식이나 사고체계는 논리적 능력으로 대변되는 어른의 사고로 전환되어야 하는 미성숙의 사고단계일 뿐이다.

그러나 인간의 지각에 의한 사고를 근원적인 것으로 파악한 현상학적 관점과 지각의 근원성을 제시한 포스트모던 담론은 지각 우위의 유아기 사고에 대한 가치 부여의 필요성을 제안한다. 이는 유아기의 지각적 사고가 성인의 사고에 비해 미성숙한 것이 아니라 성인의 지성적인 사고나 논리성 혹은 합리성의 이름에 포괄되지 않는 그 자체로서의 가치를 지님을 인정하는 것이다.

메를로 퐁티는 『지각의 현상학Phénomenologie de la perception, 1975』을 통해 지각을 통한 세상의 이해에 신화적인 가치를 부여함으로써 야생적이고 살아 있는 유아기 지각적 사고의 가치에 대한 인식전환을 제안한다. 이와 함께 수학적·논리적 합리성으로 규명되는 성인의 이성적 사고가 유아기 지각적 사고에 대하여 폭력을 행사하는 것을 중단할 것을최정실, 1999 요구하고 있다. 이는 성인의 경험에 비해 상대적으로 경험의 양이 적은 유아의 자연적인 순진성이 어른의 사고에 비해 오히려 더 창의적일 수 있으며, 이미 사회적으로 고착된 상식으로 세상을 바라보는 성인의 편협된 이성에 이의를 제기할 수 있는 긍정적인 원동력으로 해석될 수 있음을 보여 주는 것이다. 성인이 생각하는 유아들의 세상은 합리성이라는 한 가지 잣대만으로 평가할 수 없는 무한의 가치를 지닌 세계이기 때문이다. 따라서 유아기 사고를 합리성의 관점에서 볼 때 현실과 상상의 세계를 구별하지 못하는 유치함으로 해석되고 교육에 의해 없애야 할 것으로 생각할 것이 아니라 그 자체로 가치가 평가되고 존중되어야 할 것이다.

유아들을 미성숙하고 부족한 존재로만 생각하여 그들의 생각을 들으려 하지도 않고, 그들의 생각이 무엇인지 알려고 하지도 않는다면, 유아들의 생각은 거기서 멈추어 버리게 될 것이다. 그들을 부족함으로만 바라보는 순간, 그들의 무한한 가능성은 닫혀 버릴지도 모른다. 이성이라는 명목으로 유아들의 야생적 사고, 지각적 판단에 의한 세상의 이해를 지나치게 억누르고 없애 온 것은 아닌지 살펴보고, 합리성이라는 명목 아래에 짓눌린 유아들의 야생적인 창의적 사고를 살려낼 수 있는 살아 있는 교육을 지향하여야 할 것이다.

둘째, 피아제 이론에 대한 포스트모던 해체를 통해 살펴볼 때, 현대 유아교육 담론에서는 '몸corps'을 통한 유아기 경험에 주목하여야 할 것이다.

포스트모던 담론은 몸을 통해 지각하는 주체로서의 인간에 대한 자각을 통해 그동안 이성 우위의 근대철학에서 외면하였던 인간의 몸corps에 대한 관심을 불러일으킨다. 이는 데카르트의 사고하는 주체cogito-subject로서의 인간이 아니라 생각이 육화된 몸corps, 사유가 포함된 몸corps을 통해 지각하는 주체에 대해 자각하는 것이다. 이러한 몸에 대한 포스트모던 사유는 몸을 통해 세상을 지각하고 몸을 통해 세상에 존재하는 유아기 지각적 사고와 생활세계적 경험이 지니는 가치에 대한 새로운 이해의 필요성을 제안한다. 의식의 체현으로서의 '몸'을 통해 세상의 이해를 이끌 수 있는 '몸' 중심의 유아기 교육이 필요한 시점이다.

유아들의 앎의 과정이나 인지구조에 대한 이해를 이끈 피아제 이론에 대한 포스트모던적 해체는 지금까지 교육현장에서 유아를 이해하는 중요한 지표로서, 혹은 유아교육의 방향을 결정하는 중요한 지표가 된 피아제 이론을 비판적 관점으로 고찰함으로써 현대 유아교육 담론의 새로운 가능성과 방향 설정을 위한 논의를 이끈 점에서 의의를 지닌다고 볼 것이다. 이는 어떤 교육 이론도 절대적으로 수용될 수 있는 것은 존재하지 않으며 시대적·사회적 패러다임의 변화와 함께 변화하여야 한다는 인식에서 비롯된 것이다. 이와 더불어 우리가 유아들을 위해 실행하고 있는 많은 교육적 시도들이 과연 유아들을 위하는 것인지, 그들이 정말 원하는 것인지, 끊임없이 돌아볼 것을 제안한다. 이와 더불어 유아들을 하나의 인격체로 존중하면서 무한한 가능성을 지닌 유아들의 세계를 인정하고 수용하는 교육이 실현되기를 기대한다. 이러한 교육은 유아들에 대한 존재론적 이해에서부터 가능할 것이다.

몸corps을 통해 지각하고 생각하는 원초적 생활세계로서 유아들의 세계가 가치롭게 존중되는 진정한 의미에서의 아동중심교육이 실현되기를 기대해 본다.

제7장

포스트모던 유아교육의 대안적 담론을 향하여

선험적으로 주어지는 인간의 순수이성을 부정하고 인간이성이 가지는 가변성, 불완전성, 잠정성을 강조하며 세상에 대한 절대적 진리의 인정 대신 다양한 맥락 속에서 허용되는 해석들 간의 대화를 강조한 포스트모던 철학은 기존의 유아교육 담론에 대한 비판적 고찰과 함께 새로운 시대의 유아교육이 지향해야 할 대안적 담론에 대한 사유의 틀을 제공한다.

지금까지 논의된 포스트모던 담론들을 중심으로, 근대 유아교육 담론을 비판적으로 고찰하고 포스트모던 유아교육의 방향과 대안적 담론의 가능성에 대해 논의해 보자.

포스트모던 유아교육의 대안적 원리

포스트모더니즘의 도래는 근대 모더니즘 철학의 확고한 토대이며 근대 인식론적 기반이 되었던 합리성의 토대가 와해됨으로써 기인되었다고 볼 수 있다. 이로써 고정된 원리와 보편성에 기초를 둔 기존의 교육 담론들은 통일성을 거부하고 차이를 촉진시키는 포스트모더니즘 사유체계의 맥락에서 비판되고 해체된다. 그러나 기존의 교육 담론들에 대한 포스트모던 해체déconstruction와 재개념화réconceptualization의 논의는 단순한 비판으로만 이해되어서는 안 될 것이다.

포스트모더니즘 교육을 이야기하면서 우리는 가끔 이런 질문에 부딪힌다.

> "만약에 포스트모더니즘 교육이 사회와 정서에 대한 학습과 정서지능의 촉진에 중점을 둔다면 그들 본래의 역할인 교과서를 가르치는 일을 경시하게 되지 않을까?"

이는 포스트모더니즘이 모더니즘을 전면 부정하는 무조건적인 비판에 중점을 둔 것이 아니라 부분과 전체로서의 관점을 바탕으로 모더니즘의 한계를 극복하고 보완하려는 시도임에 대한 이해부족에 따른 것임을 알 수 있다. 이를 인간관에 비추어 살펴본다면, 포스트모더니즘은 이성만이 인간능력의 전부라고 규명한 모더니즘적 인간관에 대해 보완적 관점을 제시함으로써 인간에 대해 더욱 폭넓은 이해를 추구한다고 볼 수 있다. 교육의 관점에서 살펴본다면 지식중심의 모더니즘 교육을 단순히 비판만 하는 것이 아니라 인간능력의 다른 영역을 외면해 온 것에 대한 비판이다. 이를 전제한다면 기존의 유아교육 담론에 대한 포스트모던 해체는 단순한 비판으로만 이해되어서는 안 될 것이다. 포스트모던 유아교육의 대안적 담론의 방향은 모던적인 것과 포스트모던적인 것 사이에서 생성되는 새로운 대안적 공간에 대한 이해에서부터 출발하여야 할 것이다.

▮서사적, 해석학적 패러다임에 근거한 대안적 원리

전통적으로 학교교육의 중심에는 거대서사meta-narrative, 메타언어로 구성된 표준화된 지식이 버티고 있다. 이에 대해 포스트모던의 서사적, 해석학적 패러다임은 유일한 정전이 아니라 여러 정전들 중의 하나로 위치하게 하는 전략을 구사할 것을 제안한다황윤세, 2002. 해석학적 패러다임이란 인간을 설명하는 유일하고 절대적인 언어란 있을 수 없다는 리오타르Jean Francois Lyotard, 1924~1998의 서사적 지식narrative knowledge을 지칭하는 것으로, 특정한 사회 문화적 맥락에 의존함으로써 제한적 성격을 지니는 지식을 말한다. 그에 의하면 서사적 지식은 일상차원에서 발생하고 소멸하는 이야기를 지칭하는 일종의 민담으로, 이 속에는 다양한 사람들의 관점과 해석이 개입되어 있다고 본다. 민담의 이러한 특성은 바로 과학적 지식에 대비된 서사적 지식의 정체성이다. 이러한 서사적, 해석학적 원리 저변에는 근대 모더니즘의 보편적 이성과 과학적 지식에 대한 강한 거부가 자리 잡고 있다.

이러한 맥락에서 포스트모던 유아교육은 거대서사meta-narrative, 메타언어로 구성된 표준화된 지식에서 벗어나 과학적 지식중심의 논리에 소외된 실천적 지식practical knowledge과 일상적 경험으로부터 구성된 소서사적micro-narrative 지식을 교육 과정 내에 포함시켜야 할 것이다. 이는 유아들의 다양한 관점을 인정하며 그들의 다양한 흥미와 관심을 교육 내용 속으로 끌어들여야 한다는 의미다. 또한 유아들의 작은 이야기에 관심을 기울이고, 유아들의 소서사로서의 일상으로부터 기인되는 차이와 다름을 자연스럽게 받아들이도록 제안한다. 이런 의미에서 포스트모던 유아교육은 다양한 관점들에 대한 인정과 작은 이야기들에 관심을 기울이고, 합의와 대화의 장이 되어야 할 것이다.

교육 실제에 있어서도 선형성線型性, linearity을 강조하는 시간 개념에서 벗어나 유아들의 흥미와 요구에 따라 재구성하는 융통성 있는 교육 과정 운영의 접근이 필요할 것이다. 교육 공간 역시 획일적이고 절대적인 교실 공간만을 고집할 것이 아니라 유아의 일상적 삶이 이루어지는 삶의 현장으로 확대될 필요가 있다. 이런 점에서 포스트모던 유아교육은 유아들에게 우리 삶의 본질인 다양성과 비정형성의 의미를 일깨워 주는 교육적 장이 되어야 할 것이다.

리오타르J. F. Lyotard의 서사적 지식론narrative knowledge은 유아의 삶의 맥락 속에서 이루어지는 통합된 경험을 통한 지식의 구성 과정을 강조하는 통합integration의 원리와 흡사하다. 이런 의미에서 본다면 삶의 맥락 속에서 이루어지는 지식의 구성 과정을 강조하는 포스트모던 서사적 지식의 정당성은 유아교육영역에서 이미 확보하고 있다고 볼 수 있다. 근대교육의 거대담론으로부터 벗어나 서사적, 해석학적 패러다임에 근거한 포스트모던 유아교육 담론의 정립이 필요한 시점이다.

▌자아구성의 맥락적 실체성에 근거한 대안적 원리

인간이 가진 역사적 존재양식과 자아구성의 맥락적 실체성을 강조하는 포스트모던 담론은 완벽한 주체, 동일성으로서의 근대이성주체에 의문을 제기한다.

라캉Jacque Lacan, 1901~1965은 정신분석학과 후기구조주의post-structuralism의 주체 개념을 바탕으로 하나의 고정된 주체가 아니라 다양한 주체들이 한 개인 내에 공존한다는 점을 주장한다. 푸코Michel Foucault, 1926~1984는 태어나면서부터 고정 불변의 주체성을 가지는 인간이 아니라, 사회 역사적 맥락에서 새롭게 변화하고 생성된다는 점에 주목하고 사회 문화 역사의 틀invented agency 안에서 하나의 주체로 형성되는 과정에 관심을 갖는다. 이에 의하면 주체는 완결된 결정체complete determination이거나 미리 정해진 본질essence이 아니라 사회, 문화, 역사, 언어의 구성construct의 결과물이며 주체의 그림은 미리 그려져 있는 것이 아니라 계속해서 한계를 넘으려는 태도에 의해 창조되는 것이다윤평중, 1990. 요컨대 포스트모던 주체는 이성을 바탕으로 세상을 객관적으로 이해하는 존재가 아니라 개별주체의 다양한 삶의 맥락인종, 문화, 성, 역사 등 속에서 다양한 변인의 영향을 받으며 저마다의 방식으로 세상을 해석하고 이해하는 존재이다.

사회 문화적 맥락에 의해 분열되고 변화하는 생성의 주체로서, 주체의 구성적 미완결성과 다양성을 강조하는 포스트모던 담론에 근거하면, 근대 모더니즘의 주체는 포스트모던 교육에서 해체되어야 할 인간상인 것이다. 또한 근대 주체중심철학이 합리성, 객관성, 보편성이라는 이름 아래 가져온 비인간화 현상을 비판하고 유아의 사회 문화적 맥락을 존중할 것을 제안한다. 이런 맥락에서 포스트모던 유아교육 담론은 개별 유아의 다양한 삶의 맥락인종, 문화, 성, 역사 등 속에서 저마다의 방식으로 세상을 해석하고 이해하는 존재인 유아에 대한 이해를 바탕으로 이루어져야 할 것이다. 다양한 관계 맺음 속에서 자신의 주체를 끊임없이 새롭게 창조해 나가는 열린 주체로서의 유아에 대한 이해가 필요한 시점이다.

▌타자The other에 대한 인정과 수용에 근거한 대안적 원리

포스트모던 주체 담론에 비추어 볼 때, 포스트모던 유아교육의 구체적 실천원리로 우선적으로 논의되어야 할 것은 타자에 대한 인정과 수용의 문제이다. 근대적 관점에서 타자는 하나의 이동 가능한 가구나 비품과 같이 취급되었다Edgoose, 1997. 타자는 인식주체의 이성과 의도에 의해 재배치되거나 심지어 폐기처분될 수도 있었던 것이다. 포스트모던 담론은 미리 규정된 보편적 인간상을 넘어서는 어떤 것, 즉 타자에 대한 배제와 소외의 문제를 교육에서 심도 있게 논의하고 극복할 것을 제안한다. 이는 완전한 자아동일성의 교육이 아니라 타자가 인정되는 교육을 의미한다.

타자에 대한 인정과 수용은 자율적인 근대적 주체의 완전하고 절대적인 지위와 단절된 폐쇄성에서 벗어나 타자를 받아들이고 나 외의 다른 존재 가능성에 대해 자기를 완전히 개방하는 것이다. 이는 근대적 자아의 완전성과 완결성을 포기할 때만 가능한 일이며 궁극적으로는 나와 타인을 포함한 모든 개별적 타자를 받아들이고 그들의 다름을 이론적으로뿐 아니라 실천적으로 인정하고 수용함으로써 가능하다.

타자에 대한 인정과 수용을 강조한 포스트모던 철학은 확고 불변한 합리성에 근거한 근대교육에서 정당하게 가치를 부여받지 못한 것들에 대해 주목한다. 자기동일성 철학에서 정당하게 가치를 부여받지 못한 대표적인 예가 바로 여성 혹은 여성성feminity에 관한 것이다. 데리다는 전통철학이 어머니와 그 어머니의 보살핌, 수용, 관용과 같은 주제들을 철학에서 정당하게 다루지 못했음을 비판한다 Derrida, 1993; Linda, 1997, 재인용. 이와 함께 포스트모던 철학은 지금까지의 교육이 메타언어의 선택을 통해 타자를 배제하여 왔음을 비판하고 교육영역 속에서 타자성他者性, altérité[67]의 문제에 대한 관심과 논의가 절실히 필요함을 보여 준다. 푸코가 말한 권력의 산물로서의 진리와 지식을 인정한다면 지금까지 지배적·보편적 인간상을 넘어서는 것타자에 대한 배제를 극복하고 타자성의 문제를 교육영역 속에 끌어와야 할 것이다.

포스트모던 담론은 타자에 대한 인정과 수용이 주체의 폐쇄성으로부터 벗어나 진정한 자율성을 찾아가는 길임을 제시한다. 이는 타자와의 만남에서 필연적으로 발생하는 차이를 강제적으로 없애려 하거나 혹은 차이가 차별로 인식되는 교육이 아니라 그 차이를 있는 그대로 수용하고 인정하는 교육이다. 유아들의 개별적 가치를 인정하여 그들로부터 다양한 가능성을 극대화할 수 있도록 하는 것, 이것이 다양한 개별자를 통일시키려는 폭력에 대한 저항, 타자에 대한 각성과 수용 등 차이와 다름의 원리로 수렴되는 포스트모던 시대의 유아교육 담론의 지향점이 될 수 있을 것이다. 자율적인 근대적 주체에서 벗어나 타자에 대한 인정과 수용에 근거한 포스트모던 유아교육 담론의 정립이 필요한 시점이다.

67) 레비나스는 후설의 타자 구성론이나 하이데거가 말하는 '공동존재', 부버가 말하는 '나-너, I-You'관계를 비판하면서, '타자성'은 얼굴(visage)로서 현현하면서 자아와의 관계를 형성한다고 본다. 타자의 얼굴의 현현으로 나에게 형이상학적 욕망이 창조되고, 이 욕망으로 인간은 고유한 존재로서 자리매김한다는 것이 그의 생각이다.

상호주관성과 포스트모던 유아교육 담론

근대는 신화적, 신학적, 형이상학적 세계로부터의 해방과 더불어 철학의 전면에 주체성subjectivité이 등장한 시대로 주체성에 의해 규정되는 시대이다. 근대의 주관적 이성은 이성에 기초한 판단과 행위만이 행복한 미래와 해방된 사회를 향한 진보를 보증한다는 계몽적 이상을 확산시켰다. 그리고 이러한 이상은 근대의 합리화 과정과 기술진보를 통해 충족될 수 있을 것처럼 보였다. 그러나 문제는 합리화와 기술적 진보와 함께 인간의 삶 자체를 파괴할 수 있는 사회 병리적 현상들이 발생했다는 점이다. 근대화의 이러한 역설은 새로운 철학적 반성을 가져오는데, 그 중심에 근대주체성에 대한 비판이 자리한다. 그중 하나가 상호주관성inter-subjectivité의 철학이다.

포스트모던 주체 담론이 제시한 상호주관성의 패러다임은 포스트모던 유아교육 담론에 새로운 사유의 틀을 제공한다. 인간주체를 어떻게 해석하고 주제의 구성이 어떻게 규명되느냐에 따라 교육의 방향은 달라질 수 있기 때문이다. 교육목표뿐 아니라 실천적 측면에서의 교육적 실행도 인간과 세계에 대한 담론체계에 따라 다양한 형태로 전개될 수 있다는 의미다정호표, 1999. 이것이 포스트모던 유아교육의 대안적 원리로서 상호주관성의 가능성이다.

▌현상학에서의 상호주관성

상호주관성inter-subjectivité은 나만의 주관이 아니라 나와 동등한 의식을 가진 타자와의 상호관계에 의한 주체성의 확립을 의미한다김병길 · 김신욱, 2002. 이는 주체의 자율성, 능동성에 대한 강조에 의해 타자를 주체로 인정하지 못했던 근대주체철학에서 벗어나 타자의 주체성을 인정함으로써 나와 타자 간의 관계성에 근거한 역동적 주체로 패러다임이 전환됨을 의미한다. 근대주체철학의 구조가 주체-객체s-o 구조라면, 상호주관성의 구조는 주체-주체s-s의 관계로 규정된다.

상호주관성 패러다임으로의 전환은 후설 현상학에서 시작된다. 후설Edmund Husserl, 1859~1938은 자신의 초기현상학에서 선험적 자아에 의존하고 있는 유아론적 한계를 극복하기 위해 상호주관성 개념을 도입한다. 후설에 있어 상호주관성이란 상이한 개별적 의식들 간에 이루어지는 상호적 관계를 말한다. 그는 지향성intentionnalité 개념을 통해 주체와 타자 사이의 상호주관적 관계를 통찰하고 타자를 하나의 주체로 규정하려는 노력을 수행한다.

의식의 '지향성' 작용은 의식이 일대일로 어떤 대상을 향하는 작용인데, 후설에 의하면 천지 만물은 인간의식의 '지향성'에 의해 의미를 획득하게 된다. 지향성은 자아와 대상을 이어 주어 하나가 되게 해 주는 작용이다. 이때 타자는 나에 의해 구성된 복제물이 아니다Husserl, 2002. 타자는 지향성으로 의미를 부여하는 대상일 뿐 아니라 이미 내 안에서 타자에 의해 의미를 갖게 되는 수동적 관계를 맺게 된다. 후설의 지향성은 주체의 능동적 속성이 아니라 이미 타자에 지향되어 있으며 주체는 타자에 의해 비로소 의식적이 된다는 상호주관적 관계를 드러낸다. 타자는 이미 나의 존재론적 동반자로서, 나와 상호적인 관계 속에 있을 뿐 아니라 이러한 관계를 통해 공통의 의미지평을 공유하고 있는 구체적 존재이다.

인간주체의 의식의 지향성으로 말미암아 주체인 나와 객체인 타자가 함께 공존하는 상호주체적 세계, 이것이 생활세계이다. 생활세계는 상호주관적 세계의 가능 근거로 의미를 지닌다.

후설에게 있어 생활세계란 나의 의식과 상관없이 존재한다고 가정되는 자아 밖의 모든 사물의 총체가 아니라, 나와 타자가 함께 공존하는 상호주관적 세계이다. 생활세계는 결코 타자를 나와 동일시하기 위한 공간이 아니라 타자성이 가장 생생하게 드러날 수 있는 공간이다. 이로써 주체와 타자는 생활세계 안에서 더 이상 분리되지 않는 상호주관적 세계에 속하게 된다.

근대철학은 주체의 자율성을 확보하는 데 열중한 나머지 타자에 대한 수동성과 의존성을 인정하려 하지 않았다. 이로써 나와 타자는 대립되어 서로 닫혀 있는 폐쇄된 주체로 존재한다. 후설의 상호주관성의 현상학에서 타자는 객관적으로 고정된 현존의 의미가 아니라 세계 속에서 끊임없이 자각활동을 통해 나의 의미를 형성하게 하는 또 하나의 주체이다. 이 속에는 타자를 나의 경험 속으로 환원해서는 안 된다는 준엄한 타자 배려의 윤리가 녹아 있다. 타자를 나의 경험 속으로 환원하려는 태도, 나의 틀에서 이해하려는 동화적 자세에서 벗어나 타자의 주체성을 그대로 인정하고 타자와 소통하려는 주체의 겸손이 요구된다는 의미다. 후설의 현상학을 주체보다는 타자의 현상학김영필, 2012으로 볼 수 있는 것도 바로 이 때문이다.

후설이 상호주관성을 통해 파악하고자 한 것은 공동의식이 성립될 수 있는 근거인 타자에 대한 이해이다. 그에 있어 가장 중요한 문제는 타자의 의미를 인식하는 것이다. 왜냐하면 나의 의식은 필연적으로 타자와 관계해야 하기 때문이다최정실, 1998. 이때, 나 자신의 이해방식을 떠나 타자의 관점에서 느끼는 감정이입empathy을 통해 타자를 이해하며 이는 상호주관성으로의 이행을 가능하게 한다.

메를로 퐁티Maurice Merleau-ponty, 1908~1961는 세계에의 존재l'être-au-monde 개념을 통해 인간존재l'être는 세계 안에서 비인간적인 다른 사물들처럼 실체적으로 고정된 속성 안에서 단순히 던져지는jeté 존재인 동시에 세계 안으로 스스로를 던지면서projetant 자기 자신을 성취하며 세계를 구조화하는 능동적 존재로 보았다. 인간존재l'être로서의 '나'는 '타자' 로서의 세계에 의해 긍정성을 가지고 '타자' 역시 '나'에 대해 긍정성을 가진다는 것이다. '나'라는 존재는 또 다른 주체인 '타자'와 같은 위치에 있고, '나'라는 존재는 '타자'에 대한 대립의 조건에서 자리매김한다. 이때 '타자'는 단순히 객관적 신체의 존재가 아니라 세계의 사물들과는 달리 항상 세계 속에서, 그리고 지금 여기서 어떤 행동을 펼치고 나의 시각에 생기를 불어넣는 운동의 주체로서 자신의 방향을 설정하고 의미를 나타내는 주체적 존재이다. 하나의 주체로서 '타자'는 사물과 같은 객관적인 맥락에서 위치할 수 없는김병환, 2006 또 하나의 주체, 즉 상호주체이다.

▌상호이해, 공유된 이해로서의 상호주관성

상호주관성 개념은 하버마스Jurgen Habemas, 1929~ 에 있어서 의사소통 능력, 즉 일상 언어에 전제되어 있는 상호이해 개념을 통해 정의된다. 그는 "언어적 소통에는 상호 간의 이해라는 목적이 내재해 있다." 라는 직관을 자신의 이론에서 출발점으로 삼아 이성을 단순히 주관적 인식이나 사유 능력으로 보지 않고 객관적 규칙을 인지하고 따를 수 있는 능력으로 이해하였다. 그에 따르면 구체적인 언어행위는 언제나 이 행위를 타당하게 하는 구체적인 문맥, 즉 행위의 구체성을 넘어서는 선험적 타당성의 영역을 지시하고 있다는 것이다.

상호주관성 개념은 문제해결 과정에서 상호작용하는 사람들 간의 공유된 이해Tudge & Rogoff, 1989로 정의되기도 한다. 유아교육 분야에서 이루어진 상호주관성에 관한 대부분의 연구들에서 상호주관성이란 사회적 맥락으로서의 활동에 참여하여 공동의 이해 수준에 도달하는 것을 의미한다. 사회적 상호작용에서 중요한 것은 참여한 사람들이 공동으로 문제를 해결하는 것인데 이 과정에서 가장 중요한 것이 바로 그들 사이의 상호주관성inter-subjectivité이라 본 것이다. 이를 통해 과제에 참여한 사람들은 공동의 의미를 창출하게 된다.

상호주관성의 획득과 관련하여 비고츠키Lev S. Vygotsky, 1896~1934는 성인이나 상대적으로 유능한 또래와의 협력을 강조한다. 그의 중요한 개념 중 하나인 근접발달지대와 비계설정은 공동의 이해를 요구하는 협상의 과정으로, 이때 상호주관성이 개입된다. 피아제Jean Piaget, 1896~1980는 유아가 자기중심성에서 벗어나 조망수용perspective-taking 능력을 획득하고, 개인과 사물과의 상호작용, 즉 조절의 과정을 통해 평형화에 이르는 과정을 상호주관성의 관점으로 해석한다. 이런 의미에서 상호주관성은 상대자와 계속하여 지식교환과 협상을 하면서 생성되며, 어느 하나의 관점으로부터 다른 관점으로 변화하는 것이므로 역동적인 과정이다Rommetveit, 1979.

근대주체의 해체로서의 상호주관성

타자의 상호주관성을 전혀 인정하지 않는 근대주체는 포스트모던에 이르러 상호주관성에 근거한 새로운 주체 담론으로 재구성된다.

근대주체는 존재하기 위해 어떤 타자에게도 의존하지 않는 철저히 폐쇄적이고 고립적이고 유아독존적인 실체이다. 데카르트와 칸트는 인간이성에 대한 무한한 신뢰를 근거로 주체의 자율성 확보를 위해 노력한다. 주체의 자유와 자율성이 어떤 타자에 의해서도 침해받지 않는 것으로 하기 위해 그들은 나의 밖에 있는 모든 타자를 물질로 환원시켜야만 했다. 타자에 대한 의존성이 인정된다 하더라도 그것은 철저히 비인격적 대상으로서의 타자에 대한 의존에 지나지 않았다. 자기 육체를 포함한 모든 세계를 그 인식대상으로 삼기 때문이다. 이 구도에서 사유의 대상인 일체의 경험적 존재들은 이차적 위치에 자리매김된다. 사유의 대상인 모든 객체적 실재, 세계는 인간주체의 자율적 작용에 의해 의미가 부여되지 않는 한 존재가 인정되지 않는다는 의미에서, 언제나 주체에 의해 규명되는 수동적이고 비주체적 타자로 존재한다. 세계는 나의 인식대상이 되고 이성주체인 나는 모든 표상의 주체가 되는 셈이다. 타자로서의 객관적 세계가 인간주체를 규정하는 또 다른 주체가 될 수 있음을 인정하지 않는다는 점에서 데카르트와 칸트의 주체는 홀로주체solo-subject인 것이다.

보편적인 진리와 과학적 중립성을 신봉하는 근대 모더니티 신념은 포스트모던적 해체에 의해 정당화 구조 자체가 의문시되었다. 근대시대에 인간주체가 탄생하였다면 포스트모던 시대에는 인간주체가 소멸한다. 이는 절대적 사유주체였던 인간의 소멸을 뜻하는 것으로, 인간주체는 더 이상 자율적이고 의식적인 주체가 아니라 지배받는 종속된 주체임을 의미한다. 이때 타자는 주체에 의해 규정되는 수동적이고 비주체적 대상이 아니라 주체의 의미를 규정하는 또 하나의 주체이다. '나'와 '타자' 각각은 어느 한쪽이 다른 쪽에 흡수되는 것이 아니고, 서로 다른 쪽에 있으며 다른 쪽들에 의해 소유된다. 결국 '타자'는 사물과 같은 객관적인 맥락에서 위치할 수 없는김병환, 2006 또 하나의 주체이다.

포스트모던 담론들의 상호주관성에 대한 자각은 겉으로는 자율적 주체로서 드러나지만 실지로는 무의식, 언어, 권력 등 다양한 규율의 틀 속에 순종하는 인간주체의 수동성, 심층적 종속성을 드러냄으로써 절대적 자율적 존재로서의 근대적 주체를 해체한다.

데리다Jacques Derrida, 1930~2004는 주체 속에 환원되지 않고 유령처럼 '흔적'으로 존재하는 주체 내부의 이질성이라고 타자를 규정한다. 이는 순수한 자기동일적 주체로서의 자아와 타자를 구분하고자 한 형이상학적 담론을 해체하고 자아와 타자 간의 상호관계성을 기초로 한 새로운 주체 개념이 되었다. 그는 차연差延, différance 개념을 통해 이차적이고 파생적인 것으로 배제된 타자가 실제로는 형이상학적 근원보다 더 근원적이고 일반적이라는 것을 보여 줌으로써 주체와 타자의 상호주체성을 인정하는 열린 개념의 새로운 주체 개념을 구성하게 된다. 이는 타자가 배제된 순수한 기의로서 고정된 의미를 지닌 주체가 아니라 타자와의 상호관계 속에서 끝없이 새롭게 구성되는 변화하는 역동적 상호주체이다.

들뢰즈Gilles Deleuze, 1925~1995는 『차이와 반복Différence et répétition, 1968』을 통해 동일성으로 존재한 본질적 의미가 그 자체로 비본질적인, 아무것도 아닌 어떤 것과의 상호적 관계의 과정을 통해 새로운 의미로 재구성되고 창조되는 과정을 보여 준다. 이로써 사물 고유의 본질적 의미는 존재하지 않으며, 타자와의 관계 속에서 새롭게 정의되고 변화됨을 보여 준다. 이는 인간주체의 본질과 의미는 주체가 아닌 어떤 것으로서 타자의 힘을 전제하고 있음을 의미한다. 동일성에 의해 설명되는 주체가 아니라 타자에 의해 즉자적 차이를 생성하는 '분열된 주체'라는 점에서 들뢰즈의 주체는 상호주체이다.

푸코Michel Foucault, 1926~1984는 선험적 이성에 의해 제공되는 행위의 주체, 사고의 주체로서 근대적 주체의 자율성을 역사적, 고고학적 탐구를 통해 비판하고 권력-지식의 구조 속에서 구성된 주체의 실체를 드러낸다. 푸코의 주체는 지식, 담론, 권력에 의해 생성되는 주체이다. 규율에 종속된 수동적 존재, 지식과 권력에 종속된 존재, 언어주체로서 인간주체가 자율성과 수동성의 모든 가능성을 가졌다는 점에서 푸코의 주체는 고대 그리스부터 현재까지 서구 철학에 나타난 주체 개념에 대한 새로운 해석이며 의식, 능동성, 사유를 중심으로 한 근대주체의 해체라는 의미를 지닌다.

이런 맥락에서 볼 때 포스트모던 주체 담론에서 드러난 상호주관성은 타자를 드러냄으로써 절대적이며 자율적인 존재인 근대적 주체를 해체한다. 나와 타자 간의 관계성에 근거한 역동적 주체로의 패러다임의 전환, 이것이 상호주관성이다.

상호주관성으로서의 가르침과 배움

주체와 주체 간의 관계로 규명되는 상호주관성은 교육주체의 주관적 구성만을 강조한 근대교육 이론의 한계를 극복하고 상호주관성inter-subjectivité에 근거한 가르침과 배움에 대한 새로운 이해를 이끈다.

실증적 가치관에 근거한 가르침과 배움의 관계는 자극과 반응으로서의 관계이다. 행동주의behaviorism 이론은 자극과 반응으로서의 가르침과 배움의 효율성을 높이기 위한 방법들을 모색하였고 의도된 수업계획에 의해 시간적 순서에 따라 이루어지는 일방적 수업을 낳게 된다. 이로써 가르침과 배움의 과정에서 개인들의 주관적 측면, 개인 간 상호주관성 측면은 고려치 못하는 오류를 갖게 되었다. 그러나 후설의 상호주관성 현상학은 가르침과 배움이 실증적 가치관에 근거한 관계, 즉 자극-반응의 단순한 현상으로는 이해될 수 없는 현상학적 실체가 있음을 드러낸다. 또한 인식에 있어서의 주관적 측면과 객관주의 간의 불연속성을 극복하고자 한 상호주관성 철학은 가르침과 배움에서 개인의 경험과 타자와의 상호작용 경험이 갖는 의미에 대한 이론적 근거를 제공한다. 이와 함께 우리는 교육주체의 자율성과 능동성을 강조한 근대교육의 관점에서 벗어나 상호주관성에 근거한 가르침과 배움에 대하여 새로운 이해의 가능성을 볼 수 있다.

근대 주체중심철학에서 외면된 타자의 역할을 살려낸 상호주관성에 비추어 가르침과 배움의 의미를 정립해 보자.

첫째, 주체-주체s-s 관계에 근거한 가르침과 배움에 대한 이해이다.

상호주관성에 근거한 가르침과 배움은 가르치는 자s와 배우는 자o의 일방적 관계를 넘어 주체 간 상호관계s-s를 통해 이루어지는 것이어야 한다. 이는 가르치는 자teacher와 배우는 자learner 각각의 주관성이 모두 존중되어야 한다는 의미다. 이러한 관계 속에서 진정한 대화적 관계가 가능하며, 이를 통해 진정한 의미에서의 가르침과 배움이 이루어지기 때문이다.

부버M. Buber, 1923[68]는 "교육적 관계는 어떤 대화적인 것이다."라는

68) 마르틴 부버(M. Buber, 1923)는 저서 『나와 너(Ich und Du)』에서 인간관계에서의 상호존중에 의한 대화적 관계를 그리고 있다.

명제를 통해, 교사와 학습자 간 단절된 나와 너의 관계를 넘어 이루어지는 상호적 관계의 중요성을 인정하였다. 이때 교사와 학습자는 인간적으로 동일한 개체로서 상호적이며, 이 둘 사이에는 어느 한쪽이 지배적이거나 주종적인 차별이 존재하지 않는다. 후설은 나의 의식과 상관없이 존재한다고 가정되는 자아 밖의 모든 사물의 총체가 아니라, 나와 타자가 함께 공존하는 상호주관적 세계로서의 생활세계를 통해, 가르침과 배움에 대한 일차적 관계의 한계를 극복하고 상호주관적 관계 속에서 재창조되는 가르침과 배움에 대한 새로운 이해를 제시하였다.

이들의 논제 안에서 볼 때, 상호주관성에 근거한 가르침과 배움은 나와 너의 주관이 함께 존중되는 관계에서 이루어지는 의미구성 과정으로 연역해 볼 수 있다. 이때 교사와 유아는 자신의 주체성 안에 머물면서 서로를 건네주면서도 강제되거나 조종되지 않고 자유로운 존재로 머무는 관계 속에서 대화를 통해 공통된 의미를 형성하고 이로써 자신의 이해지평을 확장시켜 나가게 되는 것이다.

둘째, 인격의 만남으로서 가르침과 배움에 대한 이해이다.

상호주관성에 근거한 가르침과 배움은 타자를 나의 경험 속으로 환원하려는 태도, 나의 틀에서 이해하려는 동화적 자세에서 벗어나 타자의 주체성을 그대로 인정하고 타자와 소통하려는 주체의 겸손과 윤리적 실천에 주목한다. 즉, 타자를 주체와 동일화시키는 갈등과 대립이 아니라 타자에 대한 배려와 상호존중에 근거한 인격의 만남이어야 한다는 것이다. 상호주관성의 의미 속에는 타자를 인격적 존재로 받아들이고, 나와 유사한 경험을 지니는 또 하나의 주체로 인정하는 존중과 겸손을 지녀야 한다는 윤리적 함의를 지닌다는 의미다. 이는 타자로서의 독특성을 인정하고, 보살핌과 배려의 윤리의식에 입각하여 타자에게 선을 행하고 타자를 위해 책임지는 행위를 하고자 하는 윤리적 태도를 의미한다. 후설이 상호주관성을 통해 파악하고자 한 것은 공동의식이 성립될 수 있는 근거인 타자에 대한 이해이다. 그에 있어 가장 중요한 문제는 타자의 의미를 해명하는 것이다. 이 속에는 타자를 나의 경험 속으로 환원해서는 안 된다는 준엄한 타자 배려의 윤리가 녹아 있다.

타자에 대한 윤리적 책임의 강조는 레비나스Emmanuel Levinas, 1905~1995의 타자윤리학에서 잘 드러난다. 레비나스는 데카르트 이후 서양철학을 지배한 근대주체 개념이 타자의 존재를 자아 안으로 동화함으로써 타자의 존재 의미를 훼손하였음을 비판하였으며, 타자성을 올바로 인정하고 타자에 대한 절대적 책임에 토대를 둔 새로운 철학을 수립할 것을 제안하는데, 이것이 제1철학으로서의 윤리학이다.

그는 그의 저서 『전체성과 무한Totalité et infini, Essai sur l'exteriotė, 1979』에서 타자를 내 집으로 받아들이는 것, 그를 내 손님으로 환대하는 가운데 구체적인 윤리성이 시작됨을 강조한다. 나는 타자의 요구에 응답하는 존재일 뿐 더 이상 타자와의 행위적 관계에서 주도권을 행사하는 존재가 아니다. 나는 이른바 '타자에게 대답을 빚진 자', 즉 '응답하는 자'의 위치에 있기 때문이다우정길, 2007.

> 타자는 앎의 대상이 아니라 사귐 속에서만 만나지는 존재이다. 나는 타자와 얼굴을 마주하고 서서 그에게 응답할 뿐 그를 알 수는 없다. 맥락 없는 타자는 지향성을 통해 환원되지 않은 그 무엇이다.
>
> 『윤리와 무한Ethic and Unendless』

타자에 대한 윤리적 책임을 가짐으로써 전체성totalité의 틀은 깨지고 참된 무한infini의 이념이 자리할 공간이 열릴 수 있다강영안, 1990. 무한infini이란 타자에 대한 절대적 책임을 전제한 타자와의 참다운 윤리적 관계가 가능한 곳으로이남인, 2001, 곧 전체성에 저항하면서 전체성의 영역을 파멸시키는 영역이다. 결국 진정한 의미에서 타자와의 내적 연대는 타자와의 윤리적 관계를 통해서만 이루어질 수 있으며 이는 우리 모두 쾌락의 자아에서 벗어나 윤리적 자아로 나아갈 수 있도록 하는 길이자 신을 만날 수 있는 유일한 길임을 보여 준다.

이러한 레비나스의 견해를 이해의 틀로 삼을 경우, 인간주체 간의 관계를 전제로 하는 가르침과 배움이 이루어지기 위해서는 반드시 타자와의 만남의 윤리를 실천하는 교육이 실현되어야 할 것이다.

셋째, 공유된 이해로서의 가르침과 배움에 대한 이해이다.

상호주관성에 근거한 가르침과 배움은 사회적 맥락으로서의 활동에 참여하여 상호작용하는 사람들 간의 공유된 이해에 도달하는 과정이어야 한다.

공유된 이해로서의 상호주관성은 대화를 통해 가능하다. 대화는 구체적 대상에 대해 다르게 경험하는 주체들 간의 공통된 의미화가 요구되기 때문이다. 후설은 주체들 간의 공동된 이해로서 상호주관성을 형성하기 위해서 감정이입empathy이 필요하다고 보았다. 타자의 입장에 서 봄으로써 타자를 더욱 잘 이해할 수 있다는 것이 감정이입empathy이다. 타자인 너는 감정이입을 통해 나의 의식의 세계로 들어온다고 보았다. 이런 점에서 후설의 감정이입은 대화를 가능하게 하는 철학적 근거이며, 타자에 대한 이해를 가능하게 하는 유일한 의식작용이다.

이러한 후설의 논지에 근거하면, 교사-유아 혹은 유아-유아 간 공유된 이해를 통해 자신의 이해지평의 확대를 가져올 수 있는 상호주관성에 근거한 가르침과 배움이 이루어지기 위해서는 무엇보다 교사와 유아가 각각 주체로서 진정한 대화에 참여하는 것이 필요하다. 이를 위해서는 주체로서의 유아에 대한 교사의 이해와 존중을 바탕으로 한 감정이입의 태도가 요구된다.

가르침과 배움의 상황에서 이루어지는 교사-유아 간 관계는 원초적으로 힘의 불균형이 존재하므로 이들 간에 완전히 동등한 위치에서 이루어지는 대화는 불가능하다고 본다. 그러나 교사는 일방적으로 대화를 이끌지 않고 유아들의 참여를 이끌며, 자유롭게 자신의 생각과 이해를 드러낼 수 있는 자유롭고 평화로운 분위기를 조성하여야 한다. 이로써 서로 다른 이해 수준을 가진 교사-유아, 혹은 유아-유아는 상호통교의 과정을 통해 자신의 관점을 조정하고 협상하면서 공동이해 수준에 도달하게 되는 것이다Tudge, 1992.

넷째, 지각적 현상의 세계가 인정되는 가르침과 배움에 대한 이해이다.

상호주관성에 근거한 가르침과 배움은 생생한 체험의 세계, 원초적 지각의 세계가 인정되고 가치 있게 존중되는 생활세계에 기초하는 것이어야 한다는 것이다. 우리의 지각에 직접적으로 나타나는 지각적 현상의 세계에서 경험의 가치가 인정되어야 한다는 의미다.

후설은 유럽의 정신적 위기의 원인을 '생활세계'의 상실에서 찾고, 우리가 살아가는 삶의 자리인 생활세계보다 과학적 지식을 진리인 것처럼 여기는 근대 자연과학적 방법론과 그 세계관을 비판한다.

> 그러나 참된 방법은 앞으로 탐구되어야 할 사태의 본성을 추구하는 것이지, 우리의 편견이나 선입견을 추구하는 것은 아니다. 자연과학은 감각적인 현상 속에서 모호하고 주관적인 사물들로부터 정밀하고 객관적 특성을 지닌 객관적 사물들을 이끌어 낸다.
>
> 『현상학의 이념-엄밀한 학으로서의 철학』

근대과학의 실증주의적 세계관에 의하면 순수 이론적 지식은 고상하고 고차원적인 반면, 일상적인 삶의 차원에서 발생하는 지식, 즉 생활세계에서 드러나는 상대적 지식은 단순한 사견doxa에 불과한 것으로 받아들인다. 그러나 이러한 실증주의적 관점에 대한 현상학적 비판은 실증주의 과학이 일상적인 지각의 세계, 즉 생활세계의 의미와 가치를 간과함으로써 궁극적으로 지식을 탈맥락화시켜 버렸다는 데 초점을 맞춘다서상문, 2007. 후설은 모든 실증주의적 과학과 학문체계가 정립되기 이전에 이미 '생활세계'가 선재하였음을 강조하면서, "객관적 학문은 언제나 이전의 생활로부터 이미 존재하는 세계의 토대 위에서만 물음을 제기한다."라고 하였다. 이러한 후설의 주장은 '사물 그 자체로Zu den Sachen selbst'라는 현상학의 슬로건과 함께, 우리가 학문을 할 때 모든 선입견과 가정을 '괄호'치는 현상학적 환원을 통하여 직접적이고 근원적인 의식으로 돌아갈 것을 촉구한다Ozman & Craver, 1995. 이와 더불어 과학적·논리적 이성이 개입되기 이전의 지각적 현상의 세계인 일상세계에서 생활세계로 귀환할 것을 강조한다.

이성 우위의 합리주의 철학적 패러다임에 의해 비합리적이며 비논리적인 것으로 평가절하되었던 지각의 가치를 살리고자 하는 이러한 시도는 포스트모던 철학자들에 의해 이루어졌는데, 그중 대표적인 철학자는 프랑스 몸 담론의 대가인 메를로 퐁티이다. 그에 의하면 모든 지식은 지각[69]의 산물이며 지각된 세계가 모든 합리성, 가치, 존재의 기반이 된다이화도, 2010.

지각의 세계로서 생활세계로의 귀환을 주장한 후설 현상학이나 메를로 퐁티의 몸 담론은 인간의 의식, 혹은 이성만이 아니라 몸을 통해 지각되는 생활세계적 경험의 가치를 인정하는 가르침과 배움에 대한 가능성을 시사한다.

생활세계Lebenswelt는 우리의 지각에 직접적으로 나타나는 지각적 현상의 세계로서, 지금까지 이성중심, 지식중심의 근대교육 담론에서는 그 경험의 가치가 외면되어 온 것이 사실이다. 후설 현상학과 함께 메를로 퐁티의 몸 현상학은 이성 우위의 합리주의 패러다임에 근거한 근대교육의 패러다임을 극복하고 과학, 논리 이전의 생활세계로 귀환할 것을 촉구한다. 이와 함께 과학적 방법론과 실증주의 원칙이 지배하는 교육에서 벗어나 일상적인 지각의 세계인 생활세계의 의미와 가치가 존중되는 교육의 가능성을 시사한다.

무엇보다 생활세계 속에서 지각적 사고의 특성을 지닌 유아기 사고의 가치를 재조명하게 한다. 피아제 관점에 의하면, 유아기 사고는 인지적 미성숙, 비논리성을 의미하는 전조작기에 해당된다. 이는 인간과 세계를 지배하는 통합된 물리적 법칙을 발견하고 인간을 이성

69) 메를로 퐁티의 『지각의 현상학』에서 밝힌 몸(corps)을 통한 지각(perception)은 후설 현상학에서의 순수의식에 의한 지각(perception)과는 구별된다. 메를로 퐁티에 있어 몸은 단순히 질료적 대상으로서의 육체가 아니라 사유, 즉 생각이 육화된 몸(corps), 존재 자체에 대한 현상학적 직관과 같은 인간의 전의식적인 정신활동이 동반된 몸(corps)이기 때문이다.

적 존재로 규명하고자 했던 근대 합리주의 전통을 드러내는 것으로, 후설 현상학이나 메를로 퐁티의 몸 담론에 의해 비판된다. 요컨대, 지각하고 생각하는 원초적 생활세계로서 유아기 사고의 가치가 존중되는 가르침과 배움이 실현되는 유아교육, 이것이 상호주관성에 근거한 유아교육이다.

다섯째, 예술로서의 가르침과 배움에 대한 이해이다.

상호주관성에 근거한 가르침과 배움은 과학으로 설명될 수 없는 지각적 현상세계인 생활세계 속에서 이루어지는 것으로 예술로서의 가르침과 배움을 의미한다. 이때 예술의 의미는 하이데거가 말한 '존재 그 자체를 은폐되지 않게 명백히 드러내 보이는 것'[70]을 의미한다.

하이데거Martin Heideger, 1889~1976에 의하면 사물의 본질은 논리적 설명으로는 모두 다 드러낼 수 없는 그 이상의 것을 포함한다. 따라서 사물 속에 감추어진 본질에 가까워지기 위해서는 이성만이 아니라 창조적 과정이 요구된다. 숨겨진 의미를 찾아내고자 하는 열정으로 창조의 과정에 참여함으로써 우리는 사물 속에 감추어진 본질에 가까워질 수 있고 이를 통해 진리에 이를 수 있다는 의미다.

이런 맥락에서 볼 때, 생활세계 속에서 이루어지는 가르침과 배움은 과학과 논리의 영역이기보다는 과학으로는 설명될 수 없는 여유 있고 넉넉한 원초적 지향성의 세계로 창의성이 숨 쉬는 공간이라는 점에서 예술의 영역에 가깝다고 볼 수 있을 것이다. 이는 단순히 사

70) "예술작품은 그 나름대로 존재자들의 존재를 드러내 보인다. 이는 비은폐, 즉 존재의 진리가 작품 속에 나타나는 것이다. 예술작품에서 존재의 진리가 스스로 그 자체를 드러내 보인다. 예술은 진리 그 자체가 스스로를 나타내 보이게 하는 과정이다(존재와 시간, 이기상 역, 1998)."

실, 설명, 해석, 의미 등을 전달하는 과정으로서의 가르침과 배움이 아니라, 마치 예술작품을 창작하듯이 생생한 생활세계적 경험에 대해 의미를 부여하여 새로운 의미를 창조해 낼 수 있는 공간이어야 한다는 의미이다.

제임스James, 1958에 의하면, "심리학은 과학이고 가르침은 예술이다." 이것은 독창성을 허용하여 창의성이 풍부한 마음이 중계자로서 가르침에 적용되어야 한다는 의미다김병길·김신욱, 2002, 재인용.

상호주관성에 근거한 가르침과 배움은 사물의 본질을 드러내어 진리에 가까워지고자 하는 점에서 과학보다는 예술로서의 가르침과 배움의 의미로 이해될 수 있을 것이다.

대안적 유아교육 담론으로서의 탈구성주의 가능성

인간의 앎의 본질에 관한 인식론으로 출발한 구성주의는 지식구성 과정에서 인식주체의 능동성에 대한 강조와 함께 학습주체의 능동성을 강조하는 교육 이론으로 현대 유아교육의 이론과 실제에 큰 영향을 끼치고 있다. 그럼에도 불구하고 구성주의는 인간의식의 능동성을 강조한 나머지 타자를 배제하거나 자아의 틀 속에 한 부분으로 타자를 포섭함으로써 타자를 그대로 살려놓지 못한 점에서 포스트모던 담론에 의해 비판될 수 있는 여지를 제공한다. 포스트모더니즘의 진보적 관점은 현대교육에서 그 정당성을 확보하고 있는 구성주의constructivism에 대한 비판과 함께 대안적 교육 담론으로서의 탈구성주의 가능성을 제시한다. 포스트모더니즘 담론의 핵심적인 개념이라 할 수 있는 '해체'의 논리를 주축으로 현대교육에서 가장 활발하게 논의되고 있는 구성주의의 의미와 적합성을 재고하고, 새로운 교육 담론으로서 탈구성주의의 가능성에 대해 살펴보자.

▌구성주의constructivism 이해

구성주의constructivism는 인간의 앎의 본질에 관한 인식론으로, 인간의 인지발달을 단계로 설명하는 발달 이론이며 구성주의 학습 이론으로 현대 유아교육의 이론과 실제에 큰 영향을 끼치고 있다.

• 인식론으로서의 구성주의

구성주의constructivism는 인간의 앎의 본질에 관한 인식론epistemology에서 출발한다. 인식론이란 지식의 범위, 성질, 근원을 탐구하는 철학의 한 분야로서, 앎의 본질에 대한 인식론적 논의의 핵심은 인식주체의 역할과 외부세계로서 대상의 본질에 관한 것이었다. 인간인식의 비중을 객관이나 대상에 두는 관점이 객관주의 인식론이고, 인식주체의 주관성에 비중을 두는 주관주의적 입장이 상대주의 인식론이다.

객관주의 인식론에서는 우리의 외부에 사물이 있고 우리의 정신-이성이 그것을 파악한다고 본다면, 상대주의 인식론에서는 인식주체로서의 인간이 자신의 고유한 인식 틀에 의해 대상-세계를 파악한다고 보았던 것이다. 객관주의 인식론은 칸트에 이르러 상대주의 인식론으로의 코페르니쿠스적 전환을 맞게 된다. 칸트는 실제로 경험하는 바깥세상으로서의 대상이 정신과 분리되어 존재하는 것이 아니라 우리의 정신이 대상을 선험적 형식에 맞추어 사유한다고 봄으로써, 상대주의 인식론으로의 패러다임의 전환을 이끌게 된다. 칸트 이전까지 인식의 본질을 대상의 재현representation으로 보았다면, 칸트에 이르러 선험적 이성의 능력에 의해 능동적으로 구성construction되는 것으로 보게 된 것이다. 지식은 발견되는 것이 아니라 인간의 이성이 경험에 의미를 부여함으로써 구성된다고 보는 칸트의 인식론을 구성주의로 보는 것은 바로 이런 의미에서이다.

구성주의constructivism 인식론은 인식주체로서의 인간이 자신의 고유한 인식 틀에 의해 대상-세계를 파악한다고 본다. 이 관점에 의하면 모든 지식은 객관적 세계에 대한 표상, 재현representation이 아니라 대상에 대한 인식주체의 개별적 해석에 의한 능동적 구성construct의 결과물이다. 지식을 인식주체의 개별적 해석에 의해 능동적으로 구성된 결과로 보는 구성주의 인식론의 가정에 근거한다면 지식은 어떤 완결된 형태나 결과result가 아니라 과정process이다.

구성주의는 인지주체의 행동과 사고를 둘러싸고 있는 경험의 장에 부합하여 지식으로서의 적합성 혹은 타당성을 가지는 것으로 본다Von Glaserfeld, 1998. 즉, 각 개인이 현실에 대하여 갖는 이해 및 의미구성이 얼마나 타당한가viability를 중요하게 여긴다는 의미다. 객관주의 인식론이 보편적 진리Truth 혹은 보편적 지식Knowledge체계에 주목한다면, 구성주의 인식론에서는 맥락성에 의존하는 개별적 지식들knowledges과 그 차이에 주목하는 것이다. 이 관점에 의하면 진리를 대변하는 단일한 의미로서의 객관적 실재는 존재하지 않는다. 세계를 해석하고 구성하는 방식은 다양할 수 있으며, 이 세상의 어느 사건, 개념 하나를 이해하는 데도 인식주체에 따라 무수히 다양한 관점이 존재할 수 있다는 의미다. 이런 점에서 구성주의는 개별적 인식주체에게 의미 있고 적합하고 타당한 것을 진리truth 혹은 지식knowledge으로 보는 포스트모던 지식관과 같은 맥락에서 이해될 수 있을 것이다.

• **발달 이론으로서의 구성주의**

인식론에서 출발한 구성주의는 지식의 구성 과정을 단계별로 설명한 발달 이론으로 이해된다. 피아제Jean Piaget, 1896~1980의 인지적 구성주의와 비고츠키Lev Semenovich Vygotsky, 1896~1934 이론을 중심으로 한 사회적 구성주의가 그 예이다.

피아제의 인지적 구성주의cognitive constructivism는 지식의 구성 과정을 환경과의 상호작용 과정에서 경험하는 인지적 갈등을 동화와 조절이라는 적응 과정으로 해결함으로써 평형화에 이르고자 하는 것으로 설명한다. 동화assimilation는 인식주체가 자신의 감각운동이나 개념적 도식에 대상들을 적용하는 과정을 말하며, 조절accommodation은 인식주체가 자신의 행위를 대상들에 적응하도록 하기 위해 대상들이 주체에 대하여 작동하는 방식을 말한다. 평형화equilibration는 이러한 인식작용의 과정에 필연적으로 발생하는 인지적 불균형 상태를 해소하려는 광범위한 정신활동과 관련된 인지적 기제이다Piaget, 1970. 이러한 인식의 발생적 구조는 피아제 이론이 공헌한 지식구성에 대한 탁월한 설명체계이다. 이때 환경과의 경험은 그대로 새로운 지식으로 구성되는 것이 아니라 경험에 대한 인식주체의 능동적 의미부여 과정인 반성적 추상을 통해 새로운 지식으로 구성되는 것이다. 반성적 추상reflective thinking은 인식주체가 지식에 대한 내적 표상을 만드는 구성 과정이다. 결국 반성reflection은 경험을 유의미하게 만들기 위해 그것을 되살리고 재포착하는 수단이며 새로운 이해와 인정을 개발시킨다Knapp, 1993.[71] 이런 맥락에서 볼 때 인지적 구성주의에서 환경의 의미는 인지구조의 활성화와 객관적 타당성을 위한 단계로서 의미를 지닐 뿐이다.

인지적 구성주의가 개인의 인지적 작용에 근거한 지식구성에 주목한다면, 사회적 구성주의는 개인이 속한 역사적·문화적 맥락에서의 지식구성을 강조한다. 사회적 구성주의social constructivism는 초기 급진적 구성주의radical constructivism를 비판하면서 등장한 비고츠키L. S. Vygotsky의 영향을 절대적으로 받았다고 볼 수 있다. 사회적 구성주의social constructivism의 관점에 의하면, 지식은 개인 간 단계interpersonal level에서 드러난 높은 수준의 인지 능력/고등정신 기능을 개인 내 단계intrapersonal

71) Knapp, C. E., lasting lessons: A teachers's guide to reflecting on experience, (West Virginia: Eric Clearninghouse on Rural Education and small schools, 1993).

level로 내면화시키는 과정을 통해 형성된다. 지식이란 객관적 실체가 아니라 맥락 속에서 구성되는 것이며, 사회적 협상 과정을 통해 구성된다는 것이 기본 입장이다. 이 과정에서 중요한 것이 상호작용 과정에서 이루어진 사회적 중재social mediation이다. 이는 인간정신 기능이 이루어지는 사회적, 문화적, 역사적 맥락을 강조하고자 하는 것이다. 이때 인간정신의 사회적 기원을 가능케 하는 것이 언어이다. 언어의 의미는 맥락 의존적이며, 사회적 구성의 메커니즘에서 필수불가결한 요소로 작용한다Gergen, 1999.

이처럼 사회적 구성주의에서 지식구성 과정을 철저히 정신 과정으로 해석된 전통적 지식관에서 언어를 통한 지식구성 과정으로 옮겨 감으로써 지식의 객관성과 초월성은 완전히 해체되고 사회적, 맥락적인 것이 된다. 왜냐하면 언어와 대상과의 관계가 맥락적이기 때문이다서상문, 2007. 이처럼 언어와 사회적 상호작용을 통한 '지식 공유'의 가능성에 초점을 맞추고 있는 사회적 구성주의 이론은 사회적 실체로서의 자아와 집단 속에서의 역동적 상호작용을 이해하는 데 새로운 시각을 제공한다.

사회적 구성주의는 지식구성에서의 사회 문화적 효과를 강조하는 관점에도 불구하고 자신의 관점으로 세상을 구성하고 동시에 변형하는 인식주체의 능동적 역할을 강조하는 점에서 구성주의의 기본 입장을 내포하고 있다. 그것은 사회로부터 주어지는 도움이 있더라도 지식구성 과정에서 중요한 역할을 하는 것은 인식주체의 능동적 내면화internalization 과정으로 보기 때문이다. 아동 스스로 사회적 상호작용 과정에서 획득된 지식을 자신의 것으로 내면화하고자 하는 능동적 과정 없이는 새로운 지식구성이 이루어지지 않는다는 의미다.

이처럼 지식구성 과정에서 주체의 능동성과 성인의 도움을 통해 이루어지는 지식구성 과정의 수동성을 모두 인정하는 점에서 사회적 구성주의는 인지적 구성주의보다 인간주체의 수동성과 능동성을 인정하는 포스트모던 관점에 더 접근해 있다고 볼 수 있을 것이다.

• 학습 이론으로서의 구성주의

구성주의는 앎의 과정을 설명하고자 한 인식론이나 인지발달을 설명하는 발달 이론으로서뿐 아니라 학습이 일어나는 원리를 설명하는 구성주의 학습 이론으로 이해된다. 학습 이론으로서의 구성주의는 행동이나 기술 습득을 학습의 목표로 둔 행동주의behaviorism나 학습을 성숙의 결과로 보는 성숙주의maturatioanalism 관점과는 달리 의미를 만들어 가는 과정, 즉 능동적 학습자의 재조직화 과정으로 학습을 이해한다.

학습에 대한 구성주의의 관점을 정리하면 다음과 같다Berdnar et al., 1992.

첫째, 구성주의에서 학습은 지식에 대한 내적 표상을 만드는 구성 과정으로 이해된다. 학습자의 능동적 적응 과정을 통해 이루어지는 구성된 학습constructive learning의 의미이다.

구성주의에서 학습이란 학습자가 미리 알고 있는 지식과 새로운 지식을 논리적으로 일관성 있게 연관, 통합하여 의미 있는 체제를 점진적으로 형성해 가는 정신적 구조화 과정이다. 이때 강조되는 것은 학습자로서 아동의 능동적 역할이다. 아동은 기존의 진리나 규칙을 수동적으로 복사하는 것이 아니라 환경과의 경험을 통해 나름의 새로운 지식을 능동적으로 창안하고 구축하는 독립적 존재인 것이다. 이처럼 구성주의는 앎에 있어 아동의 능동성을 강조하는 데 주력함으로써 교육 과정의 중심을 지식에서 아동으로 옮겨 놓는다전제아 외, 2002. 학습주체로서의 아동은 더 이상 수동적 학습자가 아니라 능동적 학습자active learner의 역할을 부여받는다. 이때 교사의 역할은 아동들에게 지식을 전달하는 것이 아니라 학습주체인 아동들이 학습에 능동적으로 참여할 수 있도록 고무시키고, 스스로 학습을 해 나갈 수 있도록 기회와 동기를 부여하는 역할이다. 이것이 능동적 학습의 환경 구성자, 촉진자로서의 구성주의 교사의 역할이다.

둘째, 구성주의에서 학습은 세계와 경험에 대한 개인적 해석individual interpretation의 결과로 이해된다. 학습자의 개별적 의미부여 과정을 통해 이루어지는 개별학습individual learning의 의미이다.

구성주의에서 학습은 세계와 경험에 대한 학습자의 능동적 의미부여 과정을 통해 이루어진다. 구성주의 관점에서 볼 때, 인식주체인 인간은 자신의 고유한 인식 틀에 의해 대상-세계를 파악한다. 모든 지식은 대상에 대한 인식주체의 개별적 해석에 의해 능동적으로 구성된 결과물인 것이다. 개별적 인식주체에 따라 세계를 해석하고 구성하는 방식이 다양하듯이, 개별 학습자에게 의미 있고 적합하고 타당한 것을 진리truth 혹은 지식knowledge으로 구성하는 것이 학습인 것이다. 이처럼 구성주의에서는 개별학습individual learning과 그 차이들에 주목한다. 보편적 지식체계가 아니라 맥락성에 의존하는 개별적 지식들과 그 차이들에 주목한다는 점에서 구성주의는 포스트모던 관점과 그 맥을 같이한다.

셋째, 구성주의에서 학습은 다양한 관점을 공유하는 과정을 통해 이루어진다. 타인과의 협동활동 속에서 공유된 관점을 내면화함으로써 이루어지는 협력학습cooperative learning의 의미이다.

사회적 구성주의에서는 사고를 개인 내에 위치한 개념화 과정으로 분석하는 인지적 구성주의 관점과는 달리, 사회적 활동에 참여하는 것이 개인의 심리적 발달의 시작으로 본다. 즉, 타인과의 공유된 활동 속에서 아동들은 공동체 내에서 타당하게 인정되는 것을 진리로 받아들이며 나아가 공유된 관점을 내면화하고 활용할 수 있게 된다는 것이다. 이러한 관점에서 학습은 타인과의 협력을 통해 이루어지는 협력학습cooperative learning의 의미를 지닌다. 구성주의 학습에서는 사회적 맥락에서의 상호작용 과정에 주목한다. 이로써 학습주체인 아동은 더 이상 타자가 배제된 독립된 학습주체가 아니라 타자와의 협력학습을 통해 공유된 관점을 내면화하는 공동학습자co-learner로서 의미를 지닌다.

넷째, 구성주의에서 학습은 개인의 맥락과 상황을 반영하여 이루어진다. 아동의 삶과 경험에서 출발하는 상황학습situational learning, 맥락학습contextual learning의 의미이다.

구성주의에서 지식은 탈맥락적으로 발견discover되는 것이 아니라 맥락적으로 구성construct된다. 지식구성이 인간의 삶에 실존적으로 근거한다는 의미다. 따라서 구성주의 학습은 아동의 관심사나 생활과 유리된 것이 아니라 아동의 삶을 반영한 것이어야 한다. 맥락학습contextual learning을 강조하는 구성주의 학습에서 다루는 교육 내용은 하나의 단절된 독립된 영역으로서의 객관적 지식이 아니라 자연스런 아동의 삶과 경험 그 자체가 될 수 있을 것이다. 아동의 실존적 삶에 근거한 학습은 우리의 경험이 통합적이듯, 하나의 단절된 독립된 영역으로서의 지식에 근거하는 것이 아니라 통합성에 따른 경험에 근거하기 때문이다.

이와 함께 구성주의는 기존의 학습 과정에서 외면된 맥락context으로서의 타자의 역할에 주목한다. 사회적 구성주의는 주체 내부에서 일어나는 학습 과정을 전제한 인지적 구성주의와 달리 사회적 맥락에서 이루어지는 타자와의 상호작용을 지식구성과 학습의 출발로 본 점에서 포스트모던 철학에 가깝다고 볼 수 있을 것이다. 이때 타자란 교사, 부모, 또래 등 아동의 지식구성에 있어 맥락으로 존재하는 의미 있는 존재로서, 끝없이 나의 인식과 학습에 영향을 주는 또 하나의 주체이다. 나와 타자 간의 관계는 상호주관성의 관계 속에서 이루어지는 상호주체인 것이다.

▌구성주의에 대한 포스트모던 해체

구성주의는 인식주체의 다양한 맥락에 근거한 능동적 의미부여 과정을 강조한다. 보편적 지식체계가 아니라 맥락성에 의존하는 개별적 지식들과 그 차이들에 주목한다는 점에서 포스트모던 관점과 그 맥을 같이한다. 타일러Ralph W. Tylor, 1902가 지적했듯이, 구성주의는 근대에 대한 저항으로서의 탈근대, 포스트모더니티를 반영한 것으로 볼 수 있다.

구성주의를 포스트모더니즘의 한 계열로 판단하게 하는 근거는 구성주의가 강조한 맥락에 따른 지식구성 과정이다서상문, 2007. '지식의 사회적 구성'은 현대사회적 구성주의 담론에서 정착된 명제로서, 지식은 맥락적으로 구성된다는 것이다. 맥락context은 이처럼 구성주의를 이해하는 데 있어 매우 유용한 개념으로, 지식구성에서의 맥락적 차이를 강조한 구성주의는 이런 점에서 상대성과 다원성의 경향으로 이해되는 탈근대, 포스트모더니티를 반영한 것으로 볼 수 있을 것이다.

이처럼 구성주의가 포스트모던 사유체계와 상당히 유사성을 지님에도 불구하고, 포스트모던 담론들에 근거하여 해체하고자 하는 것은 다음과 같은 이유에서이다.

첫째, 구성주의에서 과학적 지식에 근거한 인지 이론적 특성이 여전히 강조된다는 점 때문이다서상문, 2007. 이는 발달 이론으로서의 구성주의가 가진 인식론적 한계이다.

포스트모던 원리에서 볼 때, 과학적 지식의 정당성은 과학의 자체적 논리에 의해 확보되는 것이 아니라 다른 영역의 지식과 가지는 관계성을 통해 비로소 정당화되는 것이다.

리오타르Jean Francois Lyotard, 1984에 의하면, 과학적 지식의 지지 기반은 항상 과학적 지식이 아닌 다른 것으로부터 찾아야 하며 서사적 지식과의 비교를 통해 그 정당성을 획득하게 된다. 리오타르Lyotard, 1984가 말한 것처럼, '서사는 자신이 그 문화의 일부이기 때문에 자신이 하고 있는 일을 한다는 단순한 사실로 충분히 정당화'되는 반면, 과학적 지식은 그 속에 내재된 원리로서의 정당성 기준을 충족하고 만족시키도록 요구한다. 그에 의하면 서사적 지식narrative knowledge이란 기존 사회관습과의 일치 여부와 관련된다. 이러한 관습과의 적합성을 토대로 하나의 이야기로서 서사적 지식이 탄생한다. 이것이 사회적 합의로서 기능하는 서사적 지식의 구성 과정이다. 이러한 서사적 지식의 구성 과정은 과학적 지식과 차별화된다. 구성주의가 근거하는 과학적 지식은 포스트모던 지식론에서 그 정당성을 인정받는 서사적 지식과는 상이한 정당화 방식을 가진다고 볼 수 있다. 이것이 지식의 사회적 구성을 강조하는 구성주의가 포스트모던과 유사한 맥을 가짐에도 불구하고 포스트모던 담론에 의해 비판받는 이유이다.

둘째, 구성주의에서는 지식, 이성적 사고에 대한 강조가 여전히 남아 있다는 점이다. 지식의 범위, 성질, 근원을 탐구하는 인식론으로서 구성주의의 한계이다.

앎의 본질에 대한 구성주의 인식론 논의의 핵심은 인식주체의 능동적 지식구성 과정이다. 이때 객관적 세계로서의 대상은 인식주체와 독립적으로 존재하게 된다. 이는 데카르트 철학에서 보이는 이성우위의 가치관과 인간을 정신과 육체로 분리하는 이원론적 전통에 근거한 것으로, 이원론적이고 객관적인 지식이 아니라, 몸corps을 통해 체득하는 실천적인 앎을 강조하는 포스트모던 담론에 의해 비판된다.

포스트모더니즘post-modernism 사유에 근거하면, 인간은 정신과 육체로 분리될 수 없는 하나의 실체로 파악된다. 대표적 포스트모던 몸철학자인 메를로 퐁티M. Merleau-ponty, 1908~1961는 그의 저서인 『지각의 현상학Phénomenologie de la perception, 1975』에서 정신없는 육체도 존재하지 않으며, 육체 없는 정신 역시 존재하지 않음을 보여 줌으로써 정신이 깃든 몸에 대한 사유를 통해 통합된 하나의 실체로서의 인간이해를 이끈다. 그에 있어 몸corps은 정신과 대립된 개념에서의 육체가 아니라 정신과 육체의 분리 이전에 통합된 하나의 전아적 실체다. 들뢰즈Gilles Deleuze, 1925~1995는 감성이 사유를 발생시키고 배움이 일어나게 하는 출발점과 같은 역할을 수행함을 강조한다. 이러한 감성을 생성하는 터전이 바로 신체, 즉 몸corps이다. 이때 몸은 경험의 장이며 경험의 주체이다. 포스트모던 담론에서 주목하는 것은 정신과 육체 간 이원론적이고 주체와 대상으로서의 타자가 분리된 객관적인 지식이 아니라, 정신과 육체, 이성과 감성이 통합된 하나의 실체로서 몸corps을 통해 체득하는 실천적인 앎이다. 구성주의가 지닌 근대적 한계이다.

셋째, 구성주의에서는 거대서사를 정당화하는 보편성의 원리가 강조된다는 점이다. 과학적 탐구과정을 통해 보편적 원리를 정립하고자 한 발달 이론으로서의 구성주의의 한계이다.

구성주의는 인간발달에 관한 보편적 원리를 정립하고자 과학적 이론으로서의 인간을 포함한 자연세계를 지배하는 하나의 유일한 설명체계가 있다는 일종의 거대서사méta-narrative를 정당화하는 근대 모더니즘 사유의 한계를 드러낸다.

발달 이론으로서의 구성주의는 과학을 통하여 아동의 성장과 능력 발달을 이론적으로 구성한 심리학 이론으로서 보편성과 총체성으로서의 인간이해를 가져온다. 이러한 상황에서 인간발달의 개념은 자연적이고, 보편적이며 불변하는 것으로 이해된다. 이렇게 모든 인간에게 보편적으로 적용할 수 있는 일종의 거대서사méta-narrative를 정당화하는 근대 모더니즘 사유는 포스트모던 담론들에 의해 비판된다.

포스트모던 주체 담론은 보편적으로 규정된 본질에 갇힌 존재로서의 인간Man이 아니라 자신이 처한 시간, 공간, 문화, 역사의 맥락 속에서 이해되는 개별적 존재로서의 인간이해를 제안한다. 보편적 인간Man이 근대 모더니즘의 중심에 있다면, 포스트모던 관점에서 개인은 탈중심화되는 셈이다. 포스트모던 차이철학자인 데리다와 들뢰즈는 재현의 동일성에 의해 설명되는 같음의 반복으로서 고정된 정체성을 지닌 근대적 주체를 해체하고, 차연의 존재, 끝없이 변화·생성devenir하는 인간주체에 대한 이해를 이끈다. 데리다의 주체는 시간과 공간 속에서 그 의미가 지연되어 해체되고 재구성되는 비동일적 주체, 즉 차연의 존재이다. 들뢰즈 역시 매순간 어떤 동일성으로도 드러나지 않은 영역, 차이 그 자체를 드러냄으로써 이 세상 모든 존재는 무한한 잠재성을 지닌 다양체라는 점을 드러낸다.

결국 포스트모던 주체 담론은 과학적 발달 이론으로서의 구성주의가 지닌 보편성, 객관성이라는 규격화된 틀에서의 인간이해에서 벗어나 자신이 처한 시간, 공간, 문화, 역사의 맥락 속에서 이해되는 개별적 존재로서의 인간Man에 대한 이해의 가능성을 제안한다. 즉, 차연의 존재, 생성becoming의 존재로서의 인간이해이다.

넷째, 구성주의가 인식대상으로서의 타자를 살려 놓지 못한 점이다. 인식주체의 능동성을 강조한 구성주의 인식론의 한계이다.

주체성subjectivité의 시대로 불리는 근대 패러다임은 자율성을 확보하는 데 열중한 나머지 타자에 대한 수동성과 의존성을 인정하려 하지 않았다. 데카르트Descartes, 1596~1650는 인간주체의 자유와 자율성을 어떤 타자에 의해서도 침해받지 않는 것으로 하기 위해 주체 이외의 모든 타자를 물질로 환원시켜야만 했다. 이로써 주객 분리라는 인식론적 구도와 함께 타자에 대한 대상화를 가져온다. 이로써 주체와 타자 간의 관계는 상호적인 것이 아니라 고독하고 폐쇄적인 관계에 머물게 된다. 이것이 인식대상으로서의 타자를 살려 놓지 못한 홀로 주체solo-subject로서의 근대주체의 한계이다. 이는 인식주체의 능동적 지식구성 과정을 강조함으로써 대상으로서의 타자를 하나의 주체로 인정하지 못한 구성주의의 근대적 한계이기도 하다.

보편적 지식체계가 아니라 맥락성에 의존하는 개별적 지식들과 그 차이들에 주목한 구성주의는 타일러Ralph W. Tylor, 1902의 지적처럼 근대에 대한 저항으로서의 탈근대, 포스트모더니티를 반영한 것으로 볼 수 있다.

특히 개인적 인지구성 과정을 강조한 인지적 구성주의와는 달리 사회적 구성주의에서는 지식구성 과정에서 타자와 상호작용의 중요성을 강조하였다. 그러나 타자의 능동적 역할에 대해서 직접적으로 언급하지 않은 점에서 구성주의는 여전히 한계를 드러낸다. 인식주체의 능동성에 대한 강조로 말미암아 타자의 주체성에 대한 논의가 부족했다는 의미다. 이런 점에서 구성주의는 타자를 또 하나의 주체로 인정하는 상호주관성에 근거한 포스트모던 주체 담론에 의해 비판될 수 있는 여지가 분명하다.

지금까지 살펴본 바와 같이 구성주의에 대한 포스트모던 해체는 구성주의가 지닌 한계와 함께 작금의 시점에서 요청되는 일임에 분명하다. 그러나 발달 이론으로서, 교수-학습 이론으로서의 구성주의는 능동적 교육주체로서의 아동/유아에 대한 이해와 함께 유아교육 실제에도 커다란 영향을 끼치고 있는 실정이다. 따라서 구성주의에 대한 포스트모던 해체는 단순한 비판이나 대안 없는 부정이 아니라 부분 계승, 부분 변형을 통해 대안적 담론을 구성해 가는 노력들과 함께 이루어져야 할 것이다. 이는 포스트모더니즘이 모더니즘의 종말을 의미하는 것이 아니라 새로운 관계 설정을 의미한다고 본 리오타르Jean Francois Lyotard, 1992의 지적에서 그 맥을 찾을 수 있다. 포스트모더니즘은 근대 모더니즘이 다듬어 온 정교한 질서와 규범에 대한 무조건적 저항이나 파괴의 담론이 아니라 부분과 전체로서의 관점을 바탕으로 극복하고 보완하려는 시도로 이해되어야 한다는 의미다. 이런 맥락에서 볼 때, 포스트모던 해체의 시도는 구성주의에 대한 단순한 비판이나 대안 없는 부정이 아니라 대안적 관점을 제시하는 점에서 탈구축déconstruction – 데리다가 말한 해체의 의미처럼 – 의 의미를 지닌다고 볼 수 있다.

탈구성주의 유아교육의 가능성

구성주의의 한계를 극복하고 부분 계승, 부분 해체를 통해 이루어지는 구성주의에 대한 포스트모던 해체와 함께 대안적 담론으로서의 탈구성주의에 대해 논의해 보자.

탈구성주의post-constructivism란 용어는 모더니즘modernism에 대한 부분 계승과 극복을 의미하는 포스트모더니즘post-modernism의 용어처럼, 구성주의에 대한 단순한 비판이 아니라 해체를 통해 제시되는 대안적 담론으로서의 의미를 지닌다. 이런 맥락에서 볼 때 탈구성주의 교육 담론은 구성주의 교육 담론에 비해 완전히 우위를 가지는 담론으로서가 아니라 새로운 시대적 패러다임인 포스트모던 담론에 비추어 시도된 구성주의 교육에 대한 대안적 담론으로서의 의미를 지닌다고 볼 수 있을 것이다.

이미 살펴본 바와 같이 구성주의는 과학적 탐구 과정을 통해 보편적 원리를 정립하고자 한 발달 이론으로서, 이성 우위의 가치관을 드러내는 인식론, 혹은 주체의 능동성에 대한 강조 때문에 대상으로서의 타자를 살려 놓지 못한 점에서 포스트모던 사유에 의해 비판된다. 이와 더불어 보편적으로 규정된 본질에 갇힌 존재로서의 인간이 아니라 인간과 세계에 대한 새로운 패러다임으로서 포스트모던 사유에 근거한 새로운 교육 담론이 요청된다. 어떤 변화의 가능성에도 개방되어 있는 차연의 존재, 언제나 새로운 가능성 속에서 만들어지고 있는 생성becoming의 존재로서의 인간이해에 근거한 교육 담론의 가능성이다.

구성주의 교육의 대안적 담론으로서 제시되는 탈구성주의 교육이란 무엇인지 살펴보고 교육적 적용의 가능성에 대해 살펴보자.

첫째, 탈구성주의post-constructivism 교육은 통합적 인간관에 근거한 교육, 실존적 존재로서의 인간이해로부터 시작되는 교육이다. 지식만이 아니라 감성, 의식만이 아닌 무의식을 포함하는 새로운 교육 담론의 가능성이다.

포스트모더니즘은 인간을 정신과 육체로 분리될 수 없는 하나의 실체로 파악한다. 이는 데카르트의 영육이원론에서 벗어나 통합된 하나의 실체로서의 인간이해를 의미한다. 통합된 하나의 실체로서의 인간에 대한 포스트모던 사유는 근대 이성중심주체관을 반영한 구성주의 교육을 해체하고 정신과 육체, 이성과 감성이 통합된 하나의 전아적 실체이화도, 2009인 인간에 대한 이해에 바탕을 둔 새로운 교육 담론의 가능성을 시사한다. 이것이 탈구성주의 교육이다. 이런 맥락에서 볼 때 탈구성주의post-constructivism 교육은 지식 그 자체보다는 삶에 대한 풍부한 경험을 바탕으로 이루어지는 교육이다. 따라서 규격화된 객관적 지식을 주입식으로 전달하는 것이 아니라 '몸corps'을 통해 지각하고 배우는 생활세계에서의 능동적 앎의 과정이 강조된다. 학습자에게 의미 있는 경험은 정신 육체의 통합체로서의 '몸corps'을 통한 생활세계적 경험이다. 이러한 경험을 통해 학습자들은 세상에 대한 판단과 삶에 대한 지혜를 얻을 수 있을 것이다.

요컨대, 자신의 경험 속에서 각자 개인적 의미, 가치, 정서, 의도 등에 의해 주관적 양식으로 의미화를 이루어 가는유혜령, 2005 실존적 존재로서의 인간이해로부터 출발하는 교육, 이것이 탈구성주의 교육post-constructivism이다.

이런 의미에서 현대 유아교육학적 사유는 이론적이고 객관적인 지식이 아니라 몸을 통해 체득하여 실천적인 앎이 인정되는 생활세계로서의 배움의 장場에 시선을 두어야 할 것이다.

둘째, 탈구성주의post-constructivism 교육은 구체적인 삶의 맥락 속에서 끝없는 차이를 생성하는 차연의 존재, 생성의 존재로서의 인간에 대한 이해에서 시작되는 교육이다. 동일성, 합리성, 체계성 원리 대신에 비동일성, 비합리성, 비체계성의 원리를 근거로 구성하는 새로운 교육 담론의 가능성이다.

탈구성주의 교육은 구성주의 교육에서 강조하는 지식의 맥락적 구성과 함께 맥락 속에서 이해되는 개별적 존재로서의 인간이해를 바탕으로 이루어지는 교육으로, 차이를 의미하는 여백, 틈, 간격과 같은 데리다 해체철학의 주요 주제에 의해 지원되고 정당화될 수 있을 것이다. 현대교육에서 그 정당성을 부여받고 있는 구성주의 교육이 세상의 모든 존재를 다른 것과 구별되는 절대적인 차이를 지니면서 무한한 잠재성을 가지고 있는 다양체로 보는 차연différance의 존재, 생성devenir의 존재로서의 인간이해에 근거한 포스트모던 차이 담론과 유의미한 연관을 가진다는 의미다.

이러한 의미에서 현대 유아교육학적 사유는 구성주의가 지닌 맥락context의 의미를 계승하여 차이와 다양성에 대한 인정에서 시작되는 교육에 주목하여야 할 것이다. 또한 아동을 보편적 속성과 태생적 능력을 갖춘 하나의 본질적 존재로서의 자연으로 보는 근대적 아동관에서 벗어나 씨줄과 날줄의 끝없는 상호 얽힘 속에서 끝없이 변화하며 생성되는 차연의 존재로서의 유아, 매순간 차이를 맞아들이고 새로움을 생성하는 유아에 대한 이해가 요구된다. 이는 근대적 아동관에 대한 포스트모던적 해체이다. 이와 더불어 보편적 아동기, 유아기란 존재하지 않으며, 무엇이 바람직한 유아교육인가 하는 문제도 이미 표준화로 확립된 기준에 의해 측정되는 것이 아니라 구체적인 삶의 맥락 속에서 새로운 의미창조의 과정을 통해 재구성되어야 할 것이다. 구체적인 삶의 맥락 속에서 개별적 존재로서의 유아에 대한 교사의 인정과 이해가 무엇보다 필요한 시점이다.

차이에 대한 포스트모던 사유는 근대교육의 획일적 폭력에서 벗어나 보존되어야 할 교육의 본래의 의미이며 지탱해야 할 교육의 지지대임에 분명하다. 우리는 포스트모던 교육의 전망을 차이에 대한 인정과 수용에서 출발할 수 있을 것이다. 이를 위해 차이에 용감하게 대면하고 차이를 적극적으로 사유하고 실험함으로써 창조적 삶을 이끌어 나가고자 하는 태도를 교육을 통해 길러 줄 수 있어야 할 것이다. 편안한 동일성으로서의 반복이 아닌 카오스chaos를 경험하는 새로운 도전의 창조적 삶으로서 배움의 태도를 길러 주는 것이 필요하다. 사고의 유연성, 열린 사고가 가능한 노마드적 사고의 가능성을 가진 인재가 교육을 통해 길러져야 할 것이다.

셋째, 탈구성주의 교육은 차이와 다양성에 대한 인정에서 출발하는 교육이다. 해석의 다양성에 대한 인정에서 출발하는 새로운 교육 담론의 가능성이다.

구성주의 관점에서 지식구성은 인식주체 간의 상호 의사소통 및 의미의 공유를 통해 가능하다. 이는 지식의 맥락적 구성을 의미한다. 지식의 맥락적 구성은 인식론적 동일성에 의해 확보되는 안정성이 아니라 차이를 동반한 인식론적 불안정성으로 귀결된다.

지식의 구성을 개념적으로 완결된 객관적 지식의 발견이 아니라 역동적으로 변화하는 인식주체의 구성 과정에 초점을 맞추고 있다는 점에서 구성주의는 보편적 이성과 과학적 지식에 대한 강한 거부에서 시작되는 포스트모던 지식관과 맥을 같이한다.

실증적 지식이 근대과학을 형성시킨 과학적 지식의 원형이라면, 포스트모더니즘은 해석학적 지식[72]에 의존한다Lyotard, 1984. 해석학적 지식이란 진리에 대해 상호 경쟁하는 주장들을 가진 상호주관적이며 불확정적인 체계로서Bagnal, 1998, 해석학적 지평의 경지에 설 때, 사실fact은 없고 오직 해석interpretation만이 존재할 뿐이다. 이러한 해석학적 원리 저변에는 근대 모더니즘의 보편적 이성과 과학적 지식에 대한 거부가 자리 잡고 있으며 이는 근대적 거대서사meta-narrative의 폭력에

72) 인간을 설명하는 유일의 절대적 언어란 있을 수 없다는 Lyotard의 서사적 지식을 지칭하는 것이다.

대한 저항인 셈이다. 이런 논지에 비추어 볼 때, 구성주의에 대한 대안적 담론인 탈구성주의post-constructivism는 지식의 맥락적 구성을 출발점으로 논리를 전개해 가는 구성주의constructivism와 포스트모던 해석학적 패러다임을 계승한다고 볼 수 있을 것이다.

이러한 관점에서 볼 때, 구성주의에 대한 단순한 거부가 아니라 대안적 담론으로서의 탈구성주의 교육에서는 보편적 지식의 체계가 아니라 삶의 맥락 속에서 이루어지는 지식의 구성 과정과 특수성 및 맥락성에 의존하는 개별 지식들의 차이에 주목한다.

전통적으로 학교교육에서는 거대서사meta-narrative, 메타언어로 구성된 표준화된 지식이 중심이 된다. 반면 포스트모던 해석학적 패러다임에서는 하나의 유일한 정전으로서의 거대서사가 아니라 세계에 대한 다의적 해석들이 평등한 관계에서 각 시각의 차이에 대해 동일한 중요성을 인정받으며 공존한다. 결국 포스트모던 해석학적 패러다임을 계승한 탈구성주의 교육은 세계에 대한 다의적 해석들이 평등한 관계에서 각 시각의 차이에 대해 동일한 중요성을 인정받으며 공존하는 포스트모던 교육의 당위성을 지니게 된다. 또한 구성주의 교육의 대안적 담론으로서의 탈구성주의 교육에서는 맥락 속에서 이루어지는 지식의 구성 과정을 강조한 구성주의를 계승하여 특수성과 맥락성에 의존하는 개별지식들의 차이에 주목한다.

현대 유아교육 담론에서는 유아의 삶의 맥락 속에서 이루어지는 통합된 경험을 통한 지식의 구성 과정을 강조하는 통합의 원리를 강조한다. 이는 삶의 맥락 속에서 이루어지는 지식의 구성 과정을 강조하는 것으로 포스트모던 서사적 패러다임과 개별지식들의 차이에 주목한 구성주의의 정당성이 이미 유아교육영역에서 인정되고 있는 것으로 볼 수 있다.

이러한 의미에서 현대 유아교육학적 사유는 지식의 불완전성을 인정하고 일상적 경험으로부터 구성된 소서사적micro-narrative 지식을 교육 내용 속으로 끌어와야 할 것이다. 이와 더불어 과학적 지식이 부여하는 보편성과 획일성에 거부하고 저항하며 유아들의 삶으로부터 시작되는 일상적 경험과 이야기에 귀 기울일 것이 요청된다.

이런 의미에서 탈구성주의 교육은 교육주체의 다양한 의미창조 과정이 인정되고 그들의 다양한 생각들, 다양한 표현들이 그 나름대로 허용되며 인정되는 상호소통의 장으로서의 교육을 지향한다. 이는 궁극적으로 나와 타인을 포함한 모든 개별적 자아가 다름을 실천적으로 인정하고 수용함을 의미하는 것으로, 근대 모더니즘 속에서의 단절된 개별성과 폐쇄성으로서의 자아에서 벗어나 나 이외의 다른 무한한 존재의 가능성에 대하여 자기를 완전히 개방하는 자세서상문·장사형, 2006에서 시작된다. 이러한 의미에서 현대 유아교육학적 사유는 유아들의 다양한 관점들에 대한 인정과 작은 이야기들에 관심을 기울이고, 유아들의 소서사인 일상으로부터 기인되는 차이와 다름을 자연스럽게 받아들이는 교육에 주목하여야 할 것이다.

이는 하나의 대상실재에 대한 의미의 다의성, 해석의 다양성이 존재함을 인정하는 것으로 다양한 관점, 다양한 생각, 남들과는 다른 자신만의 생각에 따른 가치를 존중하고 격려하는 교육이다. 비록 아동이 교사의 의도와 다른 생각, 다른 행동결과를 보인다 할지라도 그들의 다양성을 존중하고 교사의 기준으로 차이를 비판하지 않는 것이 탈구성주의 교육의 핵심이다정석환, 2008a. 이를 위해서는 다름 속에서 새로움이 나올 수 있음을 인정하고, 다양한 생각, 남들과는 다른 자신만의 생각이 가진 가치를 존중하고 격려하는 교사의 열린 마음이 필요하다.

현대사회는 이미 다양하고 복잡한 것들을 일상에서 발견하고 체험하고 있다. 우리의 삶은 흑백논리처럼 그렇게 단순하지 않다. 삶은 희비가 교차하며 여러 가지가 교차하기에 알록달록한 것이다. 삶의 주체인 인간과 사고도 마찬가지이다. 다양성에 대한 존중은 21세기형 인간양성의 교육목표를 달성하기 위해 반드시 고려해야 할 교육적 여건임이 교육 과정을 통해서도 강조되고 있다. 그러나 중요한 것은 교육 실제 속에서 아이들에게 존재하는 다양성차이들을 어떻게 살릴 것인가 하는 것이다. 이것이 우리에게 주어진 새로운 과제이다.

다름에 대한 전적인 이해와 관용은 인간의 실존적 만남과 관계를 허락해 준다. 유아들의 백 가지 언어에 귀 기울이고, 그들의 다양한 생각에 진지하게 답하고, 그들 각각이 주체로서 살아가도록 돕는 교육, 이것이 바로 탈구성주의 유아교육이다.

넷째, 탈구성주의 교육은 나와 타자 간의 상호주관성에 근거한 교육을 지향한다. 상호주관성에 근거한 새로운 교육 담론의 가능성이다.

상호주관성inter-subjectivité이란 타자가 배제된 순수한 근대주체에서 벗어나 나와 타자 간의 관계성에 근거한 상호주체inter-subject로 패러다임이 전환됨을 의미한다.

포스트모던 주체 담론은 인간의식의 능동성을 강조한 구성주의가 타자를 배제하거나 자아의 틀 속에 한 부분으로 타자를 포섭함으로써 타자를 그대로 살려 놓지 못한 점을 비판하고 나와 타자 간의 상호주관성에 근거한 탈구성주의 교육의 가능성을 제시한다.

상호주관성에 근거한 탈구성주의 교육이란 교육주체 각각이 주체로서 상호소통의 과정을 통해 끝없이 변화, 생성, 발전하는 역동적 교육을 말한다. 탈구성주의 교육에서는 교사와 아동/유아, 유아와 타자교사 혹은 또래 유아 어느 누구도 즉자卽者, l'etre en soi, 그냥 있는 자로 존재하지 않고 대자對者, l'etre pour soi, 대면하고 있는 자와 대자로서 자신의 주체성 안에 머물면서 서로를 건네주면서도 강제되거나 조종되지 않고 자유로운 존재로 머무는 상호주체적 관계를 이룬다이화도, 2010a. 이러한 관계 속에서 두 주체 모두 자기 자신을 완성하고 실현시킬 수 있기 때문이다.

이러한 의미에서 현대 유아교육학적 사유는 타자의 주체성에 대한 인정에서부터 시작되는 상호주관성inter-subjectivité에 근거한 관계에 주목하여야 할 것이다. 상호주관성으로서의 탈구성주의 교육은 상호주체로서의 유아와 유아, 유아와 교사 간 소통의 과정을 통한 역동적 교육을 지향한다. 개인의 내면적 힘이나 능력보다는 유아가 그를 둘러싼 의미 있는 타자들과의 상호작용 과정에서 각각 주체가 되어 대화하고 상호소통하여 새로운 의미를 생성해 가는 관계와 소통의 장에 시선을 두어야 할 것이다. 유아들은 생활세계 속에서 상호소통의 과정을 통해 서로 다른 관점들을 발견하고 자신의 경험들을 다른 사람들의 경험에 비추어 함께 논의하고 공유함으로써 새로운 의미를 구성해 나가기 때문이다. 이런 점에서 유아들의 생활세계는 유아가 존재하고 성장하면서 대면하는 상호주관적 세계이자 의미로 가득 채워진 세계로, 유아들의 생활세계에 근거한 탈구성주의 교육을 지향하여야 할 것이다손영수, 2001; 오경희, 2012.

개인의 내면적 힘이나 능력보다는 자신을 둘러싼 의미 있는 타자들과의 상호작용 과정에서 각각 주체가 되어 대화하고 상호소통함으로써 새로운 의미를 생성해 가는 관계에 주목하는 탈구성주의 교육에서는 교사의 역할에 새로운 가치를 부여한다.

구성주의 교육에서 교사는 단순히 지식전달자 역할뿐 아니라 학습자가 지식을 구성하는 주체로서 능동적 역할을 수행하도록 안내하고 지지하고 도움을 주는 실체로서의 역할이 부여된다. 이는 탈구성주의 교육에서도 마찬가지이다. 그러나 인식주체의 능동적 지식구성 과정에 주목한 구성주의와 달리 탈구성주의는 인식주체와 대상, 주체와 타자 간의 상호주관적 관계에 주목한다는 점에서 타자로서의 교사의 역할은 다른 의미를 부여받게 된다. 학습자의 능동적 학습 과정을 돕는 역할에 머무는 것이 아니라 교사 역시 공동학습자 co-learner로서 주체적으로 참여하고 소통함으로써 자아실현에 이를 수 있어야 한다는 것이다. 교사 역시 즉자卽者, l'etre en soi, 그냥 있는 자로 존재하지 않고 대자對者, l'etre pour soi, 대면하고 있는 자로서 존재하는 학습의 또 다른 주체가 되는 셈이다.

교사와 아동/유아 간 상호주관적 관계에 주목하는 탈구성주의 교육에서 교사는 개념적 지식conceptual knowledge의 전달자로서가 아니라, 학습자와의 상호주관적 관계 속에서 흡수되는 관계적 지식relational knowledge을 통해 세상에 대한 이해의 지평을 넓힐 수 있는 또 하나의 주체인 것이다.

따라서 탈구성주의 교육에서는 누가 교육의 주체이냐 하는 문제보다는 서로 영향을 주는 실체로서의 교사와 아동/유아 간의 상호주관성 관점에서 교사의 역할에 대한 논의와 연구가 이루어져야 할 것이다.

다섯째, 탈구성주의 교육은 보살핌과 배려의 윤리적 실천으로서의 교육을 지향한다. 배려와 만남의 윤리적 실천에 근거한 새로운 교육 담론의 가능성이다.

구성주의는 앎의 본질을 탐구하는 인식론으로, 과학적 연구를 통해 인간발달의 보편적 원리를 정립한 발달 이론이라는 점에서 근대 이성 우위의 가치관과 정신과 육체의 이원론적 전통을 드러낸다. 무엇보다 인식주체의 능동성에 대한 자각 때문에 인식대상으로서 세계의 타자성을 인정하지 못한 점에서 포스트모던 담론에 의해 비판될 여지를 제공한다. 이런 점에서 볼 때, 탈구성주의는 구성주의에서 외면된 타자를 살려냄으로써 나와 타자 간의 상호주관성 담론을 바탕으로 시작한다. 나와 타자가 각각 주체로서 상호인정과 수용을 통해 공존하기 위해서는 타자를 나의 주체 속으로 종속시킴으로써 타자의 정체성을 상실하게 만드는 것이 아니라 타자의 주체를 인정하고 배려하는 윤리적 실천을 요구한다. 이는 데리다의 해체주의가 지향한 저 너머beyond의 세계가 존재론이나 인식론의 분야가 아닌 윤리학의 실천적 영역에 해당된다는 사실과도 관련된다서상문, 2007.

타자를 위한 책임은 포스트모던 도덕성의 주요한 특성이다. 포스트모더니즘을 포함한 현대철학의 영역에서 윤리학의 가치와 의미가 새롭게 조명되고 있다.

바우만Julius Bauman, 1837~1916에 의하면, "도덕적 입장을 취한다는 것은 타자에 대해 책임을 진다는 것을 의미한다. 말하자면 우리는 타자의 도전, 즉 타자에 대한 책임이라는 도전에 직면한다1993." 이는 타자에 대해 책임을 지는 일은 타자를 우리와 동일한 것으로 또는 어떤 보편적이고 일반적인 특성을 지닌 것으로 다루지 않는 것을 의미한다김희연 외, 2007.

레비나스Emmanuel Levinas, 1905~1995는 타자윤리학을 통해 지금까지 데카르트 이후 서양철학을 지배해 온 주체성 개념이 모든 자아가 자기 이외의 것들에 대해 자기화하고 동일화하여 타자의 존재를 자아 안으로 동화시킴으로써 타자의 존재 의미를 훼손하였음을 비판하고김연숙, 2000a, 타자성他者性, altérité을 인정하고 환대해야 함을 우리에게 호소한다. 레비나스는 나의 존재를 내세우면서 타자를 거부하고 말살하는 것을 악으로 규정하고, 가난한 자, 약한 자의 모습으로 나타나는 타자의 부족과 불운함을 배려하며 호소하는 타자의 욕구를 알아차려 자신을 희생하고 자신의 배고픔을 채우기 위한 욕구를 뒤로 한 채 타자로 향하게 하는 도덕적 책무성을 강조한다. 그가 강조한 타자에 대한 윤리적 책무성은 자아의 고유성이 외부로부터 유래된 것이며 따라서 자아는 애초부터 타자를 위한 존재로서 그 존재론적 위상이 규정된다는 데서 정당화된다.

레비나스는 자아의 흔적으로서의 타자에 대한 윤리적 책무성을 가장 원초적인 도덕적 계약으로 보았다. 레비나스의 윤리성은 이러한 원초적인 도덕적 계약관계에 기꺼이 반응하여 타자에 대한 무한한 도덕적 책임을 지는 실천이며, 이러한 책무성에 성실하게 응답하는 주체가 윤리적 자아로 요약되는 것이다. 이처럼 윤리적 자아는 그 도덕적 책임의 이행을 위해 자아의 동일성을 자발적으로 와해시키는 존재행위로서 설명된다서상문, 2007. 다시 말해 진정한 도덕적 책무성 이행을 위해서는 자아의 동일성 속에 내재된 그 근원적 차이에 대한 민감성을 회복하는 일이 무엇보다 선행되어야 한다는 의미다.

나딩스Neil Noddings, 1984는 배려의 윤리학을 통해 배려와 만남의 윤리적 실천에 근거한 현대의 대안적 윤리교육론을 제시한다.

이런 맥락에서 볼 때 탈구성주의 교육에는 구성주의가 놓친 타자에 대한 배려와 만남의 윤리적 실천이 포함되어야 할 것이다. 타자를 주체와 동일화시키는 갈등과 대립이 아니라 상호인정과 수용을 통해 타자와 함께 더불어 살아가기 위한 윤리성에 근거한 교육, 이것이 탈구성주의 교육의 지향점이다. 이때 타자는 주체중심의 자아에게로 동화되는 그런 타자가 아니라 주체의 어떤 폭력에도 굴하지 않고 종속당하지 않는 절대적 외재성, 그것이야말로 타자가 지닌 무한의 의미일 것이다.

타자에 대한 배려와 윤리적 실천으로서의 탈구성주의가 현대교육이 떠맡아야 할 심각한 문제인 이기주의, 도덕성의 붕괴, 생명경시 등에 대처할 수 있는 교육의 지향점을 제시할 것으로 기대한다. 포스트모던 시대에 요구되는 열린 마음과 타자성에 대한 이해를 바탕으로 한 탈구성주의post-constructivism 유아교육이 지금 시작된다.

Epilog

마무리

본 저서는 플라톤, 아리스토텔레스의 형이상학적 인간학으로부터 근대 모더니즘의 사상적 근거가 되는 데카르트와 칸트의 철학, 후설 현상학, 그리고 포스트모더니즘 제 담론에 이르기까지 현대 유아교육이 취할 수 있는 탐구논리의 공간을 제공할 인문학적 사유에 대해 탐색하고 이를 근거로 새로운 시대에 적합한 대안적 유아교육 담론의 가능성을 살펴보았다.

대안적 유아교육 담론 구축으로서의 이러한 시도는 근대교육에서 진리로 믿었던 교육 원리들에 대한 무조건적 비판이 아니라, 부분계승과 극복을 통해 새로운 생성을 이루고자 하는 시도라는 의미에서, 탈구축déconstruction의 의미를 지닌다고 볼 수 있다.

근대철학과 포스트모더니즘은 모두 제각기 현대교육 이론의 미래적 전망과 방향성 정립에 한 몫을 차지한다. 실제로 유아교육현장에서도 모더니즘과 포스트모더니즘 중 어느 하나가 절대적 우위를 가지고 다른 현상들을 완전히 대체하기보다는 현상들 사이의 경계가 느슨하고 다양한 구멍을 통해 상호 침투하며 교감하고 있다는 점에서 혼종의 세계를 보여 준다. 이런 맥락에서 볼 때 대안적 유아교육 담론에 대한 논의는 모더니즘 교육에 대한 급진적 해체를 넘어 생성을 지향하는 포스트모던 정신의 진정성을 들여다봄으로써 이루어지는 해체와 재개념화의 과정을 통해 이루어져야 할 것이다.

푸코가 지적하였듯이, 모든 담론은 역사와 시대의 영향을 받지 않을 수 없다. 따라서 지금까지 타당한 것으로 여겨진 교육적 가치와 규범을 비판적으로 검토하고, 지금 여기의 역사적·사회적 삶의 맥락관계에 적합한 새로운 패러다임으로서의 대안적 유아교육 담론을 구성하는 것은 시대적 요청이다. 이것이 본 저서의 지향점이며 정당성이다.

본 저서에서 시도한 근대 모더니즘 시대에 정당성을 부여받은 유아교육 담론에 대한 포스트모던 해체와 재개념화reconceptualization의 논의는 이미 포스트모더니즘의 흐름 속에 존재하는 지금 시점에서 숲 전체보다는 나무밖에 볼 수 없는 한계를 지닌다고도 할 수 있다. 하지만 현재 유아교육의 현상을 돌아보고 대안적 관점에 대한 심도 있는 논의를 하는 것은 의미 있는 일임에 분명하다. 무엇보다 새로운 시대적 패러다임에 맞는 대안적 유아교육 담론을 찾고자 한 본 연구의 시도가 기존의 유아교육 담론에 대한 단순한 비판이나 파괴로 오해되지 않기를 기대한다.

포스트모더니즘이 강조하는 개념들을 유아교육에 적용하여 탐구하는 일은 개별적 존재로서의 독특성과 불확실성을 가진 유아에게 만족스런 교육을 제공하고자 하는 시도로서 향후 유아교육의 학문적 대안을 제시할 수 있으리라 생각한다.

현대 유아교육이 취할 수 있는 탐구논리의 공간을 제공할 인문학적·철학적 기초에 대해 탐색하고, 이를 근간으로 새로운 교육의 대안적 패러다임을 모색한 본 연구의 시도가 작금의 유아교육 현상을 돌아보고, 새로운 가능성과 지평을 열어 줄 수 있는 대안적 관점에 대한 심도 있는 논의의 장으로 이어지길 기대한다.

참고문헌

강동수(1999). 후설의 자아개념. 철학연구, 69, 1-18.

강상희(2005). 포스트모던 사유 논리의 교육적 적용 가능 영역 탐색. 교육의 이론과 실천, 10(1), 1-30.

강선보 · 최승현(2011). 감성의 교육학적 수용: Levinas와 Deleuze의 경우. 교육과학연구, 42(2), 1-23.

강선보 · 최승현(2011). 들뢰즈의 배움론: 차이와 반복을 중심으로. 교육 문제연구, 39.

강영안(1990). 레비나스 철학에서 주체성과 타자. 철학과 현상학 연구, 4, 243-263.

공지영 · 지승호(2008). 괜찮다, 다 괜찮다. 서울: 알마.

김규수(1997). 아동중심교육의 개념적 고찰: DAP 에 대한 견해, 열린유아교육연구, 2(2), 49-68.

김규수(2001). 포스트모더니즘적 유아교육관 고찰. 유아교육연구, 21(1), 161-176.

김병욱 · 김신일(2002). Husserl 상호주관성 구성의 교육적 함의. 교육철학, 20, 17-36.

김병환(1998). 메를로 퐁티의 현상학적 상호주관성에 관한 연구. 철학논총, 14, 157-183.

김봉석(2000). 현대교육 과정 담론에서 교육과정 지식의 근대성. 교육과정연구, 18(2), 269-296.

김상봉(2007). 서로 주체성의 이념. 서울: 길.

김상수(2005). 자크 데리다와 해체. 서양연구사, 33, 109-137.

김상환(2006a). 데카르트, 프로이트, 라캉: 어떤 평행관계. 라캉과 현대정신분석, 8(2), 37-66.

김상환(2006b). 데리다의 CsO론-들뢰즈 비판을 위한 입론. 안과 밖. 영미문학연구, 21, 165-186.

김석(2006). 욕망하는 주체와 욕망하는 기계-라캉과 들뢰즈의 욕망이론. 철학과 현상학 연구, 29, 173-202.

김석(2007). 에크리: 라캉으로 이끄는 마법의 문자들. 서울: 살림.

김석완(2009). 푸코의 소크라테스 해석과 자기배려의 교육. 교육철학, 46, 27-48.

김성애(2007). 후설 현상학에 나타난 정신지체 아동 윤리성 내재-정신지체 아동의 자발적 행동관리 가능성에 관하여. 특수교육저널: 이론과 실천, 8(1), 405-423.
김연숙(2000). 타자의 윤리학. 서울: 인간사랑.
김영필(2012). 상호주관적 자아탐구: 에드문드 후설의 현상학적 자기성찰모형. 철학논총, 67(1), 75-100.
김용호(1998). 몸으로 생각한다. 서울: 한길사.
김윤재(2010). 바슐라르와 푸코의 인식론 비교-과학적 인식론과 고고학을 중심으로. 철학연구, 41, 279-314.
김윤태(2005). 새로운 시대와 사회이론: 모더니즘과 포스트모더니즘을 넘어. 현상과 인식, 29(4), 114-138.
김은주(2003). [대담/지젝-김상환] 철학과 정신분석의 만남. 철학과 현실, 59, 66-96.
김인(2006). 교육과 올바른 삶: 국가론의 관점. 도덕교육연구, 18(1), 67-94.
김재춘(2010). 들뢰즈의 되기. 생성의 교육학적 해석. 교육 원리연구, 15(1). 1-38.
김재춘·배지현(2011a). 들뢰즈 철학에서의 배움의 의미탐색. 초등교육연구, 24(1), 131-153.
김재춘·배지현(2011b). 들뢰즈의 시간론의 교육적 함의. 교육철학연구, 33(2), 1-30.
김재춘·배지현(2012). 들뢰즈 철학에서 '배움'과 '가르침'의 의미와 관계 탐색. 교육학연구, 50(3), 125-149.
김정원(2006). 외국인 근로자 자녀 교육 문제와 다문화교육. 국회도서관보, 325, 29-39.
김정현(1995). 니체의 몸 철학. 서울: 지성의 샘.
김학희(2010). 진정한 다문화교육을 지향하며: 동남아시아 지역에 대한 대안적 관점 탐색. 교육논총, 30(1), 31-47.
김형효(1997). 메를로 퐁티와 애매성의 철학. 서울: 철학과 현실사.
김효진·권민균(2007). 유아의 또래 친밀도에 따른 상호주관성의 차이: 글 없는 그림책 이야기 꾸미기를 중심으로. 아동교육, 28(4), 19-55.
김홍우(1999). 메를로 퐁티에 있어서의 '보는 것'의 의미, 현상학과 정치철학. 서울: 문학과 지성사.
김희봉(2008). 후설의 노에마 개념, 그 의미와 한계. 철학과 현상학 연구, 38, 53-76.
김희봉(2010). 탈근대적 주체와 기연적 사고-라캉과 푸코를 중심으로. 해석학연구, 26,

81-113.

김희연·신옥순·염지숙 역(2007). 포스트모던 유아교육: 새로운 이해와 실천을 열어가기. 서울: 창지사.

노상우·안오순(2008). 타자성 철학의 교육적 함의: 데리다를 중심으로. 교육철학, 42, 135-156.

노상우(2010). 근대 이성 개념과 교육학적 사유. 교육철학, 49, 25-47.

명지원(2006). 기존 통합교육 과정의 한계와 그 극복으로서 홀리스틱 통합교육 과정. 한국홀리스틱교육학회지, 10(1), 17-32.

목영혜(2010a). 들뢰즈의 포획론에 입각한 학업성취도 평가 교육정책 분석. 교육사상연구, 24(2), 23-39.

목영혜(2010b). 들뢰즈의 유목주의와 그 교육적 함의. 교육철학, 48, 49-67.

박덕수(2009). 플라톤의 교육목적론의 현대적 의미. 교육사상연구, 23(3), 237-254.

박라미(2006). 현상학적 '자아'에 기초한 '학습자' 의미 재고에 따른 시각문화의 관계적 이해 교육방안-초등미술교육 중심으로. 미술교육논총, 20(1), 241-276.

박민정(2005). 포스트모더니즘 담론과 교육 과정 논의의 쟁점. 교육과정연구, 23(4), 37-57.

박병락(2000). 푸코와 권력과 주체 문제의 교육적 논의. 교육철학, 18, 73-89.

박병락(2009). Foucault의 담론 개념과 학교지식의 성격. 교육사상연구, 23(2), 43-59.

박사빈(2011). 포스트모더니즘 관점에 기인한 유아 문학의 방향 및 과제. 한국영유아보육학, 68, 171-187.

박승규(2002). 푸코의 "자유의 실천"을 통한 윤리적 주체. 한국정치학회보, 36(4), 87-102.

박승억(2007). 인지과학과 현상학적 심리학. 철학과 현상학 연구, 32, 63-83.

박승억(2009). 현상학적 판단중지와 가능세계. 철학과 현상학 연구, 43, 1-23.

박영욱(2009). 데리다 & 들뢰즈: 의미와 무의미의 경계에서. 서울: 김영사.

박인철(2006). 현상학과 탈주체성-현상학의 포스트 모더니즘적 성격. 인문학연구, 10, 53-80.

박인철(2010). 상호문화성과 윤리-후설 현상학을 중심으로. 철학, 103, 129-157.

박정애(1995). 포스트모더니즘과 미술교육. 미술교육논총, 14, 35-62.

박치완(2006). 들뢰즈의 플라톤 비판과 시뮬라크르의 반란 또는 복수-플라톤과 시뮬라르크를 중심으로. 철학연구, 31, 223-256.

박태호(1994). 근대적 주체와 합리성-베버에서 푸코로?. 경제와 사회, 24, 87-113.

반성택(2004). 후설 현상학에서 공동체 논의의 출발점. 철학과 현상학 연구, 23, 35-67.

배재정 · 정정희(2003). 유아기 사회적 가상놀이와 상호주관성 발달에 관한 이론적 탐색. 열린유아교육연구, 8(1), 155-175.

서동욱(2001a). 들뢰즈의 초월적 경험론과 칸트. 칸트연구, 7(1), 105-142.

서동욱(2001b). 데라다의 '차연'과 들뢰즈의 '차이 자체'-프로이트 '사후성의 논리'의 상속자들. 문화과학, 27, 143-169.

서동욱(2002). 들뢰즈의 철학: 사상과 그 원천. 서울: 민음사.

서동욱(2009). 차이와 타자. 서울: 문학과지성사.

서상문(2007). Derrida의 해체주의 교육과 그 윤리 교육적 함의, 경북대학교 박사학위논문.

서상문(2008). Merleau-Ponty 행동의 구조분석에 의한 학습의 교육철학적 함의. 교육철학, 36, 63-92.

서상문(2009). 타인에 대한 Merleau-Ponty 몸 현상학의 분석과 교수자/학습자 관계의 윤리 교육적 가능성. 교육철학, 39, 85-129.

서상문(2011). 라캉 거울단계 이론의 교육철학적 함의. 교육사상연구, 25(2), 67-90.

서상문 · 장사형(2006). 포스트모던 유아교육의 재구성. 교육철학, 29, 65-93.

서정욱(2007). 데리다가 들려주는 해체 이야기. 서울: 자음과모음.

신인섭(2003). 메를로-퐁티의 타자경험에 대한 레비나스와 리쾨르의 논쟁-타자를 위한 삶과 타자와 더불어 삶. 철학과 현상학 연구, 20, 137-170.

신인섭(2009). 메를로-퐁티의 실존적 정신분석과 L. 빈스방거의 현존재 분석. 시대와 철학, 84, 197-224.

신지영(2007). 들뢰즈의 차이 개념에 관련한 여성주의 재정립 가능성. 한국여성철학, 7, 115-137.

신지영(2008). 들뢰즈로 말할 수 있는 7가지 문제들: 차이의 존재론에서 미학적 실천까지. 서울: 그린비.

신지영(2010). 들뢰즈의 차이와 반복: 그 구조와 의미. 도시인문학연구, 2(1), 335-360.

심세광(2011). 푸코에게 "주체"란 무엇인가? 실천이론으로서 푸코의 주체 이론의 변모. 문화과학, 65, 89-125.
심은진 · 김시무(2007) 영화와 정신분석. 한국영화학회 학술발표대회 논문집, 67-74.
안명옥 역(1994). 인간이란 무엇인가. 서울: 성바오로.
양승희 · 이순영(2002). 포스트모더니즘 시대의 유아교육. 한국보육학회지, 2(2), 139-155.
양운덕(1992). 미셀 푸코. 서울: 살림.
양운덕(2005). 욕망의 사회적 동학으로 조명하는 공적 합리성-라캉과 들뢰즈의 논의를 중심으로. 철학연구, 29, 221-267.
양해림(2003). 현상학과의 대화. 서울: 서광사.
양해림(2006). 푸코의 포스트구조주의-『지식의 고고학』을 중심으로. 인문학연구, 33(2), 303-325.
어도선(1998). 자끄 라캉: 담론, 주체, 그리고 세 영역. 인문학연구, 5, 27-70.
엄정식(1995). 자아. 철학과 현실, 25, 240-247.
연효숙(2000). 윤리적 주체와 차이의 존재론-니체, 푸코 사유의 안과 밖 그리고 여성. 시대와 철학, 11(1), 7-27.
오현숙(2003). 푸코의 윤리: 자기의 배려에서 광기의 윤리로. 인문학연구, 7, 185-213.
우리사상연구소(2007). 우리말 철학사전 1, 2, 3, 4, 5. 서울: 지식 산업사.
우정길(2007). 부자유를 통한 자유와 교육행위의 지향성-탈주체성 또는 상호주관성의 교육 이론을 위한 일 고찰. 교육철학, 38, 139-164.
유혜령(1991). 포스트모더니즘과 교육. 정신문화연구, 14(2), 183-197.
유혜령(2005). 아동교육연구의 현상학적 접근: 역사와 과제. 교육인류학연구, 8(1), 57-80.
윤병렬(1999). 문화의 위기 및 상호문화성과 반-상호 문화성-그 위협에 관한 현상학적 고찰. 한국현상학회, 13, 68-98.
윤정륜 · 전명남(2005). Piaget 의 반성적 추상에 기초한 구성주의 학습의 원리탐색. 대한사고개발학회 학술발표대회 발표 논문집, 15-22.
윤평중(1999). 푸코: 주체의 계보학과 윤리학. 서울: 서울대학교출판부.
윤효녕 외(1999). 주체 개념의 비판:데리다, 라캉, 알튀세, 푸코. 서울: 서울대학교출판부.

윤효녕 · 윤평중 · 윤혜준 · 정문영(2007). 주체 개념의 비판: 데리다, 라캉, 알튀세, 푸코. 서울: 서울대학교출판부.

이거룡 · 조민환 · 정화열 · 조광제 · 이정우 · 홍성욱 · 조영란 · 박여성 · 강성원(1999). 몸 또는 욕망의 사다리. 서울: 한길사.

이남인(1996). 하이데거의 후설 비판과 해석학적 현상학. 철학과 현상학 연구, 8, 199-242.

이남인(2000). 발생적 현상학과 세대간적 현상학. 철학과 현상학 연구, 16, 205-240.

이남인(2002). 상호주관성의 현상학, 후설과 레비나스. 철학과 현상학 연구, 18. 13-62.

이남인(2003). 발생적 현상학과 상호주관성의 문제. 철학사상, 16, 29-70.

이남인(2004). 현상학과 해석학. 서울: 서울대학교출판부.

이남인(2008). 후설의 초월론적 현상학과 메를로-퐁티의 지각의 현상학. 철학연구, 83, 117-141.

이명준(2001). 플라톤의 형이상학적 관점에서 본 교육의 의미. 한국교육, 28(1), 51-74.

이선관(2002). 현상학과 심리학. 인문과학연구, 10, 281-301.

이소희(2009). 메를로 퐁티와 푸코의 신체론 비교-선험적 주체와 자연주의적 신체를 넘어서. 철학연구, 37, 111-139.

이수진 · 김민(2008). 라캉의 주체 이론과 청소년 미술치료의 접점 가능성 모색. 청소년복지연구, 10(3), 203-223.

이순주(2004). 모더니즘에서 포스트모더니즘 시대로의 변화와 21세기 영재교육. 비교교육연구, 14(1), 211-244.

이승종(2005). 후설과 하이데거: Differance. 철학과 현상학 연구, 25, 23-46.

이승훈(2002). 푸코의 주체 개념. 한국언어문화, 21, 221-250.

이영호(1979). 현상학적 심리학-경험심리학과 선험적 현상학의 길목에서 본. 현상과 인식, 3(4), 69-86.

이은주(2009). 어린이를 위한 철학교육의 가능 근거-피아제의 인지발달 이론 비판을 중심으로. 한국동서철학회논문집, 51, 347-371.

이정우 · 조정환(2007). 들뢰즈 사상의 분화 리좀(RHIZOME)총서 01. 소운서원 편. 서울: 그린비.

이정우(1992). 미셸푸코와 고고학. 과학사상, 4, 206-218.

이종관(1993). 생활세계의 현상학과 해석학 세계와 인간 그리고 의식 지향성. 철학과 현실, 17, 295-304.
이종관(1995). 현상학의 현대적 의미. 철학과 현실, 24, 179-197.
이종수(2011). 후설의 타자이론의 근본화로서 메를로 퐁티의 타자이론. 인문논총, 65, 85-132.
이종훈(1992). 생활세계의 역사성. 철학과 현상학 연구, 5, 93-116.
이진경(2002a). 노마디즘 1. 서울: 휴머니스트.
이진경(2005). 철학과 굴뚝청소부: 데카르트에서 들뢰즈까지(개정판). 서울: 그린비
이진우(1990). 후설 현상학과 탈현대. 철학과 현상학 연구, 4, 265-297.
이진우(1993). 포스트모더니즘의 철학적 이해. 서울: 서광사.
이현민 · 강기수(2008). 포스트모던 인간관과 그 교육적 함의. 교육사상연구, 22(3), 179-198.
이화도(2007). 포스트모더니즘, 교육, 그리고 유아교육. 아동교육, 16(4), 211-221.
이화도(2008). 현상학적 자아에 관한 유아교육적 의미탐색. 교육학연구, 46(4), 133-156.
이화도(2009). 유아교육에서의 몸의 개념에 관한 현상학적 이해: 메를로 퐁티의 지각현상학을 중심으로. 유아교육연구, 29(1), 259-277.
이화도(2009). 인지발달. 서울: 창지사.
이화도(2010). 유아교육에서의 교육주체에 관한 현상학적 이해. 아동교육, 19(2), 17-27.
이화도(2011). 상호문화성에 근거한 다문화교육의 이해. 비교교육연구, 21(5), 171-193.
임부연 · 김영연 · 박향원(2008). 유아동작교육 수업사례를 통하여 본 예비유아교사의 '몸'에 대한 인식연구: Merleau-Ponty의 몸-담론에 근거하여. 어린이미디어연구, 7(2), 37-56.
임태평(1994). 플라톤의 인격교육의 철학. 도덕교육연구, 16(1), 1-26.
정대성(2006). 하버마스 철학에서의 상호주관성 개념의 의미. 해석학연구, 17, 185-211.
정석환(2007). 포스트모던 숭고의 교육적 의미. 교육철학, 31, 91-114.
정석환(2008a). 포스트모더니즘의 담론과 교육. 교육철학, 35, 437-466.
정석환(2008b). 포스트모던 합리성의 정당화와 그 교육적 의의. 교육의 이론과 실천, 13(2), 195-218.
정석환(2009a). 포스트모더니즘에 근거한 Dewey 지식론의 재개념화 그리고 교육. 교육

철학, 38, 183-217.
정석환(2009b). 포스트모더니즘의 차이개념과 그 교육적 의미. 교육사상연구, 22(2), 1-21.
정선아(2000). 프뢰벨의 아동중심 용어의 의미. 유아교육연구, 20(4), 189-208.
정선아(2004). 교사들이 구성하는 아동중심교육의 의미. 유아교육연구, 24(4), 305-329.
정옥분(2004). 영유아 발달의 이해. 서울: 학지사.
정지은(2009). 메를로-퐁티와 정신분석학-꿈과 상상적인 것을 중심으로. 철학과 현상학 연구, 40, 151-179.
정형철(2006). 들뢰즈와 가타리의 노마디즘과 동양적 사유의 방식. 비교문학, 38, 171-201.
정호표(1999). 자아의 해체이론과 교육. 교육철학, 17, 273-285.
정화열(1999). 몸의 정치. 서울: 민음사.
조관성(2000). 인격적 자아의 실천적 삶과 행위 그리고 신체. 철학과 현상학 연구, 14, 42-106.
조관성(2003). 후설과 자아의 현상학 1. 철학과 현상학 연구, 20, 247-274.
조관성(2003). 후설과 자아의 현상학 2. 철학과 현상학 연구, 21, 1-25.
조광제(2002). 존재이야기: 조광제의 철학 유혹. 서울: 미래M&B.
조광제(2003). 주름진 작은 몸들로 된 몸. 서울: 철학과현실사.
조광제(2004). 몸의 세계, 세계의 몸. 서울: 이학사.
조광제 외(1996). 모리스 메를로 퐁티. 현대 철학의 흐름. 서울: 동녘.
조광희(1983). 현상학적 자아론. 철학과 현상학 연구. 1, 107-129.
조수경(2011). 푸코와 하버마스의 경계에서 바라본 교육의 일상성. 윤리연구, 80, 267-289.
조한경(1995). 질 들뢰즈. 한국 논단, 71(1), 188-193.
조희정(2006). 프스트모더니즘 시대 유아를 위한 현상학적 관점에서의 리더십 교육 방향 모색. 열린유아교육연구, 11(1), 339-357.
최미숙(2002). 쟈크 라캉의 거울단계와 가상현실과의 연관성에 관한 연구. 커뮤니케이션 디자인학연구, 9, 17-27.
최양미 · 정선아 · 유혜령(2004). 유아교육철학의 연구동향 및 전망. 유아교육연구,

24(8), 277-309

최재식(1996). 빼아제의 발생적 인식론과 메를로-퐁티의 현상학. 철학과 현상학 연구, 8, 321-347.

최재식(2006). 상호문화성의 현상학-문화중심주의를 넘어 상호문화성으로. 철학과 현상학 연구, 30, 1-30.

최재식(2009). 신체개념을 통한 메를로-퐁티 현상학과 후설 현상학 연구-신체(몸)에 관한 현상학적 연구. 철학과 현상학 연구, 40, 1-33.

최정실(1993). 무엇을 어떻게 가르칠 것인가?: 포스트모더니즘이 교육 과정에 주는 시사. 교육철학, 11, 67-90.

최정실(1997). 빼아제의 발생적 인식론과 메를로 퐁티의 현상학. 철학과 현상학 연구, 8, 321-347.

최정실(1998a). 포스트모던 시대의 교사교육에 대한 인식론적 접근. 교육철학, 20, 85-100.

최정실(1998b). 교육 내용의 상호주관적 구성. 교육학연구, 36(1), 37-51.

최정운(1996). 푸코의 눈: 현상학 비판과 고고학의 출발. 한국정치학회보, 29(4), 181-214.

최정운(2000). 푸코를 위하여-지식과 권력의 관계에 대한 재고찰. 철학사상, 10, 63-80.

최현희(2008). 들뢰즈와 라캉의 사랑. 인문과학연구, 9, 165-192.

한국프랑스철학회(2008). 프랑스 철학과 문학비평. 서울: 문학과지성사.

한인숙(2001). 포스트 모더니즘, 복지정책, 그리고 여성. 한국행정학보, 34(4), 1-18.

한일조(1998). 탈현대사회에서의 교육의 역할-Rorty와 Habermas의 비교. 비교교육연구, 8(2), 229-246.

한자경(1977). 메를로 퐁티: 신체성의 자아. 자아의 연구. 서울: 서광사.

한전숙(1992). 생활세계적 현상학. 철학과 현상학 연구, 5, 15-37.

함희주(2000). 학교교육에서의 교사와 학생의 상호주관성에 관한 연구. 음악교육연구, 19, 229-245.

허영식 · 정창화(2009). 다문화사회에서 간문화교육의 현장착근방안-유럽과 독일의 동향을 중심으로. 한독사회과학논총, 19(3), 31-58.

허영식(2009). 간문화성의 역사, 행위영역, 기본개념-유럽과 독일의 동향을 중심으로.

한독사회과학논총, 19(4), 237-266.

홍경실(2005). 푸코철학의 전기와 후기에 있어서 우리의 몸에 대한 이해비교. 철학연구, 38, 251-276.

홍경실(2009). 푸코철학의 전기와 후기에 있어서 우리의 몸에 대한 이해 비교. 철학연구, 38, 251-276.

홍윤경(2006). 플라톤 변증법의 도덕교육적 함의. 도덕교육연구, 18(1), 47-65.

홍은영(2004). 푸코와 몸에 대한 전략. 서울: 철학과현실사.

홍준기(2006). 들뢰즈의 욕망이론: 라캉적 관점에서의 비판적 고찰. 안과 밖. 영미문학연구, 21, 147-164.

황수영(2005). 들뢰즈의 생성의 철학-현대 프랑스철학의 인문주의적 기초 II. 철학, 4, 87-108.

황윤세 · 양옥승(2002). 포스트모더니즘 관점에서 유아교육에 대한 함의. 열린유아교육연구, 7(2), 335-355.

황윤세(2008). 사회극놀이에서의 유아의 상호주관성과 마음이해 능력간의 관계. 유아교육학논집, 12(4), 347-371.

황종관(2004). 칸트 윤리학의 도덕교육적 함의: 도덕성의 형식으로서의 자유. 도덕교육연구, 16(1), 85-116.

우노 구니이치(2008). 들뢰즈 유동의 철학. 이정우 · 김동선 역(2010). 서울: 그린비.

Abdallah-Pertceille et Porcher(1996b). *Education et communication interculturelle*. Paris: PUF.

Alain, B. (1997). *La clameur de l'Etre*. Paris: Hachette littératures.

Alain, B. (1999). 들뢰즈-존재의 함성. 박정태 역(2001). 서울: 이학사.

Anzaldua, G. (1987). Borderland/La frontera: The new mestiza. San Francisco: spinsters/Aunt Lute.

Bastide, R. (1971). *Antropologie appliquée*. Paris: Payot.

Bauman, Z. (1993). *Postmodern ethics*. Oxford: Blackwell.

Berger, P., & Luckman, T. (1966). *The social construdtion of reality*. New York: Doubleday.

Bernhard, W. (1998). 현상학의 지평. 최재식 역(1998). 울산: 울산대학교출판부.

Bertrand, O. (1988). 라캉 주체 개념의 형성. 김석 역(2002). 서울: 동문선.

Borke, A. (1975). Piaget's mountains revisited: Changes in the egocentric landscape. *Developmental Psychology, 11*, 240-243.

Bredekamp, S. (1987). Developmentally approapriate practice in early childhood programs serving children from birth through age 8. Washington, DC: National Association for the Education of young children.

Bredekamp, S. (eds.) (1987). Developmentally appropriate practice in early childhood programs serving children through birth to 8 years. Washington, DC: NAEYC.

Bruce, F. (2004). 에크리 읽기: 문자 그대로의 라캉. 김서영 역(2007). 서울: 도서출판b.

Buber, M. (1923). I and thou. translated by Ronald Gregor Smith. 1958. Edinburgh; T 7 T Clark.

Burman, E. (1994). Deconstructing developmental psychology. New York: Routledge.

Burman, E. (1995). Destructing developmental psychology. London: Routledge.

Canella, G. (1997). 유아교육 이론 해체하기: 비판적 접근. 유혜령 역(2002). 서울: 창지사.

Claire, C. (2002). 들뢰즈 이해하기: 차이생성과 생명의 철학. 한정헌 역(2007). 서울: 그린비.

Claire, C. (2003). 이미지와 생명, 들뢰즈의 예술철학. 정유경 역(2008). 서울: 그린비.

Clive, B. (1993). Postmodernism, Pedagogy, and Philosophy of Education, *Philosophy of Education, 13*, p1-13.

Dahlberg, G., Moss, P., & Pence, A. (1999). 포스트모던 유아교육: 새로운 이해와 실천을 열어가기. 김희연 · 신옥순 · 염지숙 · 유혜령 · 정선아 역(2004). 서울: 창지사.

David Norman, R. (1997). 질 들뢰즈의 시간기계. 김지훈 역(2005). 서울: 그린비.

Deleuze, G. (1962). Nietzsche et la philosophie, Paris: Presses Universitaires de France.

Deleuze, G. (1963). La philosophie critique de Kant, Paris: Presses Universitaires de France.

Deleuze, G. (1964). Proust et les signes, Paris: Press Universitaires de France.

Deleuze, G. (1966). Le Bergosonisme, Paris: Presses Universitaires de France.

Deleuze, G. (1968). Difference et repetition. Paris: Press Umiversitaire de France.

Deleuze, G. (1968). Spinoza et le problème de l'expression. Collection "Critique". Paris:

Les éditions de Minuit.
Deleuze, G. (1969). Logique du sens. Collection "Critique". Paris: Les éditions de Minuit.
Deleuze, G. (1970). Spinoza Philosophie pratique. Paris: Les éditions de Minuit.
Deleuze, G. (1973). L'Anti-Oedipe-Capitalisme et schizophrénie. Collection "Critique" Paris: Les éditions de Minuit.
Deleuze, G. (1975). Kafka-Pour une littérature mineure. Collection "Critique". Paris: Les éditions de Minuit.
Deleuze, G. (1983). Cinéma 1-L'image mouvement. Collection "Critique". Paris: Les éditions de Minuit.
Deleuze, G. (1985). Cinéma 2-L'image temps. Collection "Critique". Paris: Les éditions de Minuit.
Deleuze, G. (1988). Le Pli-Leibniz et le baroque. Collection "Critique". Paris: Les éditions de Minuit.
Deleuze, G. (1991). Qu'est-ce que la philosophie?. Collection "Critique". Paris: Les éditions de Minuit.
Deleuze, G. (2002). L'île déserte et autres textes. Textes et entretiens 1953-1974. Paris: Les éditions de Minuit.
Deleuze, G. (2003). Deux régime de fous. Textes et entretiens 1975-1995. Paris: Les éditions de Minuit.
Deleuze, G. (1962). 들뢰즈의 니체. 박찬국 역(2007). 서울: 철학과현실사
Deleuze, G. (1963). 칸트의 비판철학. 서동욱 역(2006). 서울: 민음사.
Deleuze, G. (1964). 프루스트와 기호들. 서동욱 · 이충민 역(1997). 서울: 민음사.
Deleuze, G. (1966). 베르그송주의. 김재인 역(2006). 서울: 문학과지성사.
Deleuze, G. (1968). 스피노자와 표현의 문제. 이진경 외 역(2003). 서울: 인간사랑.
Deleuze, G. (1968). 차이와 반복. 김상환 역(2004). 서울: 민음사.
Deleuze, G. (1969). 감각의 논리. 하태환 역(2002). 서울: 민음사.
Deleuze, G. (1970). 스피노자의 철학. 박기순 역(2001). 서울: 민음사.
Deleuze, G. (1991). 철학이란 무엇인가. 이정임 역(1995). 서울: 현대미학사.

Deleuze, G. (2002). 들뢰즈가 만든 철학사: 생성과 창조의 철학사. 박정태 역(2007). 서울: 이학사.

Deleuze, G., & Guattari, F. (1972). L'Anti-Oedipe. Paris: Les éditions de Minuit.

Deleuze, G., & Guattari, F. (1972). 앙띠 오이디푸스. 최명관 역(1994). 서울: 민음사.

Deleuze, G., & Guattari, F. (1980). 천개의 고원. 김재인 역(2001). 서울: 새물결.

Derman-Sparks, L. (1989). *Anti-bias curriculum*. Washinton, DC: NAEYC.

Derrida, J. (1967). *De La Grimatologie*. Paris: Presses Universitaires de France.

Derrida, J. (1967). *La voix et la phénomene*. Paris: PUF.

Derrida, J. (1979). *L'écriture et la différence*. Paris: Essais.

Derrida, J. (1981a). *Dissermination*, trans by Alan Bass. Chicago: University of Chicago Press. p 170.

Derrida, J. (1981b). *Positions*, translated by Barbara Johnson. Chicago: University of Chicago Press.

Derrida, J. (1992). Derrida: A critical Reader. In W. David(Trans.). Oxford: Blackwell.

Derrida, J. (1999). Donner la mort. Paris: Galilée.

Derrida, J. (1999). Manifeste pour l'hospitalité(autour de J. Derrida), Collectif Parole d'Aube. Paris: Presses universitaires de France.

Derrida, J. (1967). 그리마톨로지에 대하여. 김응권 역(2004). 서울: 인간사랑.

Derrida, J. (1967). 목소리와 현상. 김상록 역(2006). 서울: 인간사랑.

Derrida, J. (1979). 글쓰기와 차이. 남수인 역(2001). 서울: 동문선.

Derrida, J. (1981a). 해체. 김보현 역(1996). 서울: 문예출판사.

Derrida, J. (1981b). 입장들. 박성창 역(1992). 서울: 문예출판사.

Derrida, J. (1997). 환대에 대하여. 남수인 역(2004). 서울: 동문선.

Descartes, R. (1968). 방법서설(성찰, 세계론). 권오석 역(1990). 서울: 홍신문화사.

Dewey, J. (2001). 경험과 교육. 강윤중 역(1996). 서울: 배영사.

Dunn, J. (1988). The deginnings of social understanding. Oxford: Bsil Blackwell.

Edgoose, J. (1997). An Ethics of Hesitant Learning : Caring Justice of Levinas and Derrida, *Philosophy of Education 1997*, 266-274, Illinois: University of Illinois.

Elisabeth, R. (2000). 자크 라캉 1-라캉과 그의 시대. 양녕자 역. 서울: 새물결.

Elisabeth, R. (2000). 자크 라캉 2-삶과 사유의 기록. 양녕자 역. 서울: 새물결.

Foucault, M. (1979). Discipline and punish: The Birth of the prison. New York: Vintage.

Foucault, M. (1983). The subject and power: Afterward to Hubert Dreyfus and Paul Rabinow. michel Foucault: Beyond structuralism and hermeneutics(pp. 208-264). Chicago: University of Chicago Press.

Foucault, M. (1984). Tome 1, La volonte de savoir editions, Gallimard.

Foucault, M. (1984). Tome 2, Historire de la sexualite, L'usage des plaisirs, editions Gallimard.

Foucault, M. (1984). Tome 3, Historire de la sexualite, Le souci de soi, editions Gallimard.

Foucault, M. (1985). Histoire de la folie a l'age classique-Michel Foucault. Paris: Gallimard.

Foucault, M. (1988). *An aesthetics of existence, politics, philosophy, culture*; Interviews and other Writings, 1977-1984. London: Routledge.

Foucault, M. (1961). 광기의 역사. 이규현 역(2005). 경기: 나남.

Foucault, M. (1972). 지식의 고고학. 이정우 역(2000). 서울: 민음사.

Foucault, M. (1984). 성의 역사 1-지식의 의지. 이규현 역(2006). 경기: 나남.

Foucault, M. (1984). 성의 역사 2-쾌락의 활용. 문경자 역(2006). 경기: 나남.

Foucault, M. (1984). 성의 역사 3-자기배려. 이혜숙 역(2006). 경기: 나남.

Foucault, M. (1988). 자기의 테크놀로지. 이희원 역(2002). 서울: 동문선.

Foucault, M. (1988). 존재의 미학. 이지훈 역(2008). 서울: 이학사.

Goncu, A. (1993). Development of inter-subjectivity in the dyadic play of preschoolers. Early Chilshood Research Quarterly, 8, 99-116.

Guthrie, W. (1989). 희랍 철학 입문: 탈레스에서 아리스토텔레스까지. 박종현 역(2000). 서울: 서광사.

Habermas, W. (1981). 의사소통행위이론 2. 장춘익 역(2007). 경기: 나남.

Heideger, M. (1972). 존재와 시간. 이기상 역(1998). 서울: 까치.

Henri, B. (1932). 도덕과 종교의 두 원천. 강영계 역(1980). 서울: 삼중당.

Hugh, J. Silverman(1989). 데리다와 해체주의 철학과 사상. 윤호병 역(1998). 서울: 현대미학사.

Husserl, E. (1970). *The crisis of European Sciences and Transcendental Phenomenology: An introduction to Phenomenological Philosophy*, translated by C. Evanston: Northwestern University Press.

Husserl, E. (1976). *The crisis of European Science and Transcendental Phenomenology: An introduction to phenomenological Philosophy*. Translated by David Carr. Evanson; Northwestern University Press.

Husserl, E. (1936). 유럽학문의 위기와 선험적 현상학. 이종훈 역(1997). 서울: 한길사.

Husserl, E. (1950). 데카르트적 성찰. 이종훈 역(2002). 서울: 한길사.

Husserl, E. (1973). 현상학의 이념-엄밀한 학으로서의 철학. 이영호 · 이종훈 역(1988). 서울: 서광사.

James, M. (1990). 미셸푸코의 수난 2. 김부용 역(1995). 서울: 인간사랑.

James, W. (1958). *Talks to Teachers on Psychology and to Students on Some of Life's Ideals*. New York: Norton.

Jason, B. (2001). 알랭 바디우 비판적 입문. 염인수 역(2009). 서울: 이후.

John, & Derman-sparks(1992). Anti-bias curriculum. Washinton, DC: Naeyc.

Kant, I. (1788). 실천이성비판. 백종현 역(2002). 서울: 아카넷.

Kant, I. (1871). 순수이성비판. 정명오 역(1978). 서울: 동서문화사.

Kaye, K., & Charney, R. (1980). How mothers maintain 'dialogue' with two-year-olds. In D. R. Olson(Ed.), The social foundations of language and thought : Essays in honor of Jerome Bruner (211-230), New-York; Norton.

Keith W. Faulkner(2006). 들뢰즈와 시간의 세가지 종합. 한정헌 역(2008). 서울: 그린비.

Lacan, J. (1966). Écrits, Paris: Seuil(coll. "Le Champ freudien").

Lacan, J. (1973). Le seminaire XL (les quatre concepts fondamentaux de la psychanalyse) Paris: Seuil.

Lacan, J. (1966). 에크리. 김석 역(2007). 서울: 살림.

Lacan, J. (1973). 세미나 11. 맹정현 · 이수련 역(2008). 서울: 새물결.

Levinas, E. (1996). *Ethic and Unendless*. 양명수 역(2000). 윤리와 무한. 서울: 다산글방.

Levinas, E. (1978). 시간과 타자. 강영안 역(1997). 서울: 문예.

Linda, S. (1997). Three Gestures on Otherness: (Re)joining with Edgoose Through

Derrida's Khora. *Philosophy of Education 1997.* Illinois: University of Illinois.

Lyotard, J. F. (1984). *The postmodern condition: A report on the knowledge.* trans. Bill Readinds, & Geiman, K. P., Minneapolis: University of Minesota Press.

Manuel DeLanda(2005). 강도의 과학과 잠재성의 철학. 김영범 · 이정우 역(2009). 서울: 그린비.

Martine Abdallah-Pretceille (1999) 유럽의 상호문화교육. 장한업 역(2010). 서울: 한울아카데미.

Merleau-Ponty(1942). *La structure du comportement.* Presses universitaires de France.

Merleau-Ponty(1945). *Phénoménologie de la perception.* Librairie Gallimard.

Merleau-Ponty(1949). *Psychologie et pédagogie de l'enfant.* Cours de Sorbonne, Éditions Verdier.

Merleau-Ponty(1961). *L'œil et l'esprit. dans Art de France, 1*(1), (Republié aux Éditions Gallimard en 1964 et à partir de 1985 dans la collection « Folio/Essais »)

Merleau-Ponty(1979). *Le visible et l'invisible.* Paris: Éditions Gallimard.

Merleau-Ponty(1945). 지각현상학. 류의근 역(2008). 서울: 문학과 지성사.

Merleau-Ponty(1964). 의미와 무의미. 권혁면 역(1985). 서울: 서광사.

Merleau-Ponty(1979). 보이는 것과 보이지 않는 것. 남수인 역(2004). 서울: 동문선.

Monika M. Langer (1989). 메를로 퐁티의 지각의 현상학. 서우석 · 임양혁 역(1992). 서울: 청하.

Mouffe, C. (1996a). *Deconstruction and programatism.* London: Routledge.

Nasio, J. (1992). 자크 라캉의 이론에 대한 다섯 편의 강의. 임진수 역(2000). 서울: 교문사.

Ninio, A., & Bruner, J. S. (1978). The achievement and antecedents of labelling. *Journal of Child Language, 5*, 5-15.

Noddings, N. (1984). *Caring: A Feminine Approache to Ethics na Morality.* Berkely: Universoty of Illinois Press.

Penelope, D. (2006). HOW TO READ 데리다. 변성찬 역(2007). 서울: 웅진지식하우스.

Perez, S. A. (1994). Responding differently to diversity. *Childhood Education, 70*, 151-153.

Piaget, J., & Inhilder, B. (1956) The child's conception of space. London: Routledge & Kegan Paul.

Plato(2000). Plato: the Republic, Cambridge University Press.

Plato(1990). 소크라테스의 대화록. 최 현 역(1990). 서울: 집문당.

Robinet, A. (1987). 프랑스철학사. 류종렬 역(1992). 서울: 서광사.

Rommetveit, R. (1979). On the architecture of intersubjectivity. In R. Rommetveit & R. Blakers(Eds.), Studies of languages, thought, and verbal communication(pp147-161). New-York : Academic Press.

Roy Boyne(1990). 데리다와 푸코: 동일성과 차이. 홍원표 역(1998). 서울: 인간사랑.

Shartz, M., & Gelman, R. (1973). The development of communication skills: Modification in the speech of young children as a function of listener. Monographs of the society for Research in Child Development, 38(serial No, 152).

Stephen, J. B. (2004). 푸코와 교육: 푸코를 통해 바라본 근대교육의 계보학. 이우진 역(2007). 서울: 청계.

Tudge, J., & Rogoff, B. (1989). Peer influences of cognitive development : Piagetian and vygotskian perspectives. In M. Bornstein & J. S. Bruner(Eds.), Interaction in human development (17-40), Hilsdale, NJ: Erlbaum.

Tudge, J. (1992). Process and consequences of peer collaboration: A Vygotskian analysis. *Child development, 63*, 1364-1379.

Usher, P., & Edwards, D. (1994). Postmodernism and education: Different Voices, Dfferent Worlds. London: RKP.

Vadeboncoeur, J. (1997). Child development and purpose of education. In V. Richardson(eds.) *Constructivist teacher education* (pp. 45-58). London: Falmer Press.

Vygotsky, L. S. (1978). Mind in society. The development of higher mental process. Cambridge. MA: Harvard University Press.

Vygotsky, L. S. (1978). 사회 속의 정신: 고등심리과정의 발달. 조희숙 · 황해익 · 허정석 · 김선옥 역(1994). 서울: 성원사.

William, C. (2000). *Theories of development.* Prentice Hall, New Jersey

Williams(2003) 들뢰즈의 차이와 반복: 해설과 비판. 신지영 역(2010). 서울: 라움.

저자소개

이 화 도

서울대학교 사범대학(불어교육 전공)을 졸업하고, 프랑스 파리 5대학(Université de Paris 5-Renés-Descartes)에서 교육학 학사, 석사, 박사예비(D.E.A)과정을 거쳐 교육학 박사학위(유아교육전공)를 취득하였다.

주요 연구분야는 박사학위 논문주제인 유아인지발달 영역과 유아정책연구 및 유아교육에 대한 현상학적 접근에 대한 연구이다. 최근에는 포스트모던 담론에 근거한 유아교육의 재개념화 논의에 관한 연구에 관심을 가지고 있다.

주요 저서로는 『유아인지발달(창지사, 2009)』과, 논문으로는 「현상학적 자아에 관한 유아교육적 의미탐색(2008)」, 「포스트모더니즘, 교육, 그리고 유아교육(2007)」, 「유아교육에서의 몸의 개념에 대한 현상학적 이해: 메를로 퐁티의 지각현상학을 중심으로(2009)」, 「Piaget를 넘어서: 현상학적 이해를 통한 비판적 고찰(2010)」, 「데리다 해체철학의 유아교육적 함의(2012)」, 「핵심역량기반 프랑스 유아교육과정 개혁의 시사점(2012)」 등 다수가 있다.

현재, 대구가톨릭대학교 사범대학 유아교육과 교수로 재직 중이다.

포스트모던 인문학적 사유와 유아교육

초판 1쇄 인쇄 2014년 9월 5일
초판 2쇄 발행 2016년 7월 10일

지 은 이 | 이화도
펴 낸 이 | 김기섭
책임편집 | 최명인
펴 낸 곳 | 창지사 www.changjisa.com
153-802 서울시 금천구 가산디지털 1로 83 파트너스타워1차 9층
전화 (02) 719-2211~3
팩스 (02) 701-9386
등 록 | 1977년 4월 28일 · 제1-421호

ISBN 978-89-426-0779-2 (93370)

값 14,000원

이 도서의 국립중앙도서관 출판예정도서목록(CIP)은 서지정보유통지원시스템 홈페이지 (http://seoji.nl.go.kr)와 국가자료공동목록시스템 (http://www.nl.go.kr/kolisnet)에서 이용하실 수 있습니다.(CIP제어번호: CIP2014026156)